"十四五"普通高等教育会计专业精品规划教材

配套辅导用书

基础会计学

学习指导与习题集

主编 龚菊明

苏州大学出版社
Soochow University Press

图书在版编目(CIP)数据

基础会计学学习指导与习题集/龚菊明主编.—苏州:苏州大学出版社,2021.7(2024.6重印)
"十四五"普通高等教育会计专业精品规划教材:配套辅导用书
ISBN 978-7-5672-3578-6

Ⅰ.①基… Ⅱ.①龚… Ⅲ.①会计学-高等学校-教学参考资料 Ⅳ.①F230

中国版本图书馆 CIP 数据核字(2021)第 107413 号

基础会计学学习指导与习题集
龚菊明　主编
责任编辑　施小占

苏州大学出版社出版发行
(地址:苏州市十梓街1号　邮编:215006)
常州市武进第三印刷有限公司印装
(地址:常州市湟里镇村前街　邮编:213154)

开本 787 mm×1 092 mm　1/16　印张 19.5　字数 415 千
2021 年 7 月第 1 版　2024 年 6 月第 3 次印刷
ISBN 978-7-5672-3578-6　定价:58.00 元

图书若有印装错误,本社负责调换
苏州大学出版社营销部　电话:0512-67481020
苏州大学出版社网址　http://www.sudapress.com
苏州大学出版社邮箱　sdcbs@suda.edu.cn

"十四五"普通高等教育会计专业精品规划教材

编 委 员

顾　问　冯　博
主　任　周中胜
委　员　王则斌　俞雪华　龚菊明　茆晓颖　郁　刚　张　薇
　　　　何　艳　蒋海晨　薛华勇　王雪珍　滕　青

Preface 前言

  本书是"基础会计学"课程的学习指导书,主要提供"基础会计学"课程重难点知识的分析和练习,可以帮助学生对基础会计知识的理解和掌握。全书共分十一章,每章按知识导图、重难点分析、涉及的主要会计术语和练习题四个部分展开。练习题部分,包括单项选择题、多项选择题、判断题、核算题等多种题型。本书可以作为高等学校会计学、财务管理、工商管理、经济学、金融学、财政学等经济类、管理类各专业会计课程的配套用书,也可以作为广大财务会计人员进行继续教育、业务培训和业务学习用书,还可以作为财政、审计、税务、银行、工商等经济管理和监督部门在职干部业务学习的参考资料。

  本书由龚菊明担任主编,负责全书的修改、总纂和定稿。全书各章分工如下:第一、二、三、四、五章由龚菊明编写;第六、十章由袁敏编写;第七、八章由龚蕾编写;第九、十一章由李洁慧编写。

  本书在编写过程中,参考了国内许多相关的教材和资料及有关专家、学者的优秀论著,受益良多,在此谨向这些文献作者致以诚挚的谢意!

  由于我们水平有限,加之时间仓促,书中难免有疏漏甚至错误之处,恳请广大读者批评指正,以便今后进一步修改和完善。

编者
2021 年 3 月于苏州

Contents 目录

第一章 总 论

第一节 知识概要 / 1
第二节 练习题 / 5

第二章 会计要素和账户

第一节 知识概要 / 11
第二节 练习题 / 17

第三章 复式记账

第一节 知识概要 / 26
第二节 练习题 / 33

第四章 基本经济业务的核算

第一节 知识概要 / 49
第二节 练习题 / 66

第五章 成本计算

第一节 知识概要 / 101
第二节 练习题 / 104

第六章 会计凭证

第一节 知识概要 / 112
第二节 练习题 / 117

第七章　会计账簿

第一节　知识概要　/ 135
第二节　练习题　/ 141

第八章　财产清查

第一节　知识概要　/ 158
第二节　练习题　/ 164

第九章　财务报表

第一节　知识概要　/ 172
第二节　练习题　/ 175

第十章　账务处理程序

第一节　知识概要　/ 187
第二节　练习题　/ 189

第十一章　会计工作组织

第一节　知识概要　/ 205
第二节　练习题　/ 207

模拟试卷一　/ 216
模拟试卷二　/ 224
练习题及模拟试卷参考答案　/ 231

第一章 总 论

第一节 知识概要

▶▶ 一、本章知识导图（图1-1）

本章主要讲解会计含义、会计对象、会计职能、会计目标、会计基本假设、会计基础、会计信息质量要求、会计计量属性、会计核算方法等内容。

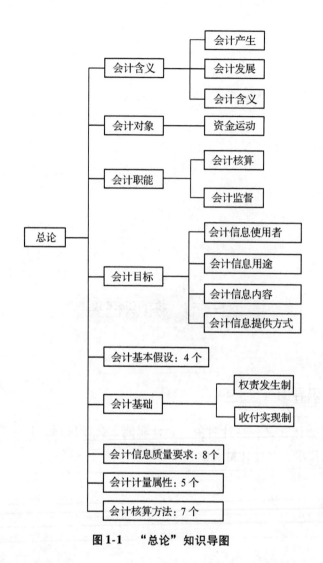

图1-1 "总论"知识导图

▶▶ 二、本章重难点分析

本章重难点包括会计对象、会计职能、会计目标、会计基本假设、会计基础、会计核算方法等方面。

（一）会计对象

会计对象是指会计所核算和监督的内容。在商品货币经济尚未形成之前，会计所核算和监督的内容主要是财产物资的收支和结存。在商品货币经济充分发展以后，会计所核算和监督的内容则主要是资金运动。资金运动具体到企业，即为经营资金运动，包括资金投入、资金循环周转和资金退出三大方面，如表1-1和表1-2所示。具体到行政事业单位，即为预算资金运动，包括资金收入和资金支出两大方面。

表 1-1　工业企业资金运动

资金投入	所有者向企业投入资金、企业向债权人借入资金
资金循环周转	货币资金—储备资金—生产资金—成品资金—货币资金
资金退出	上缴税金、支付利润、归还借款

表 1-2　商品流通企业资金运动

资金投入	所有者向企业投入资金、企业向债权人借入资金
资金循环周转	货币资金—商品资金—货币资金
资金退出	上缴税金、支付利润、归还借款

（二）会计职能

会计职能是会计在经济管理过程中所具有的功能。会计具有会计核算和会计监督两个基本职能（表1-3）。会计核算是会计监督的基础，没有核算就无法进行监督。会计监督则是会计核算质量的保障，如果只有核算而不进行监督，核算也就失去了可靠的保证。

表 1-3　会计基本职能

会计职能	会计核算	会计监督
职能含义	是指会计以货币为主要计量单位，对特定主体的经济活动进行确认、计量、记录和报告，为有关各方提供会计信息	是指对特定主体经济活动和相关会计核算的合法性、合理性进行审查，即以一定的标准和要求利用会计所提供的信息对各单位的经济活动进行有效的指导、控制和调节，以达到预期的目的
职能特点	（1）会计主要是从数量方面反映经济活动情况 （2）会计必须连续、系统、全面、综合地反映经济活动情况 （3）会计主要是反映已经发生或已经完成的经济活动	（1）会计必须对经济活动的全过程实施监督 （2）会计必须对经济活动实施全面监督 （3）会计必须采用多种手段对经济活动实施监督

（三）会计目标

会计目标是指会计所要达到的目的，会计主要是生成和提供会计信息。会计目标的内容如表1-4所示。

表 1-4　会计目标的内容

会计信息的使用者	投资者、债权人、政府及其有关部门和社会公众等
会计信息的用途	投资决策、偿债评价、经营管理、执法依据
会计信息的内容	财务状况、经营成果和现金流量
会计信息的提供方式	编制资产负债表、利润表、现金流量表等会计报表及附注

（四）会计基本假设

会计基本假设是企业会计确认、计量和报告的前提，是对会计核算所处时间、空间环境等所做的合理设定。会计基本假设一般包括会计主体、持续经营、会计分期和货币计量（表1-5）。

表1-5 会计基本假设

会计基本假设	假设含义	注意事项
会计主体	是指会计工作所服务的特定单位或组织；是对会计工作的空间范围所做的限定	会计主体不同于法律主体
持续经营	是指一个企业在可预见的将来，将会按当前的规模和状态继续经营下去，不会停业，也不会大规模削减业务	企业在不能持续经营时，则采用破产清算处理
会计分期	是指将一个企业持续经营的生产经营活动划分为一个个连续的、长短相同的期间	（1）会计期间通常分为年度和中期 （2）会计年度有日历制和非日历制之分 （3）会计中期有月度、季度、半年度等
货币计量	是指会计主体在会计确认、计量和报告时采用货币作为统一计量单位，反映会计主体的生产经营活动	记账本位币：当存在多种货币时，必须选择一种货币进行计量

（五）会计基础

会计基础是指会计确认、计量和报告的基础，具体包括权责发生制和收付实现制（表1-6）。

表1-6 会计基础种类

会计基础	基础含义	注意事项
权责发生制	是指以取得收取款项的权利或支付款项的义务为标志来确定本期收入和费用的会计核算基础	款项的收付期与收入和费用的归属期可能一致，也可能不一致
收付实现制	是指以现金的实际收付为标志来确定本期收入和费用的会计核算基础	款项的收付期就是收入和费用的归属期，两者完全一致

（六）会计核算方法

会计方法是用来核算和监督会计对象、完成会计任务的手段。会计核算方法是会计的基本方法。会计核算方法的种类及内容如表1-7所示。

表1-7 会计核算方法的种类及内容

会计核算方法的种类	会计核算方法的内容
（1）设置账户 （2）复式记账 （3）填制和审核凭证 （4）登记账簿 （5）成本计算 （6）财产清查 （7）编制会计报表	（1）对于日常发生的经济业务，要填制和审核凭证，按照规定的会计账户，运用复式记账法记入有关账簿 （2）对于经营过程中发生的有关费用，应当进行成本计算 （3）对于账簿记录，要通过财产清查加以核实，在保证账实相符的基础上，根据账簿记录，定期编制会计报表

三、本章涉及的主要会计术语（表1-8）

表1-8　本章涉及的主要会计术语

序号	主要会计术语	
1	会计含义	会计
2	会计对象	资金投入、资金循环周转、资金退出
3	会计职能	会计核算、会计监督
4	会计基本假设	会计主体、持续经营、会计分期、货币计量
5	会计基础	权责发生制、收付实现制
6	会计信息质量要求	可靠性、相关性、可理解性、可比性、实质重于形式、重要性、谨慎性、及时性
7	会计计量属性	历史成本、重置成本、可变现净值、现值、公允价值
8	会计核算方法	设置账户、复式记账、填制和审核凭证、登记账簿、成本计算、财产清查、编制会计报表

第二节　练习题

一、单项选择题

1. 会计的产生是由于（　　）。
   A. 社会分工的需要　　　　　　B. 生产关系变异的需要
   C. 技术进步　　　　　　　　　D. 生产管理的需要

2. 会计的基本职能是（　　）。
   A. 核算与分析　　B. 核算与监督　　C. 反映与考核　　D. 分析与控制

3. 会计的一般对象可以概括为（　　）。
   A. 生产领域的资金运动　　　　　B. 流通领域的资金运动
   C. 社会再生产过程中的经济活动　D. 社会再生产过程中的资金运动

4. 在会计假设中，确定会计核算空间范围的是（　　）。
   A. 会计主体　　B. 持续经营　　C. 会计分期　　D. 货币计量

5. 按照权责发生制的要求，下列各项中应作为本期收入的是（　　）。
   A. 收到上个月销售产品的收入存入银行
   B. 预收下个月产品销售收入存入银行
   C. 本月销售产品收入存入银行
   D. 收到上个月的利息收入存入银行

6. 谨慎性要求企业（　　）。
   A. 多计费用、少计收入　　　　　B. 少计费用、多计收入
   C. 多计负债、少计资产　　　　　D. 不应高估资产或收益、低估负债或费用
7. 在各种会计计量属性中，企业一般应采用（　　）。
   A. 历史成本　　B. 现值　　C. 可变现净值　　D. 公允价值
8. 下列不属于会计中期的是（　　）。
   A. 年度　　B. 半年度　　C. 季度　　D. 月度
9. 会计是以（　　）为主要计量单位。
   A. 实物　　B. 货币　　C. 劳动量　　D. 价格
10. 我国企业通常采用（　　）作为其会计核算基础。
    A. 收付实现制　　B. 集中核算制　　C. 分散核算制　　D. 权责发生制
11. "四柱清册"的结账与报账方法发明于我国的（　　）。
    A. 西周时期　　B. 秦汉时期　　C. 唐宋时期　　D. 明清时期
12. 注册会计师最早出现在（　　）。
    A. 英国　　B. 美国　　C. 意大利　　D. 西班牙
13. 《中华人民共和国会计法》颁布于（　　）。
    A. 1958年　　B. 1985年　　C. 1992年　　D. 2006年
14. 下列不属于资金运动的是（　　）。
    A. 资金投入　　B. 资金循环周转　　C. 资金退出　　D. 资金管理
15. 下列属于会计基本职能的是（　　）。
    A. 会计分析　　B. 会计检查　　C. 会计监督　　D. 会计决策
16. 取得或制造某项财产物资时所实际支付的现金或其他等价物，称为（　　）。
    A. 公允价值　　B. 现值　　C. 重置成本　　D. 历史成本
17. 要求企业提供的会计信息应当清晰明了，属于（　　）。
    A. 可比性　　B. 可理解性　　C. 相关性　　D. 可靠性
18. 下列关于复式记账原理的说法，正确的是（　　）。
    A. 只能在一个账户中登记　　　　B. 只能在两个账户中登记
    C. 只能在两个以上账户中登记　　D. 在两个或两个以上账户中登记
19. 下列不属于会计核算方法的是（　　）。
    A. 登记账簿　　B. 成本计算　　C. 财务管理　　D. 财产清查
20. 我国预算会计通常采用（　　）作为其会计核算基础。
    A. 收付实现制　　B. 集中核算制　　C. 分散核算制　　D. 权责发生制

二、多项选择题

1. 下列各项中，属于会计基本假设的有（　　）。
   A. 会计主体　　B. 持续经营　　C. 会计分期　　D. 货币计量

2. 下列各项中,属于会计信息质量要求的有（　　）。
A. 重要性　　　　　　　　　　B. 权责发生制
C. 实质重于形式　　　　　　　D. 相关性
3. 下列各项中,可以作为一个会计主体的有（　　）。
A. 独资企业　　B. 合伙企业　　C. 集团公司　　D. 分公司
4. 下列各项中,体现会计的谨慎性要求的有（　　）。
A. 对财产物资按历史成本计价　　B. 对应收款项计提坏账准备
C. 计提本期销售产品的保修费用　　D. 对固定资产计提折旧
5. 下列各项中,属于会计计量属性的有（　　）。
A. 历史成本　　B. 账面价值　　C. 可变现净值　　D. 重置成本
6. 下列各项中,属于会计核算方法的有（　　）。
A. 成本计算　　B. 财产清查　　C. 登记账簿　　D. 货币计量
7. 会计期间可以分为（　　）。
A. 月度　　B. 季度　　C. 半年度　　D. 年度
8. 工业企业的资金运动主要包括（　　）等方面。
A. 资金投入　　B. 资金循环周转　　C. 资金分配　　D. 资金退出
9. 下列各项中,不属于会计信息质量要求的有（　　）。
A. 可比性　　B. 权责发生制　　C. 实质重于形式　　D. 收付实现制
10. 会计必须（　　）地反映经济活动情况。
A. 连续　　B. 系统　　C. 全面　　D. 综合
11. 下列各项中,属于会计基本假设的是（　　）。
A. 会计主体　　B. 会计总体　　C. 会计分期　　D. 会计分析
12. 下列各项中,属于会计信息质量要求的有（　　）。
A. 及时性　　B. 权责发生制　　C. 保险性　　D. 相关性
13. 可比性包括（　　）。
A. 同一企业相同时期可比　　B. 同一企业不同时期可比
C. 不同企业相同会计期间可比　　D. 不同企业不同会计期间可比
14. 下列各项中,属于会计计量属性的有（　　）。
A. 历史成本　　B. 现值　　C. 净值　　D. 重置成本
15. 下列各项中,属于会计职能的有（　　）。
A. 会计核算　　B. 会计监督　　C. 预测经济前景　　D. 参与经济决策
16. 下列各项中,属于会计核算方法的有（　　）。
A. 复式记账　　B. 资产评估　　C. 登记账簿　　D. 货币计量
17. 会计期间可以分为（　　）。
A. 月度　　B. 半月度　　C. 半年度　　D. 年度

18. 下列各项中，属于会计信息内容的是（　　）。
 A. 财务状况　　　　B. 经营成果　　　　C. 经营效率　　　　D. 现金流量
19. 下列各项中，属于会计监督的内容的是（　　）。
 A. 监督经济业务的真实性　　　　　　B. 监督财务收支的合法性
 C. 监督公共财产的完整性　　　　　　D. 监督经济业务的公平性
20. 下列各项中，属于会计核算的内容的是（　　）。
 A. 款项和有价证券的收付　　　　　　B. 债权、债务的发生和结算
 C. 收入、费用和成本的计算　　　　　D. 财物的收发、增减和使用

三、判断题

1. 会计的本质是一种经济管理活动。　　　　　　　　　　　　　　　　（　　）
2. 会计的对象是指会计所核算和监督的内容。　　　　　　　　　　　　（　　）
3. 谨慎性要求企业少计收入、多计费用，从而少计利润，少交税。　　　（　　）
4. 企业在对会计要素进行计量时，一般应当采用历史成本计量属性。　　（　　）
5. 法律主体同时也是会计主体，会计主体一般也是法律主体。　　　　　（　　）
6. 在我国境内的所有企业必须以人民币为记账本位币。　　　　　　　　（　　）
7. 可靠性是会计信息的生命，是会计核算工作的首要质量要求。　　　　（　　）
8. 会计主体是会计核算的空间范围，持续经营是会计核算的时间范围。　（　　）
9. 会计期间通常分为年度和中期。　　　　　　　　　　　　　　　　　（　　）
10. 在我国，企业单位应当采用收付实现制作为会计核算的基础。　　　（　　）
11. 会计主要是从质量方面反映经济活动情况。　　　　　　　　　　　（　　）
12. 会计主要是反映已经发生或已经完成的经济活动。　　　　　　　　（　　）
13. 成本计量是会计核算的一种基本方法。　　　　　　　　　　　　　（　　）
14. 会计监督是会计核算的基础，没有监督就无法进行核算。　　　　　（　　）
15. 会计信息的使用者包括投资者、债权人、政府部门和社会公众。　　（　　）
16. 不管什么情况，企业都不能采用收付实现制。　　　　　　　　　　（　　）
17. 计量是确定会计确认中用以描述某一交易或事项的金额的会计程序。（　　）
18. 预测经济前景和参与经济决策是会计的两大基本职能。　　　　　　（　　）
19. 会计目标是指会计所要达到的目的，会计主要是生成和提供会计信息。（　　）
20. 记录是指对特定主体的经济活动采用一定的记账方法、在账簿中进行登记的会计程序。　　　　　　　　　　　　　　　　　　　　　　　　　　　　（　　）

四、核算题

1. 根据某企业7月份的经济业务，按权责发生制和收付实现制分别计算7月份的收入和费用，并将结果填入表1-9。

某企业7月份发生的经济业务如下：

（1）销售产品4 000元，货款存入银行。

（2）销售产品 10 000 元，货款尚未收到。

（3）用银行存款支付下半年度的报刊订阅费 6 000 元。

（4）本月应计提银行借款利息 1 000 元。

（5）收到上月应收货款 4 000 元。

（6）预收货款 3 000 元，下月交货。

表 1-9　7 月份收入和费用的确认　　　　　　　　　　　　　　　　单位：元

业务号	权责发生制		收付实现制	
	收入	费用	收入	费用
（1）				
（2）				
（3）				
（4）				
（5）				
（6）				

2．某企业 6 月份发生下列业务：

（1）收回上月销售商品的货款 200 000 元，存入银行。

（2）用银行存款缴纳上月的税金 5 000 元。

（3）用现金支付本月的职工工资 25 000 元。

（4）销售一批商品给其他单位，售价 150 000 元，货款尚未收到。

（5）用银行存款 3 000 元支付下半年的资产保险费。

（6）用现金 400 元支付管理部门本月的水电费。

要求：分析上列各项业务，计算该企业 6 月份的损益，并将结果填入表 1-10。

表 1-10　6 月份损益计算表　　　　　　　　　　　　　　　　单位：元

项目	权责发生制	收付实现制
收入		
费用		
利润		

3．某企业某年确定的收入为 200 万元，费用为 120 万元；不确定的收入为 100 万元，费用为 60 万元。

要求：

（1）该企业的年利润有哪几种计算方法？

(2) 哪种计算利润的方法最谨慎?

第二章 会计要素和账户

第一节 知识概要

▶▶ 一、本章知识导图（图2-1）

本章主要讲解资产、负债、所有者权益、收入、费用和利润六大会计要素，会计等式，会计科目，会计账户等内容。

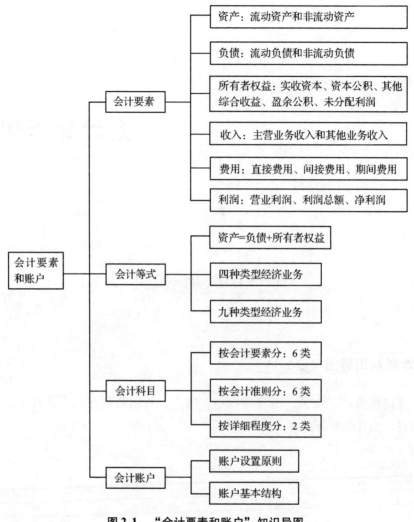

图 2-1 "会计要素和账户"知识导图

▶▶ 二、本章重难点分析

本章重难点包括资产要素、负债要素、所有者权益要素、收入要素、费用要素、利润要素、会计基本等式、经济业务对会计等式影响、会计科目分类、会计账户设置等方面。

（一）资产要素

资产是指企业过去的交易或者事项形成的、由企业拥有或者控制的、预期会给企业带来经济利益的资源。资产的特征、确认条件和分类如表2-1所示。

表 2-1　资产的特征、确认条件和分类

特征	(1) 资产应为企业拥有或者控制的资源 (2) 资产预期会给企业带来经济利益 (3) 资产是由企业过去的交易或者事项形成的
确认条件	(1) 与该资源有关的经济利益很可能流入企业 (2) 该资源的成本或者价值能够可靠地计量
分类	(1) 流动资产 (2) 非流动资产

（二）负债要素

负债是指企业过去的交易或者事项形成的、预期会导致经济利益流出企业的现时义务。负债的特征、确认条件和分类如表 2-2 所示。

表 2-2　负债的特征、确认条件和分类

特征	(1) 负债是企业承担的现时义务 (2) 负债预期会导致经济利益流出企业 (3) 负债是由企业过去的交易或者事项形成的
确认条件	(1) 与该义务有关的经济利益很可能流出企业 (2) 未来流出的经济利益的金额能够可靠地计量
分类	(1) 流动负债 (2) 非流动负债

（三）所有者权益要素

所有者权益是指企业资产扣除负债后，由所有者享有的剩余权益。所有者权益的特征、确认条件和分类如表 2-3 所示。

表 2-3　所有者权益的特征、确认条件和分类

特征	(1) 除非发生减资、清算或分派现金股利，企业不需要偿还所有者权益 (2) 企业清算时，只有在清偿所有的负债后，所有者权益才返还给所有者 (3) 所有者凭借所有者权益能够参与企业利润的分配
确认条件	(1) 所有者权益的确认主要依赖于资产和负债的确认 (2) 所有者权益金额的确定也主要取决于资产和负债的计量
分类	(1) 实收资本（或股本） (2) 资本公积 (3) 其他综合收益 (4) 盈余公积 (5) 未分配利润

（四）收入要素

收入是指企业在日常活动中形成的、会导致所有者权益增加的、与所有者投入资本无关的经济利益的总流入。收入的特征、确认条件和分类如表 2-4 所示。

表 2-4　收入的特征、确认条件和分类

特征	(1) 收入是企业在日常活动中形成的 (2) 收入会导致所有者权益的增加 (3) 收入是与所有者投入资本无关的经济利益的总流入
确认条件	(1) 与收入相关的经济利益应当很可能流入企业 (2) 经济利益流入企业的结果会导致资产的增加或者负债的减少 (3) 经济利益的流入额能够可靠计量
分类	(1) 主营业务收入 (2) 其他业务收入

（五）费用要素

费用是指企业在日常活动中发生的、会导致所有者权益减少的、与向所有者分配利润无关的经济利益的总流出。费用的特征、确认条件和分类如表 2-5 所示。

表 2-5　费用的特征、确认条件和分类

特征	(1) 费用是企业在日常活动中形成的 (2) 费用会导致所有者权益的减少 (3) 费用是与向所有者分配利润无关的经济利益的总流出
确认条件	(1) 与费用相关的经济利益应当很可能流出企业 (2) 经济利益流出企业的结果会导致资产的减少或者负债的增加 (3) 经济利益的流出额能够可靠计量
分类	(1) 直接费用 (2) 间接费用 (3) 期间费用（主要包括管理费用、销售费用和财务费用）

（六）利润要素

利润是指企业在一定会计期间的经营成果。利润的特征、确认条件和分类如表 2-6 所示。

表 2-6　利润的特征、确认条件和分类

特征	(1) 企业实现利润，表明企业的所有者权益将增加 (2) 企业发生亏损（利润为负数），表明企业的所有者权益将减少
确认条件	(1) 利润的确认主要依赖于收入和费用及利得和损失的确认 (2) 利润金额的确定也主要取决于收入、费用、利得、损失金额的计量
分类	(1) 营业利润 (2) 利润总额 (3) 净利润

（七）会计基本等式

会计基本等式也称会计恒等式，是表明会计要素之间基本关系的等式。会计要素之间的基本关系如表 2-7 所示。

第二章 会计要素和账户

表 2-7 会计要素之间的基本关系

资产 = 权益	(1) 资产表明企业拥有什么和多少经济资源 (2) 权益表明是谁提供了这些经济资源 (3) 资产是经济资源的占用形态，权益是经济资源的来源渠道
资产 = 负债 + 所有者权益	(1) 债权人权益称为负债 (2) 投资人权益称为所有者权益 (3) 该关系等式是编制资产负债表的依据
收入 - 费用 = 利润	(1) 收入大于费用为利润 (2) 收入小于费用为亏损 (3) 该关系等式是编制利润表的依据

（八）经济业务对会计等式影响

在会计等式为"资产 = 权益"的情况下，经济业务共有四种类型，如表 2-8 所示。

表 2-8 四种类型经济业务

序号	经济业务类型	总额变化
1	资产内部一个项目增加，另一个项目减少，增减金额相等	总额不变
2	权益内部一个项目增加，另一个项目减少，增减金额相等	总额不变
3	一个资产项目和一个权益项目同时增加，增加金额相等	总额增加
4	一个资产项目和一个权益项目同时减少，减少金额相等	总额减少

在会计等式为"资产 = 负债 + 所有者权益"的情况下，经济业务共有九种类型，如表 2-9 所示。

表 2-9 九种类型经济业务

序号	经济业务类型	总额变化
1	资产内部一个项目增加，另一个项目减少，增减金额相等	总额不变
2	负债内部一个项目增加，另一个项目减少，增减金额相等	总额不变
3	所有者权益内部一个项目增加，另一个项目减少，增减金额相等	总额不变
4	一个资产项目与一个负债项目同时增加，增加金额相等	总额增加
5	一个资产项目与一个负债项目同时减少，减少金额相等	总额减少
6	一个资产项目与一个所有者权益项目同时增加，增加金额相等	总额增加
7	一个资产项目与一个所有者权益项目同时减少，减少金额相等	总额减少
8	一个负债项目增加与一个所有者权益项目减少，增减金额相等	总额不变
9	一个负债项目减少与一个所有者权益项目增加，增减金额相等	总额不变

（九）会计科目分类

会计科目是对会计要素按其经济内容进行分类的项目名称。会计科目可以按所反映的经济内容分类，如表 2-10 所示。

表 2-10　会计科目按经济内容分类

按会计要素分类	资产类、负债类、所有者权益类、收入类、费用类和利润类
按会计准则分类	资产类、负债类、所有者权益类、共同类、成本类和损益类

会计科目也可以按反映资料的详细程度分类，如表 2-11 所示。

表 2-11　会计科目按详细程度分类

总分类科目	一级科目
明细分类科目	二级科目（子目）
	三级科目（细目）

（十）会计账户设置

会计账户是根据会计科目设置，具有一定格式和结构，用于分类核算会计要素增减变动情况及其结果的载体。会计账户的基本结构如表 2-12 所示。

表 2-12　会计账户的基本结构

基本结构	分为左右两方，一方登记增加额，另一方登记减少额
记录金额	期初余额、本期增加额、本期减少额和期末余额
具体内容	（1）账户的名称（会计科目）
	（2）日期（表明记账时间）
	（3）凭证号数（表明账户记录的来源）
	（4）摘要（概要说明经济业务的内容）
	（5）增加、减少和结余金额

▶▶ 三、本章涉及的主要会计术语（表 2-13）

表 2-13　本章涉及的主要会计术语

序号	主要会计术语	
1	会计要素	资产、负债、所有者权益、收入、费用、利润
		其他综合收益、利得、损失、留存收益
		直接费用、间接费用、期间费用
2	会计科目	会计科目、总分类科目、明细分类科目
3	会计账户	会计账户、期初余额、本期增加额、本期减少额、期末余额

第二节 练习题

一、单项选择题

1. 下列各项业务中，不会使企业资产总额发生变动的业务是（　　）。
   A. 收到其他单位投入一台设备　　　B. 向银行取得一笔借款
   C. 从其他单位赊购一批材料　　　　D. 收到客户所欠的货款存入银行
2. 会计科目和会计账户之间的主要区别在于（　　）。
   A. 记录资产和权益的增减变动情况不同
   B. 记录资产和负债的结果不同
   C. 反映的经济内容不同
   D. 会计账户有结构而会计科目无结构
3. 资产预期会给企业带来（　　）。
   A. 经济利益　　B. 经济资源　　C. 经济效果　　D. 经济效益
4. 下列各项中，属于流动负债的是（　　）。
   A. 预付账款　　B. 预收账款　　C. 其他应收款　　D. 资本公积
5. 盈余公积归属的会计要素是（　　）。
   A. 利润　　B. 所有者权益　　C. 收入　　D. 负债
6. 下列属于动态会计要素的是（　　）。
   A. 资产　　B. 负债　　C. 收入　　D. 所有者权益
7. 下列各项业务中，引起资产与所有者权益同时增加的是（　　）。
   A. 购进材料货款未付　　　B. 投资人投入一台设备
   C. 收到客户所欠货款　　　D. 上缴税金
8. 预付账款按经济内容分类属于（　　）。
   A. 资产类账户　　　　　　B. 负债类账户
   C. 所有者权益类账户　　　D. 损益类账户
9. 下列各项中，属于非流动负债的是（　　）。
   A. 预付账款　　B. 预收账款　　C. 应付账款　　D. 应付债券
10. 下列各项中不属于期间费用的有（　　）。
    A. 制造费用　　B. 管理费用　　C. 财务费用　　D. 销售费用
11. 下列各项业务中，不会使企业资产总额发生变动的业务是（　　）。
    A. 用银行存款购买一台设备　　B. 用银行存款归还一笔银行借款
    C. 从其他单位赊购一批材料　　D. 向银行借款存入银行

12. 下列各项中,属于所有者权益要素的是（   ）。
    A. 管理费用   B. 预付账款   C. 预收账款   D. 资本公积
13. 下列各项中,属于资产要素的是（   ）。
    A. 盈余公积   B. 预付账款   C. 应付账款   D. 预收账款
14. 下列各项中,属于非流动负债的是（   ）。
    A. 预付账款   B. 预收账款   C. 长期借款   D. 应付账款
15. 应交税费归属的会计要素是（   ）。
    A. 利润   B. 所有者权益   C. 收入   D. 负债
16. 下列各项中,属于静态会计要素的是（   ）。
    A. 费用   B. 负债   C. 收入   D. 利润
17. 下列各项业务中,引起资产与负债同时增加的是（   ）。
    A. 购进材料货款未付   B. 投资人投入一台设备
    C. 收到客户所欠货款   D. 用银行存款上缴税金
18. 预收账款按经济内容分类属于（   ）。
    A. 资产类账户   B. 负债类账户   C. 收入类账户   D. 损益类账户
19. 下列各项中,属于非流动资产的是（   ）。
    A. 预付账款   B. 预收账款   C. 应收账款   D. 固定资产
20. 下列各项中,属于期间费用的是（   ）。
    A. 制造费用   B. 管理费用   C. 生产成本   D. 投资收益

二、多项选择题

1. 下列各项中,反映企业经营成果的会计要素有（   ）。
   A. 资产   B. 利润   C. 费用   D. 收入
2. 资产按其流动性不同,可以分为（   ）。
   A. 货币资金   B. 流动资产   C. 固定资产   D. 非流动资产
3. 下列各项中,属于所有者权益要素的有（   ）。
   A. 未分配利润   B. 实收资本   C. 资本公积   D. 盈余公积
4. 下列各项中,属于收入要素的有（   ）。
   A. 主营业务收入   B. 其他业务收入
   C. 营业外收入   D. 投资收益
5. 下列各项中,属于期间费用的有（   ）。
   A. 制造费用   B. 管理费用   C. 财务费用   D. 销售费用
6. 下列各项中,属于资产要素特点的有（   ）。
   A. 必须是有形的   B. 必须是企业拥有或控制的
   C. 必须能够给企业带来未来经济利益 D. 必须是经济资源
7. 收入可能引起企业（   ）。

A. 资产增加　　　　B. 资产减少　　　　C. 负债增加　　　　D. 负债减少

8. 下列各项中，属于流动负债的有（　　）。
A. 应收账款　　　　B. 预收账款　　　　C. 应付账款　　　　D. 预付账款

9. 下列经济业务发生，使资产与权益项目同时减少的有（　　）。
A. 收到短期借款存入银行　　　　B. 以银行存款支付应付利润
C. 以银行存款偿还应付账款　　　　D. 以银行存款购买股票

10. 下列业务符合会计基本等式平衡原理的有（　　）。
A. 资产与负债同时增加　　　　B. 资产与负债此增彼减
C. 资产与所有者权益同时减少　　　　D. 负债与所有者权益此增彼减

11. 下列各项中，反映企业财务状况的会计要素有（　　）。
A. 资产　　　　B. 负债　　　　C. 收入　　　　D. 费用

12. 负债按其流动性不同，可以分为（　　）。
A. 流动负债　　　　B. 流动资产　　　　C. 非流动负债　　　　D. 非流动资产

13. 下列各项中，属于资产要素的有（　　）。
A. 固定资产　　　　B. 预付账款　　　　C. 应付账款　　　　D. 在建工程

14. 下列各项中，属于负债要素的有（　　）。
A. 短期借款　　　　B. 长期借款　　　　C. 应付职工薪酬　　　　D. 应付利息

15. 下列各项中，属于费用要素的有（　　）。
A. 制造费用　　　　B. 管理费用　　　　C. 财务费用　　　　D. 销售费用

16. 下列各项中，属于利润指标的有（　　）。
A. 营业利润　　　　B. 净利润　　　　C. 利润总额　　　　D. 毛利润

17. 费用发生可能引起企业（　　）。
A. 资产增加　　　　B. 资产减少　　　　C. 负债增加　　　　D. 负债减少

18. 下列各项中，属于流动资产的有（　　）。
A. 应收账款　　　　B. 预收账款　　　　C. 应付账款　　　　D. 预付账款

19. 下列经济业务发生，使资产与权益项目同时增加的有（　　）。
A. 收到长期借款存入银行　　　　B. 用银行存款上缴税金
C. 收到投入机器一台　　　　D. 以银行存款购买股票

20. 下列业务符合会计基本等式平衡原理的有（　　）。
A. 资产与负债同时减少　　　　B. 资产与所有者权益此增彼减
C. 资产与所有者权益同时增加　　　　D. 负债与所有者权益此增彼减

三、判断题

1. 一项资源若要作为企业的资产予以确认，其所有权必须属于企业。　　　　（　　）
2. 费用的发生会导致企业所有者权益的减少。　　　　（　　）
3. 所有者权益是企业投资人对企业全部资产的所有权。　　　　（　　）

4. 收入的增加，实质上会导致所有者权益的增加。（   ）
5. 会计账户与会计科目两者的含义是一致的，没有本质区别。（   ）
6. 资产、负债、所有者权益三个要素也叫动态会计要素。（   ）
7. 设置会计账户是会计核算的专门方法之一。（   ）
8. 账户的余额一般在登记增加发生额的那一方。（   ）
9. 有了明细分类科目一般就不需要设置总分类科目。（   ）
10. "累计摊销"属于资产类会计科目。（   ）
11. 净利润是指营业利润减去所得税费用后的金额。（   ）
12. 应付账款和应付债券都属于流动负债项目。（   ）
13. 预付账款和应收票据都属于流动资产项目。（   ）
14. 所有者权益的增加必然会引起资产总额的增加。（   ）
15. "资产－所有者权益＝负债"，这一等式是不成立的。（   ）
16. "制造费用"和"财务费用"都属于损益类会计科目。（   ）
17. "待处理财产损溢"属于损益类会计科目。（   ）
18. "其他综合收益"和"投资收益"都属于损益类会计科目。（   ）
19. 总分类科目是对会计要素不同经济内容做总括分类反映的科目。（   ）
20. 在账户左右两方中，哪一方记增加数，哪一方记减少数，取决于所采用的记账方法和各该账户所记录的经济内容。（   ）

四、核算题

1. 确定表2-14各经济事项是属于资产类、负债类，还是属于所有者权益类，并分别计算三大会计要素的合计数。

表2-14　经济事项确认分类

经济事项	资产	负债	所有者权益
（1）车间机器设备185 000元			
（2）国家对企业投资400 000元			
（3）企业银行存款85 000元			
（4）企业欠银行的短期借款60 000元			
（5）库存原材料125 000元			
（6）企业应付购料款37 000元			
（7）职工预借差旅费1 000元			
（8）企业应收客户货款128 000元			
（9）应交国家税金53 000元			
（10）车间尚未完工产品26 000元			
合计			

2. 根据会计恒等式，填写完成表 2-15 中的括号。

表 2-15　会计恒等式练习　　　　　　　　　　　单位：元

序号	资产	负债	所有者权益
(1)	12 500	1 800	( )
(2)	28 000	( )	12 500
(3)	( )	11 600	39 750

3. 根据会计恒等式，填写完成表 2-16 中的括号。

表 2-16　会计恒等式综合式练习　　　　　　　　单位：元

序号	资产	费用	负债	所有者权益	收入
(1)	20 500	9 000	2 000	12 000	( )
(2)	34 000	12 000	8 000	( )	20 000
(3)	19 000	18 000	( )	7 000	24 000
(4)	45 000	( )	22 000	14 000	32 000
(5)	( )	1 000	2 300	4 800	1 900
合计	( )	( )	( )	( )	( )

4. 练习经济业务的类型。

某企业 3 月份发生下列经济业务：

(1) 从银行提取现金 3 万元。

(2) 从银行借入期限为 6 个月的借款 500 万元，存入银行。

(3) 收到投资者投入的机器一台，价值 2 000 万元。

(4) 以银行存款 80 万元偿还前欠货款。

(5) 减少注册资本 5 000 万元，以银行存款向投资者退回其投入的资本。

(6) 已到期的应付票据 600 万元因无力支付转为应付账款。

(7) 宣布向投资者分配利润 300 万元。

(8) 经批准将已发行的公司债券 8 000 万元转为实收资本。

(9) 经批准将资本公积 2 000 万元转为实收资本。

要求：

(1) 根据上述资料，按四种类型经济业务分析说明 3 月份发生的经济业务分别涉及哪些项目、属于哪种经济类型及总额是否变化。将分析结果填入表 2-17。

表 2-17　3 月份经济业务类型分析（按四种类型）

序号	涉及项目		类型	总额变化
	项目一	项目二		
(1)				
(2)				
(3)				
(4)				
(5)				
(6)				
(7)				
(8)				
(9)				

（2）根据上述资料，按九种类型经济业务分析说明 3 月份发生的经济业务分别涉及哪些项目、属于哪种类型及总额是否变化。将分析结果填入表 2-18。

表 2-18　3 月份经济业务类型分析（按九种类型）

序号	涉及项目		类型	总额变化
	项目一	项目二		
(1)				
(2)				
(3)				
(4)				
(5)				
(6)				
(7)				
(8)				
(9)				

5. 练习经济业务对会计等式的影响。

某企业 2021 年 1 月 31 日的资产负债表中显示资产总额为 700 000 元，负债总额为 200 000 元，所有者权益总额为 500 000 元。该企业 2 月份发生下列经济业务：

（1）销售商品取得收入 200 000 元，已存入银行。

（2）以银行存款 9 600 元支付行政管理部门的水电费。

（3）以库存现金 2 800 元购买办公用品。

（4）计算出应付行政管理部门职工薪酬 66 000 元。

（5）以银行存款 14 000 元支付应计入管理费用的各项税费。

(6) 结转销售商品的成本 100 000 元。

要求：

(1) 根据上述资料，按九种类型经济业务分析说明 2 月份发生的经济业务分别涉及哪些会计科目，这些科目的金额增减变化情况，以下属于九种类型经济业务中的哪种类型。将分析结果填入表 2-19。

表 2-19　2 月份经济业务类型分析（按九种类型）

序号	涉及会计科目		类型
	会计科目（增减）	会计科目（增减）	
(1)			
(2)			
(3)			
(4)			
(5)			
(6)			

(2) 判断该企业 2 月份是盈利还是亏损，并填写完成表 2-20。

表 2-20　2 月份损益表　　　　　　　　　　　　　　　　　　　　单位：元

收入	费用	利润

(3) 若将利润或亏损全部转入所有者权益项目，计算 2 月末的资产总额、负债总额和所有者权益总额并填写完成表 2-21。

表 2-21　2 月末财务状况表　　　　　　　　　　　　　　　　　　单位：元

资产	负债	所有者权益

6. 练习经济业务的类型。

东吴公司 2021 年 5 月份有关项目的期初余额如下：

银行存款	8 000 元	库存现金	1 520 元
原材料	81 520 元	库存商品	2 400 元
固定资产	142 500 元	短期借款	108 000 元
实收资本	127 940 元		

东吴公司 2021 年 5 月份发生下列经济业务：

(1) 2 日，用银行存款 4 000 元，购入一批原材料。

(2) 2 日，从银行提取 3 000 元现金备用。

(3) 3 日，收到外商投入资本 90 000 元，存入银行。

(4) 7 日，向义利公司销售产品，价款 24 000 元，存入银行。

(5) 8 日，以现金支付业务招待费 500 元。
(6) 8 日，生产产品领用原材料 8 000 元。
(7) 10 日，向星海工厂购入原材料，价款 10 000 元，以银行存款支付。
(8) 15 日，向运河工厂销售产品，价款 8 000 元，尚未收到。
(9) 20 日，支付本月水电费 2 500 元，用银行存款付讫。
(10) 25 日，以现金购买办公用品发给厂部使用，价款 200 元。
(11) 26 日，购进原材料，价款 5 000 元，尚未支付。
(12) 30 日，收到运河工厂交来的货款 8 000 元，结清前欠货款，已存入本企业账户。

要求：

(1) 确定月初资产、负债、所有者权益的数量关系，填写完成表 2-22。

表 2-22　5 月初财务状况表　　　　　　　　　　　　　　　　单位：元

资产	负债	所有者权益

(2) 根据上述资料，按九种类型经济业务分析说明 5 月份发生的经济业务分别涉及哪些会计科目、这些科目的金额增减变化情况，以及属于九种类型经济业务中的哪种类型。将分析结果填入表 2-23。

表 2-23　5 月份经济业务类型分析按九种类型

序号	涉及会计科目		九种类型
	会计科目（增减）	会计科目（增减）	
(1)			
(2)			
(3)			
(4)			
(5)			
(6)			
(7)			
(8)			
(9)			
(10)			
(11)			
(12)			

(3) 确定月末资产、负债、所有者权益、收入、费用的数量关系，填写完成表 2-24。

表 2-24　5 月末财务状况表（一）　　　　　　　　　　　单位：元

资产	负债	所有者权益	收入	费用

（4）确定月末资产、负债、所有者权益、利润的数量关系，填写完成表 2-25。

表 2-25　5 月末财务状况表（二）　　　　　　　　　　　单位：元

资产	负债	所有者权益	利润

（5）确定月末资产、负债、所有者权益的数量关系，填写完成表 2-26。

表 2-26　5 月末财务状况表（三）　　　　　　　　　　　单位：元

资产	负债	所有者权益

第三章 复式记账

第一节 知识概要

▶▶ 一、本章知识导图（图3-1）

本章主要讲解记账方法的种类、借贷记账法的产生和发展、记账符号、账户结构、记账规律、账户对应关系、会计分录、试算平衡、总分类账户与明细分类账户的平行登记等内容。

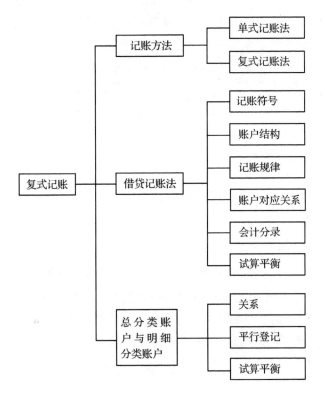

图 3-1 "复式记账"知识导图

▶▶ 二、本章重难点分析

本章重难点包括复式记账法意义、借贷记账法账户结构、借贷记账法记账规律、借贷记账法账户对应关系、借贷记账法会计分录、借贷记账法试算平衡、总分类账户与明细分类账户关系、总分类账户与明细分类账户平行登记等方面。

(一) 复式记账法意义

记账方法是指经济业务在会计账户中登记的方法。记账方法按记账方式的不同,可分为单式记账法和复式记账法两种,如表3-1所示。

表3-1 记账方法的种类

单式记账法	是指对发生的经济业务,通常只在账上做单方面登记,而不反映其来龙去脉的一种记账方法
复式记账法	是指对发生的每一项经济业务,都要以相等的金额,在相互关联的两个或两个以上账户中进行登记的一种记账方法

复式记账是一种科学的记账方法，它是从单式记账法发展演变而来的，目前被世界多国广泛采用。复式记账法的要点和意义如表3-2所示。

表3-2 复式记账法的要点和意义

要点	（1）两个或两个以上账户（只记一个账户不属于复式记账） （2）相互关联的账户（不同的业务把不同的账户联系在一起） （3）相等的金额（双方金额相等）
意义	因为是"相互关联的账户"，所以能够如实地反映经济活动的来龙去脉，完整、系统地反映经济活动的过程和结果
	因为是"相等的金额"，所以能够进行试算平衡，使账户之间保持相互对应关系，保证账户记录的正确性

（二）借贷记账法账户结构

借贷记账法是按照复式记账的原理，以资产与权益的平衡关系为基础，以"借"和"贷"两字为记账符号，以"有借必有贷，借贷必相等"为记账规则的一种复式记账法。

在借贷记账法下，任何账户都分为借方和贷方两个基本部分，通常左方为借方，右方为贷方，在会计教学中将其简化为"T形"账户的形式，它的基本结构如图3-2所示。

图3-2 "T形"账户的基本结构

在借贷记账法下，所有账户的借方和贷方都要按相反的方向记录，即一方登记增加金额，一方登记减少金额。至于哪一方登记增加金额，哪一方登记减少金额，则要根据各个账户所反映的经济内容来决定，要看经济业务涉及哪些账户及这些账户的性质。借贷记账法下六类账户的基本结构如表3-3所示。

表3-3 六类账户的基本结构

账户类别	借方发生额	贷方发生额	期末余额
资产类账户	资产增加额	资产减少额	在借方
负债类账户	负债减少额	负债增加额	在贷方
所有者权益类账户	所有者权益减少额	所有者权益增加额	在贷方
收入类账户	收入减少额或转销额	收入增加额	无余额
费用类账户	费用增加额	费用减少额或转销额	无余额
利润类账户	费用转销额	收入转销额	在借方或贷方（注）

注：利润类账户的期末余额在贷方，表示企业实现的利润额；期末余额在借方，表示企业发生的亏损额。

上述六类账户，根据其基本结构，又可分为资产类账户和权益类账户两大类，其中：

资产类账户包括资产类账户和费用类账户；权益类账户包括负债类账户、所有者权益类账户、收入类账户和利润类账户。这两大类账户的基本结构如表3-4所示。

表3-4　两大类账户的基本结构

账户类别	借方发生额	贷方发生额	期末余额
资产类账户	增加额	减少额	如有余额在借方
权益类账户	减少额	增加额	如有余额在贷方

在会计实务中，可以根据需要设置共同性账户，即双重性质账户。这类账户或者只有借方余额，或者只有贷方余额。如果余额在借方，就是资产类账户；如果余额在贷方就是权益类账户。"应收账款""预收账款""应付账款""预付账款"等账户都可以成为共同性账户。举例见图3-3、图3-4、图3-5和图3-6。

【例3-1】　"应收账款"账户。

借方	应收账款		贷方
① 应收	100	② 收到	60
③ 应收	50	④ 收到	80
余额：	10		

借方	应收账款——A		贷方
① 应收	100	② 收到	60
余额：	40		

借方	应收账款——B		贷方
③ 应收	50	④ 收到	80
		余额：	30

图3-3　"应收账款"账户案例

案例说明："应收账款——A"属于资产类账户，"应收账款——B"属于负债类账户。

【例3-2】　"预收账款"账户。

借方	预收账款		贷方
② 销售	200	① 预收	500
④ 销售	150	③ 预收	90
		余额：	240

借方	预收账款——C		贷方
② 销售	200	① 预收	500
		余额：	300

借方	预收账款——D		贷方
④ 销售	150	③ 预收	90
余额：	60		

图3-4　"预收账款"账户案例

案例说明："预收账款——C"属于负债类账户，"预收账款——D"属于资产类账户。

【例3-3】 "应付账款"账户。

借方	应付账款		贷方
② 支付	300	① 应付	800
④ 支付	600	③ 应付	400
		余额：	300

借方	应付账款——甲		贷方		借方	应付账款——乙		贷方
② 支付	300	① 应付	800		④ 支付	600	③ 应付	400
		余额：	500				余额：	200

图3-5 "应付账款"账户案例

案例说明："应付账款——甲"属于负债类账户，"应付账款——乙"属于资产类账户。

【例3-4】 "预付账款"账户。

借方	预付账款		贷方
① 预付	700	② 购入	500
③ 预付	280	④ 购入	400
余额：	80		

借方	预付账款——丙		贷方		借方	预付账款——丁		贷方
① 预付	700	② 购入	500		③ 预付	280	④ 购入	400
余额：	200						余额：	120

图3-6 "预付账款"账户案例

案例说明："预付账款——丙"属于资产类账户，"预付账款——丁"属于负债类账户。

（三）借贷记账法记账规律

借贷记账法的记账规律是"有借必有贷，借贷必相等"。借贷记账法下记录经济业务的步骤如表3-5所示。

表3-5 记录经济业务的步骤

首先	确定该笔经济业务应记入哪些账户，是资产类账户，还是权益类账户
其次	确定记入账户的金额是增加额，还是减少额
最后	确定应记入账户是借方，还是贷方

（四）借贷记账法账户对应关系

借贷记账法账户对应关系与对应账户如表3-6所示。

表 3-6　账户对应关系与对应账户

账户对应关系	账户之间存在应借、应贷的相互关系（确定借贷方向）
对应账户	具有对应关系的账户（确定涉及账户）

（五）借贷记账法会计分录

会计分录简称分录，是指明经济业务所应记入的账户、应借应贷的方向及金额的书面记录。会计分录的种类如表 3-7 所示。

表 3-7　会计分录的种类

简单会计分录	一借一贷		一个账户的借方与另一个账户的贷方组成的会计分录
复合会计分录		一借多贷	一个账户的借方与多个账户的贷方组成的会计分录
		多借一贷	多个账户的借方与一个账户的贷方组成的会计分录
		多借多贷	多个账户的借方与多个账户的贷方组成的会计分录

（六）借贷记账法试算平衡

试算平衡就是指在结算出一定时期全部账户发生额和余额的基础上，根据资产总额等于权益总额的平衡关系和记账规律来检查与验证账户记录是否正确的一种专门方法。关于试算平衡的方法，可借助表 3-8、表 3-9、表 3-10、表 3-11、表 3-12 来进行理解。

表 3-8　账户平衡关系

1	全部账户的借方期初余额合计数等于全部账户的贷方期初余额合计数
2	全部账户的借方本期发生额合计数等于全部账户的贷方本期发生额合计数
3	全部账户的借方期末余额合计数等于全部账户的贷方期末余额合计数

表 3-9　试算平衡的步骤

1	将发生的经济业务所编制的会计分录全部登记入账
2	计算各账户借方本期发生额和贷方本期发生额
3	计算各账户的借方期末余额或贷方期末余额
4	编制成总分类账户本期发生额及余额试算平衡表

表 3-10　试算平衡的结果

1	借贷双方金额合计相等	账户记录和计算基本正确
2	借贷双方金额合计不相等	账户记录或计算肯定错误

表 3-11　寻找错误步骤

1	检查试算平衡表的编制是否有误	账户遗漏、方向错误、金额错误、金额合计错误
2	检查账户记录是否有误	余额错误、发生额错误、方向错误、金额错误
3	检查会计分录是否有误	方向错误、金额错误

表 3-12　不影响借贷平衡关系的错误

1	一笔经济业务全部遗漏记账
2	一笔经济业务全部重复记账
3	一笔经济业务的借贷方向颠倒
4	账户名称记错
5	借贷双方发生同金额的错误
6	借贷某一方发生相互抵销的错误

（七）总分类账户与明细分类账户关系

账户按其所提供指标的详细程度，可划分为总分类账户和明细分类账户。两类账户之间的关系如表 3-13 所示。

表 3-13　总分类账户与明细分类账户的关系

总分类账户	按一级会计科目设置	只用货币作为计量单位	统御账户
明细分类账户（必要时可分为二级账户和三级账户）	按明细会计科目设置（必要时可按子目和细目设置）	除了以货币作为计量单位外，有时也要用实物量作为计量单位	辅助账户

（八）总分类账户与明细分类账户平行登记

平行登记就是对发生的每笔经济业务根据会计凭证一方面要在总分类账户中进行总括地登记，另一方面还要在所属的明细分类账户中进行明细登记。平行登记的要点如表 3-14 所示。

表 3-14　平行登记的要点

1	记账内容要一致	登记总分类账户和其所属的明细分类账户的依据必须一致
2	记账方向要相同	登记总分类账户和其所属的明细分类账户的借贷方向必须相同
3	记账金额要相等	记入总分类账户的金额必须与记入其所属明细分类账户的金额之和相等

三、本章涉及的主要会计术语（表 3-15）

表 3-15　本章涉及的主要会计术语

序号	主要会计术语
1	记账方法	单式记账法、复式记账法
2	借贷记账法	账户对应关系、对应账户、会计分录、简单会计分录、复合会计分录、试算平衡
3	平行登记	总分类账户、明细分类账户、平行登记

第二节　练习题

一、单项选择题

1. 在借贷记账法下,"借""贷"记账符号表示（　　）。
   A. 债权债务关系的变化　　　　　B. 记账金额
   C. 平衡关系　　　　　　　　　　D. 记账方向
2. 我国企事业单位会计核算统一采用的记账方法是（　　）。
   A. 借贷记账法　　B. 收付记账法　　C. 增减记账法　　D. 单式记账法
3. 共同性账户的期末余额（　　）。
   A. 在借方　　　　　　　　　　　B. 在贷方
   C. 可能在借方也可能在贷方　　　D. 没有余额
4. 借贷记账法下的余额试算平衡是通过编制（　　）来完成的。
   A. 盘存单　　　B. 试算平衡表　　C. 科目汇总表　　D. 余额调节表
5. 下列会计分录形式中,属于简单会计分录的是（　　）。
   A. 一借一贷　　B. 一借多贷　　C. 多借一贷　　D. 多借多贷
6. 在借贷记账法下,"预收账款"账户的余额（　　）。
   A. 只能在借方　　　　　　　　　B. 只能在贷方
   C. 通常为零　　　　　　　　　　D. 既可能在借方也可能在贷方
7. 在借贷记账法下,资产类账户的期末余额一般在（　　）。
   A. 借方　　　　B. 贷方　　　　C. 收方　　　　D. 付方
8. 存在对应关系的账户称为（　　）。
   A. 联系账户　　B. 对应账户　　C. 总分类账户　　D. 明细分类账户
9. 下列经济业务中,借记资产类账户,贷记负债类账户的是（　　）。
   A. 从银行提取现金　　　　　　　B. 接受投资
   C. 赊购商品　　　　　　　　　　D. 以现金偿还债务
10. 期末需要转入"本年利润"账户的是（　　）。
    A. 资产类账户　　　　　　　　　B. 所有者权益类账户
    C. 损益类账户　　　　　　　　　D. 成本类账户
11. 在借贷记账法下,负债类账户的期末余额（　　）。
    A. 在借方　　　　　　　　　　　B. 在贷方
    C. 通常为零　　　　　　　　　　D. 可能在借方也可能在贷方
12. 利润类账户的期末余额（　　）。

A. 肯定在借方 B. 肯定在贷方
C. 通常为零 D. 可能在借方也可能在贷方

13. "应收票据"账户的期末余额（   ）。
A. 在贷方 B. 在借方
C. 可能在借方也可能在贷方 D. 没有余额

14. "应收账款"账户的期末余额（   ）。
A. 在贷方 B. 在借方
C. 可能在借方也可能在贷方 D. 没有余额

15. 期末余额在借方的账户是（   ）。
A. 资产类账户 B. 所有者权益类账户
C. 收入类账户 D. 负债类账户

16. 期末余额肯定在贷方的账户是（   ）。
A. 资产类账户　　B. 负债类账户　　C. 费用类账户　　D. 利润类账户

17. 有可能成为共同性账户的是（   ）。
A. "应收票据"账户 B. "应付票据"账户
C. "应付账款"账户 D. "应付债券"账户

18. 试算平衡表中借贷双方金额合计不相等，表示（   ）。
A. 账户记录肯定正确 B. 账户记录可能错误
C. 账户记录肯定错误 D. 账户记录基本正确

19. 试算平衡表中借贷双方金额合计相等，表示（   ）。
A. 账户记录肯定正确 B. 账户记录基本错误
C. 账户记录肯定错误 D. 账户记录基本正确

20. 没有期末余额的账户是（   ）。
A. "应付账款"账户 B. "投资收益"账户
C. "长期股权投资"账户 D. "应付股利"账户

二、多项选择题

1. 期末不需要转入"本年利润"账户的是（   ）。
A. 资产类账户　　B. 成本类账户　　C. 损益类账户　　D. 负债类账户

2. 企业用银行存款偿还应付账款，会引起（   ）。
A. 资产增加　　B. 资产减少　　C. 负债增加　　D. 负债减少

3. 在借贷记账法下，借方可以登记（   ）。
A. 资产增加　　B. 费用增加　　C. 收入增加　　D. 所有者权益减少

4. 资产类账户的借方不能登记的是（   ）。
A. 资产增加　　B. 资产减少　　C. 负债减少　　D. 收入减少

5. 下列会计分录形式中，属于复合会计分录的是（   ）。

A. 一借一贷　　　　B. 一借多贷　　　　C. 多借一贷　　　　D. 多借多贷

6. 在借贷记账法下，有可能成为共同性账户的是（　　）。
   A. "预收账款"账户　　　　　　　B. "应收账款"账户
   C. "应收票据"账户　　　　　　　D. "应付账款"账户

7. 在借贷记账法下，期末没有余额的账户是（　　）。
   A. 所有者权益类账户　　　　　　B. 资产类账户
   C. 损益类账户　　　　　　　　　D. 收入类账户

8. 下列经济业务中，会使资产和负债同时增加的是（　　）。
   A. 从银行提取现金　　　　　　　B. 向银行借款存入银行
   C. 购买材料货款未付　　　　　　D. 收到投入资金存入银行

9. 下列经济业务中，不引起资产总额发生变化的是（　　）。
   A. 现金送存银行　　　　　　　　B. 收回应收账款存入银行
   C. 用固定资产进行对外投资　　　D. 以现金偿还债务

10. 下列各项中，属于流动负债类账户的是（　　）。
    A. "应付账款"账户　　　　　　　B. "应付债券"账户
    C. "预付账款"账户　　　　　　　D. "应付股利"账户

11. 期末账户余额在借方的是（　　）。
    A. "固定资产"账户　　　　　　　B. "银行存款"账户
    C. "累计折旧"账户　　　　　　　D. "长期借款"账户

12. 从银行取得借款存入银行，会引起（　　）。
    A. 资产增加　　　　B. 资产减少　　　　C. 负债增加　　　　D. 负债减少

13. 在借贷记账法下，贷方可以登记（　　）。
    A. 负债增加　　　　B. 费用增加　　　　C. 收入增加　　　　D. 资产减少

14. 负债类账户的借方不能登记的是（　　）。
    A. 资产增加　　　　B. 资产减少　　　　C. 负债减少　　　　D. 收入减少

15. 下列各项中，属于不影响借贷平衡关系的错误的是（　　）。
    A. 漏记一笔业务　　　　　　　　B. 重记一笔业务
    C. 借贷方向颠倒　　　　　　　　D. 账户名称记错

16. 在借贷记账法下，不可能成为共同性账户的是（　　）。
    A. "预收账款"账户　　　　　　　B. "应收账款"账户
    C. "应收票据"账户　　　　　　　D. "应付票据"账户

17. 在借贷记账法下，期末没有余额的账户是（　　）。
    A. "累计折旧"账户　　　　　　　B. "投资收益"账户
    C. "管理费用"账户　　　　　　　D. "生产成本"账户

18. 下列经济业务中，会使资产和负债同时减少的是（　　）。

A. 用银行存款归还银行借款　　　　　B. 向银行借款存入银行

C. 用银行存款缴纳应交税费　　　　　D. 收到投入资金存入银行

19. 下列经济业务中，引起资产总额发生变化的是（　　）。

A. 收到投资设备　　　　　　　　　　B. 向银行借款存入银行

C. 用固定资产进行对外投资　　　　　D. 向社会发行债券

20. 下列各项中，属于流动资产类账户的是（　　）。

A. "应收账款"账户　　　　　　　　　B. "无形资产"账户

C. "预付账款"账户　　　　　　　　　D. "应收股利"账户

三、判断题

1. 在借贷记账法下，借方表示增加，贷方表示减少。（　　）
2. 复合会计分录是指多借多贷形式的会计分录。（　　）
3. 损益类科目的借方登记增加数，贷方登记减少数，期末一般无余额。（　　）
4. 企业可以将不同类型的经济业务合并在一起，编制多借多贷的会计分录。（　　）
5. 收入类科目与费用类科目一般没有期末余额，但有期初余额。（　　）
6. 会计分录包括经济业务涉及的科目名称、记账方向和金额三方面内容。（　　）
7. 资产与所有者权益在数量上始终是相等的。（　　）
8. 资产来源于权益，权益与资产必然相等。（　　）
9. 科目的余额总是和科目的增加额方向一致。（　　）
10. 会计分录中的账户之间的相互依存关系称为账户的对应关系。（　　）
11. 在借贷记账法下，资产类账户借方登记增加，贷方登记减少。（　　）
12. 多借多贷以外的会计分录都属于简单会计分录。（　　）
13. 负债类账户的借方登记增加数，贷方登记减少数，期末余额在借方。（　　）
14. 试算平衡表中借贷双方金额合计不相等，表示账户记录肯定错误。（　　）
15. 试算平衡表中借贷双方金额合计相等，表示账户记录肯定正确。（　　）
16. 同一笔业务总分类账户和明细分类账户的登记方向必须相同。（　　）
17. 资产与负债在数量上始终是不相等的。（　　）
18. 同一会计期间的收入必然会大于费用。（　　）
19. 全部账户的借方期末余额合计数等于全部账户的贷方期末余额合计数。（　　）
20. 资产类账户的借方期末余额合计数等于负债类账户的贷方期末余额合计数。（　　）

四、核算题

1. 练习简单会计分录的编制。

东吴工厂2021年3月份发生下列经济业务，要求编制相应的会计分录。

（1）3日，将库存现金2 000元送存银行。

(2) 7日，收到国家投入资本金300 000元，存入银行。

(3) 9日，从东风厂购入原材料60 000元，货款尚未支付。

(4) 15日，向天池厂销售产品80 000元，货款尚未收到。

(5) 18日，用库存现金600元购入厂部办公用品。

(6) 20日，以现金支付厂办人员出差预借差旅费1 300元。

(7) 23日，向银行借入短期借款100 000元，存入银行。

(8) 25 日,用银行存款购入固定资产一批,价值 500 000 元。

(9) 27 日,向天山厂销售产品 40 000 元,货款收到存入银行。

(10) 29 日,结转本月完工产品的生产成本 98 000 元。

2. 练习复合会计分录的编制。
东吴工厂 2021 年 4 月份发生下列经济业务,要求编制相应的会计分录。
(1) 4 日,从南方厂购入材料 90 000 元,其中 60 000 元已通过银行支付,其余尚欠。

(2) 5 日,用银行存款 3 600 元支付办公费,其中,厂部 2 000 元,车间 1 600 元。

(3) 7 日,领用材料 73 800 元,其中,生产产品领料 70 000 元,车间一般性消耗领料 3 000 元,厂部修理领料 800 元。

（4）9日，报销厂办人员差旅费1 380元，出差时预借1 300元，不足部分用现金补付。

（5）13日，向银行取得借款850 000元，存入银行，其中，长期借款500 000元，短期借款350 000元。

（6）15日，向新胜厂销售产品126 000元，已收到货款100 000元存入银行，其余对方尚欠。

（7）18日，向北方厂销售产品35 700元，其中，35 000元货款通过银行已收妥，700元货款通过现金支付。

（8）20日，用银行存款归还到期的长期借款200 000元、短期借款50 000元。

（9）25日，从东方厂购入材料70 000元，其中，50 000元开出商业汇票，余款通过银行支付。

（10）28日，投资者投入资金520万元已存入银行，其中，500万元作为实收资本，20万元作为资本公积。

3. 练习会计分录的编制。

东吴工厂2020年6月份发生下列经济业务，要求编制相应的会计分录。

（1）5日，向A厂购入材料80 000元，其中，50 000元上月已预付，余款通过银行支付。

（2）6日，用银行存款9 000元支付广告费。

（3）8日，购买机器一台，价值100万元，购买专利一项，价值50万元，款项通过银行支付。

（4）10日，用现金支付车间设备修理费800元。

(5) 14 日，财务科长出差回来，报销差旅费 2 900 元，出差时预借 3 000 元，余款 100 元以现金形式交回。

(6) 16 日，向 B 厂销售产品 35 万元，上月已预收货款 30 万元，余款已收到存入银行。

(7) 19 日，向 D 厂销售产品 128 万元，其中，100 万元货款通过银行收妥，余款尚欠。

(8) 21 日，用银行存款发放本月职工工资 56 万元。

(9) 23 日，用银行存款支付本月水电费 8 300 元，其中，车间 6 300 元，行政管理部门 2 000 元。

(10) 25 日，用银行存款向 F 厂预付购料款 15 万元。

4. 练习借贷记账法的运用。

东吴工厂 2020 年 6 月 30 日有关账户的余额如下：

库存现金	800 元	应付账款	54 000 元
银行存款	30 000 元	短期借款	13 000 元
原材料	90 000 元	应交税费	8 800 元
生产成本	40 000 元	实收资本	680 000 元
库存商品	20 000 元	盈余公积	40 000 元
应收账款	35 000 元	本年利润	20 000 元
固定资产	600 000 元		

该厂 7 月份发生下列经济业务：

（1）从银行提取现金 500 元。

（2）以现金支付采购员张良出差预借款 700 元。

（3）生产产品领用原材料 21 000 元。

（4）用银行存款缴清上月欠缴税金 8 800 元。

（5）收回昆山厂前欠货款 15 000 元，存入银行。

（6）向银行借入长期借款 200 000 元，存入银行。

（7）用银行存款购入机器一台，计价 180 000 元。

（8）从东风厂购入原材料 34 000 元，货款尚未支付。

（9）用银行存款偿还前欠振东厂货款 24 000 元。

（10）本月完工产品验收入库，成本 38 000 元。

要求：

（1）根据所提供的经济业务，编制会计分录。

（2）开设有关账户，登记期初余额；根据会计分录登记账户并结账。

（3）结出各账户的本期发生额和期末余额，并编制试算平衡表（表3-16）。

表 3-16　试算平衡表

2020 年 7 月 31 日　　　　　　　　　　　　　　　　　　　　单位：元

账户名称	期初余额		本期发生额		期末余额	
	借方	贷方	借方	贷方	借方	贷方
合计						

5．练习总分类账户与明细分类账户的平行登记。

宏达工厂 2020 年 7 月 31 日"原材料"和"应付账款"总分类账户的期末余额如下：

（1）"原材料"总分类账户借方余额 86 000 元，其中：

甲材料　　200 吨　　　单价 300 元/吨　　　金额 60 000 元

乙材料　　100 吨　　　单价 260 元/吨　　　金额 26 000 元

（2）"应付账款"总分类账户贷方余额 59 000 元，其中：

南林厂　　　　　40 000 元

竹辉厂　　　　　19 000 元

宏达工厂 8 月份发生的有关经济业务如下：

（1）用银行存款偿还前欠南林厂货款 30 000 元、竹辉厂货款 10 000 元。

（2）生产产品领用甲材料 150 吨、乙材料 60 吨。

（3）从南林厂购入甲材料 80 吨，单价 300 元/吨；购入乙材料 40 吨，单价 260 元/吨，货款均未支付，材料均已验收入库。

（4）用银行存款偿还前欠南林厂货款 20 000 元。

(5) 从竹辉厂购入乙材料 140 吨,单价 260 元/吨,材料已验收入库,货款尚未支付。
(6) 生产产品领用甲材料 30 吨,乙材料 100 吨。

要求:

(1) 根据上述资料,编制宏达工厂 8 月份(1)~(6)项经济业务的会计分录。

（2）根据上述资料，开设"原材料"和"应付账款"总分类账户及其所属明细分类账户，并登记期初余额；根据编制的会计分录，登记"原材料"和"应付账款"总分类账户及其所属明细分类账户。

（3）结算出各个账户的本期发生额和期末余额，并将"原材料"和"应付账款"总分类账户的本期发生额及期末余额分别与其所属明细分类账户的本期发生额和期末余额合计数核对（表3-17、表3-18）。

表 3-17　原材料明细分类账户本期发生额及余额试算平衡表

　　　　　　　　　　　　　年　　月　　　　　　　　　　　　　　单位：元

明细分类账户名称	期初余额		本期发生额		期末余额	
	借方	贷方	借方	贷方	借方	贷方
合计						

表 3-18　应付账款明细分类账户本期发生额及余额试算平衡表

　　　　　　　　　　　　　年　　月　　　　　　　　　　　　　　单位：元

明细分类账户名称	期初余额		本期发生额		期末余额	
	借方	贷方	借方	贷方	借方	贷方
合计						

第四章 基本经济业务的核算

第一节 知识概要

▶▶ 一、本章知识导图（图4-1）

本章主要讲解资金投入业务核算、供应业务核算、生产业务核算、销售业务核算、财务成果业务核算、资金退出业务核算等内容。

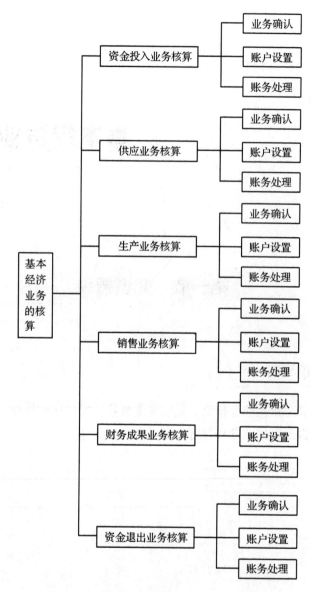

图 4-1 "基本经济业务的核算"知识导图

▶▶ 二、本章重难点分析

本章重难点包括资金投入业务确认、资金投入业务相关账户应用、供应业务确认、供应业务相关账户应用、生产业务确认、生产业务相关账户应用、销售业务确认、销售业务相关账户应用、财务成果业务确认、财务成果业务相关账户应用、资金退出业务确认等内容。

(一)资金投入业务确认

资金投入业务的内容如表4-1所示。

表4-1 资金投入业务的内容

资金来源	企业的所有者提供（货币、实物、无形资产等）
	企业的债权人提供（贷款、提供赊销物资等）
投入时间	企业创立时投入
	企业创立后投入
投资主体	国家资本金
	法人资本金
	个人资本金
	外商资本金
投资形式	货币形式（库存现金、银行存款等）
	实物形式（原材料、固定资产等）
	无形资产形式（专利、商标等）

(二)资金投入业务相关账户应用

与资金投入业务相关的账户通常有"银行存款""实收资本""资本公积""长期借款""短期借款""财务费用""应付利息"等账户，各账户应用的常见业务如表4-2、表4-3、表4-4、表4-5、表4-6、表4-7、表4-8所示。

表4-2 "银行存款"账户应用的常见业务

借方	贷方	常见业务
银行存款	实收资本	接受投资存入银行
银行存款	长期借款	取得长期借款存入银行
银行存款	短期借款	取得短期借款存入银行
银行存款	应收账款	收回应收账款存入银行
银行存款	主营业务收入	销售产品收到款项存入银行
银行存款	库存现金	将库存现金存入银行
固定资产	银行存款	用银行存款购买固定资产
无形资产	银行存款	用银行存款购买无形资产
原材料	银行存款	用银行存款购买原材料
应付账款	银行存款	用银行存款偿还应付账款
管理费用	银行存款	用银行存款支付管理费用
制造费用	银行存款	用银行存款支付制造费用
销售费用	银行存款	用银行存款支付销售费用
应交税费	银行存款	用银行存款缴纳应交税费
库存现金	银行存款	从银行提取库存现金

表4-3 "实收资本"账户应用的常见业务

借方	贷方	常见业务
银行存款	实收资本	接受投资存入银行
库存现金	实收资本	接受库存现金投资
固定资产	实收资本	接受固定资产投资
无形资产	实收资本	接受无形资产投资
原材料	实收资本	接受原材料投资
实收资本	银行存款	用银行存款归还投资

表4-4 "资本公积"账户应用的常见业务

借方	贷方	常见业务
银行存款	资本公积	取得银行存款增加资本公积
库存现金	资本公积	取得库存现金增加资本公积
固定资产	资本公积	取得固定资产增加资本公积
无形资产	资本公积	取得无形资产增加资本公积
原材料	资本公积	取得原材料增加资本公积
资本公积	实收资本	用资本公积转增实收资本

表4-5 "长期借款"账户应用的常见业务

借方	贷方	常见业务
银行存款	长期借款	取得长期借款存入银行
在建工程	长期借款	计算长期借款利息(资本化)
财务费用	长期借款	计算长期借款利息(费用化)
长期借款	银行存款	用银行存款偿还长期借款本息

表4-6 "短期借款"账户应用的常见业务

借方	贷方	常见业务
银行存款	短期借款	取得短期借款本金存入银行
短期借款	银行存款	用银行存款偿还短期借款本金

表4-7 "财务费用"账户应用的常见业务

借方	贷方	常见业务
财务费用	长期借款	计算长期借款利息(费用化)
财务费用	应付利息	计算短期借款利息
财务费用	银行存款	用银行存款支付短期借款利息
财务费用	本年利润	利息净收入转入本年利润
银行存款	财务费用	取得利息收入存入银行
本年利润	财务费用	利息净支出转入本年利润

表 4-8　"应付利息"账户应用的常见业务

借方	贷方	常见业务
财务费用	应付利息	计算应付短期借款利息
应付利息	银行存款	用银行存款支付短期借款利息

（三）供应业务确认

供应过程就是为生产产品做准备的过程。为了生产产品，企业必须购建厂房、机器设备等固定资产，必须取得专利、商标等无形资产，必须采购各种原材料。需要掌握：（1）固定资产与无形资产的比较（表4-9）；（2）材料采购供应业务的具体内容（表4-10）。

表 4-9　固定资产与无形资产的比较

资产类型	定义	种类	取得方式
固定资产	是指为生产商品、提供劳务、出租或经营管理而持有的，使用寿命超过一个会计年度的有形资产	包括房屋建筑物、机器设备、车辆、工具器具等	外购、自行建造、接受投资等
无形资产	是指企业拥有或者控制的没有实物形态的可辨认非货币性资产	包括专利权、非专利技术、商标权、著作权、土地使用权等	外购、自创、接受投资等

表 4-10　材料采购供应业务的具体内容

验收入库角度	购入材料物资尚未验收入库	用"在途物资"账户
	购入材料物资已经验收入库	用"原材料"账户
货款结算角度	预付货款而材料尚未购入	用"预付账款"账户
	材料购入支付货款	用"银行存款""库存现金"账户
	材料购入货款尚未支付	用"应付账款""应付票据"账户

（四）供应业务相关账户应用

与供应业务相关的账户通常有"固定资产""无形资产""原材料""在途物资""应付账款""应付票据""预付账款""应交税费"等账户，各账户应用的常见业务如表4-11、表4-12、表4-13、表4-14、表4-15、表4-16、表4-17、表4-18所示。供应业务涉及的增值税有关内容如表4-19所示。

表 4-11　"固定资产"账户应用的常见业务

借方	贷方	常见业务
固定资产、应交税费	实收资本	接受固定资产投资
固定资产、应交税费	银行存款	用银行存款购买固定资产
固定资产、应交税费	应付账款	购买固定资产款项未付
固定资产、应交税费	应付票据	开出票据购买固定资产
固定资产	在建工程	自行建造固定资产投入使用
累计折旧	固定资产	注销固定资产累计折旧

表4-12 "无形资产"账户应用的常见业务

借方	贷方	常见业务
无形资产、应交税费	实收资本	接受无形资产投资
无形资产、应交税费	银行存款	用银行存款购买无形资产
无形资产、应交税费	应付账款	购买无形资产款项未付
累计摊销	无形资产	注销无形资产累计摊销

表4-13 "原材料"账户应用的常见业务

借方	贷方	常见业务
原材料、应交税费	实收资本	接受原材料投资
原材料、应交税费	银行存款	用银行存款购买原材料（已入库）
原材料、应交税费	应付账款	购买原材料款项未付（已入库）
原材料、应交税费	应付票据	开出票据购买原材料（已入库）
原材料、应交税费	预付账款	购买原材料款项前已预付（已入库）
原材料	在途物资	在途物资验收入库
生产成本	原材料	生产产品领用原材料
制造费用	原材料	车间一般消耗领用原材料
管理费用	原材料	厂部一般消耗领用原材料
其他业务成本	原材料	结转材料销售成本

表4-14 "在途物资"账户应用的常见业务

借方	贷方	常见业务
在途物资、应交税费	银行存款	用银行存款购买原材料（未入库）
在途物资、应交税费	应付账款	购买原材料款项未付（未入库）
在途物资、应交税费	应付票据	开出票据购买原材料（未入库）
在途物资、应交税费	预付账款	购买原材料款项前已预付（未入库）
原材料	在途物资	在途物资验收入库

表4-15 "应付账款"账户应用的常见业务

借方	贷方	常见业务
原材料、应交税费	应付账款	购买原材料款项未付（已入库）
在途物资、应交税费	应付账款	购买原材料款项未付（未入库）
固定资产、应交税费	应付账款	购买固定资产款项未付
无形资产、应交税费	应付账款	购买无形资产款项未付
应付票据	应付账款	应付票据到期未付转为应付账款
应付账款	应付票据	开出票据偿还应付账款
应付账款	银行存款	用银行存款偿还应付账款
应付账款	库存现金	用库存现金偿还应付账款

表 4-16 "应付票据"账户应用的常见业务

借方	贷方	常见业务
原材料、应交税费	应付票据	开出票据购买原材料（已入库）
在途物资、应交税费	应付票据	开出票据购买原材料（未入库）
固定资产、应交税费	应付票据	开出票据购买固定资产
无形资产、应交税费	应付票据	开出票据购买无形资产
应付账款	应付票据	开出票据偿还应付账款
应付票据	应付账款	应付票据到期未付转为应付账款
应付票据	银行存款	用银行存款支付到期票据

表 4-17 "预付账款"账户应用的常见业务

借方	贷方	常见业务
预付账款	银行存款	用银行存款预付账款
预付账款	库存现金	用库存现金预付账款
原材料、应交税费	预付账款	用预付账款购买原材料（已入库）
在途物资、应交税费	预付账款	用预付账款购买原材料（未入库）
固定资产、应交税费	预付账款	用预付账款购买固定资产
无形资产、应交税费	预付账款	用预付账款购买无形资产
银行存款、库存现金	预付账款	收回多余的预付账款

表 4-18 "应交税费"账户应用的常见业务

借方	贷方	常见业务
银行存款	应交税费、主营业务收入	销售产品价税存入银行
银行存款	应交税费、其他业务收入	销售材料价税存入银行
应收账款	应交税费、主营业务收入	销售产品价税尚未收到
应收票据	应交税费、主营业务收入	销售产品收到票据
预收账款	应交税费、主营业务收入	销售产品抵减预收账款
税金及附加	应交税费	计算应交消费税、城市维护建设税、教育费附加等
所得税费用	应交税费	计算应交所得税
原材料、应交税费	银行存款	用银行存款购买原材料（已入库）
在途物资、应交税费	银行存款	用银行存款购买原材料（未入库）
固定资产、应交税费	银行存款	用银行存款购买固定资产
无形资产、应交税费	银行存款	用银行存款购买无形资产
原材料、应交税费	应付账款	购买原材料款项未付（已入库）
原材料、应交税费	应付票据	开出票据购买原材料（已入库）
原材料、应交税费	预付账款	用预付账款购买原材料（已入库）
应交税费	银行存款	用银行存款缴纳所得税、消费税等

表 4-19 增值税有关内容

增值税	是以商品（含应税劳务、应税行为）在流转过程中实现的增值额为计税依据而征收的一种流转税
增值税的纳税人	一般纳税人
	小规模纳税人
进项税额	是指纳税人购进货物、加工修理修配劳务、服务、无形资产、不动产，支付或负担的增值税额
销项税额	是指纳税人销售货物、加工修理修配劳务服务、无形资产、不动产，按照销售额和增值税税率计算并收取的增值税额
增值税税率	有13%、9%、6%和零税率四种
税率为13%	一般纳税人销售货物、劳务、有形动产租赁服务或者进口货物
税率为9%	一般纳税人销售或者进口粮食等农产品、食用植物油、食用盐、自来水、暖气、冷气、热水、煤气、石油液化气、天然气、二甲醚、沼气、居民用煤炭制品、图书、报纸、杂志、音像制品、电子出版物、饲料、化肥、农药、农机、农膜及国务院及其有关部门规定的其他货物
税率为9%	一般纳税人提供交通运输、邮政、基础电信、建筑、不动产租赁服务，销售不动产，转让土地使用权
税率为6%	一般纳税人其他应税行为
税率为零	一般纳税人出口货物。

（五）生产业务确认

产品的生产加工过程也是生产的耗费过程。企业在生产经营过程中发生的费用，可分为直接费用、间接费用和期间费用。企业产品生产成本包括直接费用和间接费用，如表4-20所示。企业期间费用包括管理费用、财务费用和销售费用，如表4-21所示。

表 4-20 产品生产成本的构成

直接费用	是指企业直接为生产产品所发生的各项直接支出	直接材料费用
		直接人工费用
间接费用	是指企业生产车间为生产产品所发生的各项间接支出	

表 4-21 期间费用的构成

期间费用	是指企业日常活动发生的不能计入特定核算对象的成本，而应计入发生当期损益的费用
管理费用	是指企业行政管理部门为组织和管理生产经营活动而发生的各项费用，如行政管理部门人员的工资、奖金等职工薪酬，行政管理部门固定资产折旧费、修理费、保险费、办公费、水电费、咨询费、诉讼费、业务招待费、专利摊销费等费用

续表

财务费用	是指企业为筹集生产经营所需资金等而发生的各项支出,包括利息支出(减利息收入)、汇兑损益及相关的手续费、企业发生的现金折扣或收到的现金折扣等
销售费用	是指企业在销售商品和材料、提供服务的过程中发生的各种费用,包括企业在销售商品过程中发生的保险费、包装费、展览费、广告费、商品维修费、预计产品质量保证损失、运输费、装卸费等及为销售本企业商品而专设的销售机构的职工薪酬、业务费、折旧费等经营费用

(六)生产业务相关账户应用

与生产业务相关的账户通常有"生产成本""制造费用""管理费用""其他应收款""应付职工薪酬""累计折旧""累计摊销""库存商品""库存现金"等账户。各账户应用的常见业务如表4-22、表4-23、表4-24、表4-25、表4-26、表4-27、表4-28、表4-29、表4-30 所示。

表4-22 "生产成本"账户应用的常见业务

借方	贷方	常见业务
生产成本	原材料	生产产品领用原材料
生产成本	应付职工薪酬	计算产品生产工人应付职工薪酬
生产成本	制造费用	结转制造费用
库存商品	生产成本	结转完工入库产品的生产成本

表4-23 "制造费用"账户应用的常见业务

借方	贷方	常见业务
制造费用	原材料	车间一般消耗领用原材料
制造费用	应付职工薪酬	计算车间管理人员应付职工薪酬
制造费用	累计折旧	计算车间固定资产折旧费用
制造费用	银行存款	用银行存款支付车间制造费用
制造费用	库存现金	用库存现金支付车间制造费用
生产成本	制造费用	结转制造费用

表4-24 "管理费用"账户应用的常见业务

借方	贷方	常见业务
管理费用	原材料	厂部一般消耗领用原材料
管理费用	应付职工薪酬	计算厂部管理人员应付职工薪酬
管理费用	累计折旧	计算厂部固定资产折旧费用
管理费用	累计摊销	计算无形资产摊销费用
管理费用	银行存款	用银行存款支付厂部管理费用
管理费用	库存现金	用库存现金支付厂部管理费用
本年利润	管理费用	结转管理费用

表 4-25 "其他应收款"账户应用的常见业务

借方	贷方	常见业务
其他应收款	库存现金	以库存现金预付职工差旅费
其他应收款	银行存款	用银行存款预付押金
管理费用、库存现金	其他应收款	报销厂部人员差旅费（多退）
管理费用	其他应收款、库存现金	报销厂部人员差旅费（少补）
制造费用、库存现金	其他应收款	报销车间人员差旅费（多退）
制造费用	其他应收款、库存现金	报销车间人员差旅费（少补）
银行存款	其他应收款	收回预付押金存入银行

表 4-26 "应付职工薪酬"账户应用的常见业务

借方	贷方	常见业务
生产成本	应付职工薪酬	计算产品生产工人应付职工薪酬
制造费用	应付职工薪酬	计算车间管理人员应付职工薪酬
管理费用	应付职工薪酬	计算厂部管理人员应付职工薪酬
应付职工薪酬	银行存款	用银行存款发放应付职工薪酬
应付职工薪酬	库存现金	用库存现金发放应付职工薪酬

表 4-27 "累计折旧"账户应用的常见业务

借方	贷方	常见业务
制造费用	累计折旧	计算车间固定资产折旧费用
管理费用	累计折旧	计算厂部固定资产折旧费用
累计折旧	固定资产	注销固定资产累计折旧

表 4-28 "累计摊销"账户应用的常见业务

借方	贷方	常见业务
管理费用	累计摊销	计算无形资产摊销费用
累计摊销	无形资产	注销无形资产累计摊销

表 4-29 "库存商品"账户应用的常见业务

借方	贷方	常见业务
库存商品	生产成本	结转完工入库产品的生产成本
主营业务成本	库存商品	结转已销产品的销售成本

表 4-30 "库存现金"账户应用的常见业务

借方	贷方	常见业务
库存现金	银行存款	从银行提取库存现金
库存现金	主营业务收入、应交税费	销售产品收到库存现金

续表

借方	贷方	常见业务
库存现金	其他业务收入、应交税费	销售材料收到库存现金
库存现金	应收账款	收回应收账款收到库存现金
管理费用	库存现金	用库存现金支付管理费用
制造费用	库存现金	用库存现金支付制造费用
销售费用	库存现金	用库存现金支付销售费用
应付职工薪酬	库存现金	用库存现金发放应付职工薪酬
银行存款	库存现金	将库存现金存入银行
其他应收款	库存现金	以库存现金预付职工差旅费

（七）销售业务确认

要正确理解区分产品销售业务和其他销售业务。产品销售业务的内容如表4-31所示。其他销售业务的内容如表4-32所示。

表4-31 产品销售业务的内容

业务内容	涉及账户
企业按照销售价格向购买单位出售产品，实现产品销售收入	主营业务收入
企业在确认产品销售收入的同时，还应结转产品销售成本	主营业务成本
为了销售产品，必然要发生包装、运输、广告等销售费用	销售费用
按照规定，计算应交消费税、城市维护建设税、教育费附加等	税金及附加

表4-32 其他销售业务的内容

业务内容	涉及账户
企业按照销售价格向购买单位出售材料等，实现其他销售收入	其他业务收入
企业在确认材料销售收入的同时，还应结转材料销售成本	其他业务成本

（八）销售业务相关账户应用

与销售业务相关的账户通常包括"主营业务收入""其他业务收入""主营业务成本""其他业务成本""税金及附加""销售费用""应收账款""应收票据""预收账款"等账户。各账户应用的常见业务如表4-33、表4-34、表4-35、表4-36、表4-37、表4-38、表4-39、表4-40、表4-41所示。

表4-33 "主营业务收入"账户应用的常见业务

借方	贷方	常见业务
库存现金	主营业务收入、应交税费	销售产品收到库存现金
银行存款	主营业务收入、应交税费	销售产品收到款项存入银行
应收账款	主营业务收入、应交税费	销售产品款项尚未收到

续表

借方	贷方	常见业务
应收票据	主营业务收入、应交税费	销售产品收到票据
预收账款	主营业务收入、应交税费	销售产品抵减预收账款
主营业务收入	本年利润	结转主营业务收入

表4-34 "其他业务收入"账户应用的常见业务

借方	贷方	常见业务
库存现金	其他业务收入、应交税费	销售材料等收到库存现金
银行存款	其他业务收入、应交税费	销售材料等收到款项存入银行
应收账款	其他业务收入、应交税费	销售材料等款项尚未收到
应收票据	其他业务收入、应交税费	销售材料等收到票据
预收账款	其他业务收入、应交税费	销售材料等抵减预收账款
其他业务收入	本年利润	结转其他业务收入

表4-35 "主营业务成本"账户应用的常见业务

借方	贷方	常见业务
主营业务成本	库存商品	结转已销产品的销售成本
本年利润	主营业务成本	结转主营业务成本

表4-36 "其他业务成本"账户应用的常见业务

借方	贷方	常见业务
其他业务成本	原材料	结转材料销售成本
本年利润	其他业务成本	结转其他业务成本

表4-37 "税金及附加"账户应用的常见业务

借方	贷方	常见业务
税金及附加	应交税费	计算应交消费税、城市维护建设税、教育费附加等
本年利润	税金及附加	结转税金及附加

表4-38 "销售费用"账户应用的常见业务

借方	贷方	常见业务
销售费用	银行存款	用银行存款支付销售费用
销售费用	库存现金	用库存现金支付销售费用
销售费用	累计折旧	计算专设销售机构固定资产折旧费用
销售费用	应付职工薪酬	计算专设销售机构人员应付职工薪酬
本年利润	销售费用	结转销售费用

表 4-39　"应收账款"账户应用的常见业务

借方	贷方	常见业务
应收账款	主营业务收入、应交税费	销售产品款项尚未收到
应收账款	其他业务收入、应交税费	销售材料等款项尚未收到
银行存款	应收账款	收回应收账款存入银行
库存现金	应收账款	收回应收账款收到现金

表 4-40　"应收票据"账户应用的常见业务

借方	贷方	常见业务
应收票据	主营业务收入、应交税费	销售产品收到票据
应收票据	其他业务收入、应交税费	销售材料等收到票据
银行存款	应收票据	应收票据到期收回款项存入银行
财务费用	应收票据	票据贴现计算贴现利息
应收账款	应收票据	应收票据到期未收到款项转为应收账款

表 4-41　"预收账款"账户应用的常见业务

借方	贷方	常见业务
银行存款	预收账款	收到预收账款存入银行
预收账款	主营业务收入、应交税费	销售产品抵减预收账款
预收账款	其他业务收入、应交税费	销售材料等抵减预收账款

（九）财务成果业务确认

财务成果是企业在一定时期内全部经营活动反映在财务上的最终成果，它是企业生产经营活动的经济效益的一种综合反映。企业的财务成果，在会计上称为净利润。净利润的形成及分配如表 4-42、表 4-43 所示。

表 4-42　净利润的形成

营业利润	营业利润 = 营业收入 − 营业成本 − 税金及附加 − 销售费用 − 管理费用 − 研发费用 − 财务费用 + 其他收益 + 投资净收益 + 公允价值变动净收益 − 资产减值损失 − 信用减值损失 + 资产处置净收益
利润总额	利润总额 = 营业利润 + 营业外收支净额 营业外收支净额 = 营业外收入 − 营业外支出
净利润	净利润 = 利润总额 − 所得税费用 所得税费用 = 应纳税所得额 × 所得税税率 应纳税所得额 = 利润总额 + 纳税调整增加额 − 纳税调整减少额

表 4-43　净利润的分配

顺序	去向	比例
首先	弥补以前年度的亏损	没有比例
其次	提取盈余公积	法定盈余公积：按 10% 计提
		任意盈余公积：公司自定
再次	向投资者分配利润	公司自定
最后	未分配利润	没有比例

（十）财务成果业务相关账户应用

与财务成果相关的账户通常包括"本年利润""利润分配""所得税费用""长期股权投资""债权投资""投资收益""应收利息""信用减值损失""坏账准备""资产减值损失""固定资产减值准备""营业外收入""营业外支出""盈余公积""应付股利"等账户。各账户应用的常见业务如表 4-44、表 4-45、表 4-46、表 4-47、表 4-48、表 4-49、表 4-50、表 4-51、表 4-52、表 4-53、表 4-54、表 4-55、表 4-56、表 4-57、表 4-58 所示。

表 4-44　"本年利润"账户应用的常见业务

借方	贷方	常见业务
本年利润	主营业务成本	结转主营业务成本
本年利润	其他业务成本	结转其他业务成本
本年利润	税金及附加	结转税金及附加
本年利润	销售费用	结转销售费用
本年利润	管理费用	结转管理费用
本年利润	财务费用	结转财务费用
本年利润	信用减值损失	结转信用减值损失
本年利润	资产减值损失	结转资产减值损失
本年利润	营业外支出	结转营业外支出
本年利润	所得税费用	结转所得税费用
本年利润	利润分配	结转年终转入"利润分配"的净利润
主营业务收入	本年利润	结转主营业务收入
其他业务收入	本年利润	结转其他业务收入
投资收益	本年利润	结转投资净收益
公允价值变动损益	本年利润	结转公允价值变动净收益
资产处置损益	本年利润	结转资产处置净收益
营业外收入	本年利润	结转营业外收入
利润分配	本年利润	结转年终转入"利润分配"的净亏损

表4-45 "利润分配"账户应用的常见业务

借方	贷方	常见业务
利润分配	盈余公积	按规定计提盈余公积
利润分配	应付股利	按规定计算应支付给投资者的利润数
利润分配	本年利润	结转年终转入"利润分配"的净亏损
银行存款	利润分配	收到弥补的净亏损款项存入银行
本年利润	利润分配	结转年终转入"利润分配"的净利润

表4-46 "所得税费用"账户应用的常见业务

借方	贷方	常见业务
所得税费用	应交税费	计提应交所得税
本年利润	所得税费用	结转所得税费用

表4-47 "长期股权投资"账户应用的常见业务

借方	贷方	常见业务
长期股权投资	银行存款	用银行存款进行长期股权投资
长期股权投资	投资收益	计算长期股权投资实现的投资收益
投资收益	长期股权投资	计算长期股权投资发生的投资损失
银行存款	长期股权投资	收回长期股权投资存入银行

表4-48 "债权投资"账户应用的常见业务

借方	贷方	常见业务
债权投资	银行存款	用银行存款进行债权投资
债权投资、应收利息	投资收益	计算债权投资实现的投资收益
银行存款	债权投资	收回债权投资存入银行

表4-49 "投资收益"账户应用的常见业务

借方	贷方	常见业务
投资收益	长期股权投资	计算长期股权投资发生的投资损失
投资收益	本年利润	结转投资净收益
债权投资、应收利息	投资收益	计算债权投资实现的投资收益
长期股权投资	投资收益	计算长期股权投资实现的投资收益
本年利润	投资收益	结转投资净损失

表4-50 "应收利息"账户应用的常见业务

借方	贷方	常见业务
应收利息	投资收益	计算债权投资实现的投资收益
银行存款	应收利息	收到利息存入银行

表 4-51 "信用减值损失"账户应用的常见业务

借方	贷方	常见业务
信用减值损失	坏账准备	应收款项计提坏账准备
信用减值损失	债权投资减值准备	债权投资计提减值准备
信用减值损失	贷款损失准备	贷款计提损失准备
信用减值损失	合同资产减值准备	合同资产计提减值准备
信用减值损失	租赁应收款减值准备	租赁应收款计提减值准备
本年利润	信用减值损失	结转信用减值损失

表 4-52 "坏账准备"账户应用的常见业务

借方	贷方	常见业务
信用减值损失	坏账准备	应收款项计提坏账准备
坏账准备	应收账款	核销应收账款的坏账损失
坏账准备	应收票据	核销应收票据的坏账损失
坏账准备	其他应收款	核销其他应收款的坏账损失

表 4-53 "资产减值损失"账户应用的常见业务

借方	贷方	常见业务
资产减值损失	固定资产减值准备	固定资产计提减值准备
资产减值损失	存货跌价准备	存货计提跌价准备
资产减值损失	长期股权投资减值准备	长期股权投资计提减值准备
资产减值损失	投资性房地产减值准备	投资性房地产计提减值准备
资产减值损失	无形资产减值准备	无形资产计提减值准备
本年利润	资产减值损失	结转资产减值损失

表 4-54 "固定资产减值准备"账户应用的常见业务

借方	贷方	常见业务
资产减值损失	固定资产减值准备	固定资产计提减值准备
固定资产减值准备	固定资产	核销固定资产的减值损失

表 4-55 "营业外收入"账户应用的常见业务

借方	贷方	常见业务
银行存款	营业外收入	收到罚款存入银行
待处理财产损溢	营业外收入	现金盘盈
固定资产清理	营业外收入	报废固定资产产生的净收益
营业外收入	本年利润	结转营业外收入

表 4-56 "营业外支出"账户应用的常见业务

借方	贷方	常见业务
营业外支出	银行存款	用银行存款对外进行捐赠
营业外支出	固定资产清理	报废固定资产产生的净损失
营业外支出	待处理财产损溢	盘亏损失、非常损失
营业外支出	库存现金	用库存现金支付罚款
本年利润	营业外支出	结转营业外支出

表 4-57 "盈余公积"账户应用的常见业务

借方	贷方	常见业务
利润分配	盈余公积	按规定计提盈余公积
盈余公积	实收资本	将盈余公积转增资本

表 4-58 "应付股利"账户应用的常见业务

借方	贷方	常见业务
利润分配	应付股利	按规定计算应付投资者的利润
应付股利	银行存款	用银行存款支付投资者的利润

(十一) 资金退出业务确认

资金退出业务的内容如表 4-59 所示。

表 4-59 资金退出业务的内容

偿还负债	(1) 归还银行借款 (2) 缴纳税金 (3) 支付投资者利润 (4) 偿付各种应付账款、应付票据、其他应付款等
退回资本	(按法律规定进行)

▶▶ 三、本章涉及的主要会计术语（表 4-60）

表 4-60 本章涉及的主要会计术语

序号	主要会计术语	
1	资金投入业务	资本金
2	供应业务	固定资产、无形资产、进项税额、销项税额
3	生产业务	直接费用、间接费用、直接材料费用、直接人工费用
3	生产业务	期间费用、管理费用、财务费用、销售费用
4	财务成果业务	财务成果、营业利润、利润总额、净利润
4	财务成果业务	营业外收入、营业外支出、所得税费用

65

第二节　练习题

一、单项选择题

1. "固定资产"账户反映企业固定资产的（　　）。
   A. 磨损价值　　　B. 累计折旧　　　C. 原始价值　　　D. 折余价值

2. 下列属于其他业务收入的是（　　）。
   A. 利息收入　　　　　　　　　　　B. 出售材料收入
   C. 出售固定资产净收益　　　　　　D. 投资收益

3. 下列费用中，不构成产品成本的是（　　）。
   A. 直接材料　　　B. 直接人工　　　C. 制造费用　　　D. 管理费用

4. 年末结转后，"利润分配"账户的贷方余额表示（　　）。
   A. 实现的利润总额　　　　　　　　B. 净利润额
   C. 利润分配总额　　　　　　　　　D. 未分配利润额

5. "累计折旧"账户属于（　　）。
   A. 收入类账户　　B. 费用类账户　　C. 资产类账户　　D. 负债类账户

6. 以库存现金支付职工工资时，应借记的账户是（　　）。
   A. "库存现金"　　　　　　　　　　B. "应付职工薪酬"
   C. "制造费用"　　　　　　　　　　D. "生产成本"

7. 企业发生的广告费用应计入（　　）。
   A. 管理费用　　　B. 财务费用　　　C. 销售费用　　　D. 制造费用

8. 下列应确认为营业外收入的是（　　）。
   A. 商品销售收入　　　　　　　　　B. 材料销售收入
   C. 机器出租收入　　　　　　　　　D. 罚款收入

9. 下列属于"营业外支出"账户核算内容的是（　　）。
   A. 销售费用　　　　　　　　　　　B. 车间人员的工资
   C. 非常损失　　　　　　　　　　　D. 借款利息

10. 下列票据中，应通过"应收票据"账户核算的是（　　）。
    A. 现金支票　　　B. 银行本票　　　C. 银行汇票　　　D. 商业汇票

11. 无形资产摊销费用应计入（　　）。
    A. 管理费用　　　B. 财务费用　　　C. 制造费用　　　D. 销售费用

12. 应收账款计提坏账准备应计入（　　）。
    A. 管理费用　　　　　　　　　　　B. 销售费用

C. 信用减值损失　　　　　　　　D. 资产减值损失

13. 固定资产计提减值准备应计入（　　）。
A. 制造费用　　　　　　　　　　B. 管理费用
C. 信用减值损失　　　　　　　　D. 资产减值损失

14. 年末结转后，"利润分配"账户的借方余额表示（　　）。
A. 实现的利润总额　　　　　　　B. 发生的亏损总额
C. 未弥补亏损额　　　　　　　　D. 未分配利润额

15. "应付职工薪酬"账户属于（　　）。
A. 收入类账户　B. 费用类账户　C. 资产类账户　D. 负债类账户

16. 下列需要计提信用减值损失的是（　　）。
A. 长期股权投资　B. 债权投资　C. 固定资产　D. 无形资产

17. 企业发生的业务招待费应计入（　　）。
A. 管理费用　B. 财务费用　C. 销售费用　D. 制造费用

18. 下列需要计提资产减值损失的是（　　）。
A. 合同资产　B. 租赁应收款　C. 投资性房地产　D. 应收账款

19. 一般纳税人出口货物，增值税税率为（　　）。
A. 13%　　　B. 9%　　　C. 6%　　　D. 零

20. 购入尚未入库原材料应记入（　　）。
A. "原材料"账户　　　　　　　　B. "在途物资"账户
C. "在建工程"账户　　　　　　　D. "库存商品"账户

二、多项选择题

1. 投资者投入的资本，可以是（　　）。
A. 个人资本金　　　　　　　　　B. 国家资本金
C. 法人资本金　　　　　　　　　D. 外商资本金

2. 企业接受投资，贷记"实收资本"账户时，一般可以借记的对应账户有（　　）。
A. "银行存款"　B. "固定资产"　C. "无形资产"　D. "生产成本"

3. 企业购买材料，借记"原材料"账户时，一般可以贷记的对应账户有（　　）。
A. "银行存款"　B. "应付账款"　C. "应付票据"　D. "预付账款"

4. 企业销售产品，贷记"主营业务收入"账户时，一般可以借记的对应账户有（　　）。
A. "预收账款"　B. "预付账款"　C. "应收账款"　D. "银行存款"

5. 计提固定资产折旧时，可能涉及的账户有（　　）。
A. "固定资产"　B. "累计折旧"　C. "制造费用"　D. "管理费用"

6. 用银行存款偿还短期借款，应（　　）。
A. 借记"银行存款"　　　　　　　B. 贷记"银行存款"
C. 借记"短期借款"　　　　　　　D. 贷记"短期借款"

7. 应记入"税金及附加"账户核算的税费包括（　　）。
   A. 消费税　　　　　　　　　　B. 所得税
   C. 城市维护建设税　　　　　　D. 教育费附加
8. 下列属于利润分配内容的是（　　）。
   A. 计提法定盈余公积　　　　　B. 计提任意盈余公积
   C. 向投资者分配利润　　　　　D. 计提职工住房公积金
9. 下列属于期间费用的有（　　）。
   A. 制造费用　　B. 管理费用　　C. 销售费用　　D. 财务费用
10. 下列账户中，有可能成为"本年利润"对应账户的是（　　）。
    A. "管理费用"　B. "制造费用"　C. "利润分配"　D. "应付股利"
11. 借记"本年利润"账户，可以贷记（　　）。
    A. "管理费用"账户　　　　　　B. "投资收益"账户
    C. "制造费用"账户　　　　　　D. "财务费用"账户
12. 贷记"本年利润"账户，可以借记（　　）。
    A. "财务费用"账户　　　　　　B. "营业外收入"账户
    C. "主营业务收入"账户　　　　D. "其他业务收入"账户
13. 贷记"应付职工薪酬"账户，可以借记（　　）。
    A. "生产成本"账户　　　　　　B. "管理费用"账户
    C. "制造费用"账户　　　　　　D. "财务费用"账户
14. 借记"信用减值损失"账户，可以贷记（　　）。
    A. "坏账准备"账户　　　　　　B. "存货跌价准备"账户
    C. "债权投资减值准备"账户　　D. "固定资产减值准备"账户
15. 借记"资产减值损失"账户，可以贷记（　　）。
    A. "无形资产减值准备"账户　　B. "投资性房地产减值准备"账户
    C. "债权投资减值准备"账户　　D. "长期股权投资减值准备"账户
16. 下列属于营业外收入的是（　　）。
    A. 盘盈利得　　　　　　　　　B. 投资收益
    C. 捐赠利得　　　　　　　　　D. 非流动资产毁损报废收益
17. 下列属于营业外支出的是（　　）。
    A. 捐赠支出　　B. 招待费支出　C. 水电费支出　D. 罚款支出
18. 下列属于资金退出业务的是（　　）。
    A. 固定资产对外投资　　　　　B. 偿还银行借款
    C. 缴纳税金　　　　　　　　　D. 支付投资者利润
19. 下列属于销售费用的有（　　）。
    A. 包装费　　　B. 展览费　　　C. 广告费　　　D. 商品维修费

20. 下列属于财务费用的有（   ）。
A．利息支出　　　　B．汇兑损益　　　C．投资收益　　　D．手续费

三、判断题

1. 盈余公积是指按照国家有关规定从资本中提取的积累资金。（   ）
2. 管理费用应采用一定的分配方法计入各产品成本中。（   ）
3. "应交税费"账户属于负债类账户，因此该账户的余额一定在贷方。（   ）
4. 企业弥补亏损的业务应贷记"利润分配"账户。（   ）
5. 收到出租固定资产的租金收入，应记入"营业外收入"账户。（   ）
6. 生产车间员工的差旅费应记入"管理费用"账户。（   ）
7. 企业长期借款和短期借款的利息都应记入"财务费用"账户。（   ）
8. "本年利润"账户和"利润分配"账户年终结账后，余额都为零。（   ）
9. 期间费用包括管理费用、财务费用和销售费用。（   ）
10. 生产产品的机器设备计提的折旧费用应记入"生产成本"账户。（   ）
11. "长期借款"账户期末余额，表示尚未偿还的长期借款的本息额。（   ）
12. 进项税额是指纳税人购进货物、加工修理修配劳务、服务、无形资产、不动产，支付或负担的增值税额。（   ）
13. "短期借款"账户期末余额，表示尚未偿还的短期借款的本息额。（   ）
14. 直接费用和期间费用构成产品的生产成本，也称产品的制造成本。（   ）
15. 企业销售材料取得的收入，应记入"主营业务收入"账户。（   ）
16. 业务招待费和专利摊销费都应记入"管理费用"账户。（   ）
17. 为销售本企业商品而专设的销售机构的职工薪酬、业务费、折旧费等经营费用都应记入"销售费用"账户。（   ）
18. 离职后福利和辞退福利都不属于职工薪酬。（   ）
19. 消费税、城市维护建设税和所得税都应记入"税金及附加"账户。（   ）
20. 所得税费用是指按照税法规定计算的应由本期负担的应纳所得税额。（   ）

四、核算题

1. 练习资金投入业务的核算。

群星工厂2020年发生下列经济业务，要求编制相应的会计分录。

（1）1月3日，群星工厂收到国家投入资金1 000 000元，资金已存入银行。

（2）2月1日，群星工厂收到甲企业投入资金900 000元，其中，800 000元作为实收资本，100 000元作为资本公积，资金已存入银行。

（3）4月1日，群星工厂向开户银行借入3年期的银行借款8 000 000元，年利率12%，到期一次还本付息，款项已存入银行。

（4）4月1日，群星工厂向开户银行借入6个月期的银行借款600 000元，年利率6%，每季付息一次，到期还本，款项已存入银行。

（5）4月30日，群星工厂预提本月短期借款利息。

（6）5月31日，群星工厂预提本月短期借款利息。

（7）6月30日，群星工厂预提本月短期借款利息。

（8）6月30日，群星工厂用银行存款支付本年度第二季度短期借款的利息。

（9）7月31日，群星工厂预提本月短期借款利息。

（10）8月31日，群星工厂预提本月短期借款利息。

（11）9月30日，群星工厂预提本月短期借款利息。

（12）9月30日，群星工厂用银行存款支付本年度第三季度短期借款的利息。

（13）10月1日，群星工厂用银行存款600 000元，偿还已到期的短期借款本金。

（14）12月31日，群星工厂预提年度长期借款利息。（长期借款用于建造机器设备，目前机器设备仍在建造过程中）

2. 练习供应业务的核算。

群星工厂2020年3月份发生下列经济业务，要求编制相应的会计分录。

（1）从红光厂购入甲材料一批，材料价款50 000元，税率13%，增值税进项税额6 500元，材料已验收入库，货款已通过银行支付。

（2）从东风厂购入乙材料一批，材料价款20 000元，税率13%，增值税进项税额2 600元，材料尚未验收入库，货款尚未支付。

（3）上述从东风厂购入的乙材料经验收入库。

（4）用银行存款支付上述欠东风厂的货款。

（5）从天平厂购入丙材料一批，材料价款60 000元，税率13%，增值税进项税额7 800元，材料已验收入库，货款上月已预付50 000元，不足部分用银行存款补付。

（6）从梅山厂购入丁材料一批，材料价款70 000元，税率13%，增值税进项税额9 100元，材料尚未运达，货款用一张为期一个月的商业汇票抵付。

（7）购入一台不需要安装的设备，设备价款 300 000 元，税率 13%，增值税进项税额 39 000 元，用银行存款支付全部款项，设备当即投入使用。

（8）购入专利权一项，专利价款 5 000 000 元，税率 6%，增值税进项税额 300 000 元，用银行存款支付全部款项，专利当即投入使用。

3. 练习生产业务的核算。

群星工厂 2020 年 6 月份发生下列经济业务，要求编制相应的会计分录。

（1）生产 A 产品领用甲材料 40 000 元，生产 B 产品领用乙材料 26 000 元，车间管理领用丙材料 2 000 元，厂部管理领用丙材料 1 700 元。

（2）以现金预付采购员差旅费 500 元。

（3）从银行提取现金 90 000 元，准备发放职工薪酬。

（4）以现金发放本月职工薪酬 90 000 元。

(5) 根据下列工资用途，分配工资费用：

A 产品生产工人工资 40 000 元，B 产品生产工人工资 30 000 元，车间管理人员工资 8 000 元，厂部管理人员工资 12 000 元，合计 90 000 元。

(6) 采购员出差归来，报销差旅费 450 元，交回现金 50 元。

(7) 以银行存款支付厂部办公费 1 400 元，车间办公费 600 元。

(8) 按规定计提本月无形资产摊销费 1 800 元。

(9) 按规定计提本月固定资产折旧 5 000 元，其中，厂部管理部门折旧 3 500 元，生产车间折旧 1 500 元。

(10) 分配结转本月发生的制造费用（假定按 A、B 产品生产工人工资比例分配）。

（11）结转本月完工 A 产品的实际生产成本（假定 A 产品本月全部完工）。

4. 练习销售业务的核算。

群星工厂 2020 年 9 月份发生下列经济业务，要求编制相应的会计分录。

（1）销售 A 产品一批，不含税销售额 250 000 元，增值税税率 13%，货款已存入银行。

（2）销售 A 产品一批，不含税销售额 150 000 元，增值税税率 13%，收到为期三个月的商业汇票一张。

（3）销售 B 产品一批，不含税销售额 180 000 元，增值税税率 13%，货款 100 000 元收到已存入银行，其余部分对方尚欠。

（4）按照合同规定，预收购买单位订购 B 产品的货款 140 000 元，已存入银行。

（5）销售B产品一批，不含税销售额120 000元，增值税税率13%，货款前已预收。

（6）销售甲材料一批，不含税销售额8 000元，增值税税率13%，货款尚未收到。

（7）用银行存款支付广告费3 000元。

（8）结转本月已售产品的生产成本380 000元，其中，A产品成本200 000元，B产品成本180 000元。

（9）结转本月已售甲材料的实际成本6 000元。

（10）按规定计算本月已销产品的应交消费税（消费税税率：A产品为30%，B产品为10%）。

5. 练习财务成果业务的核算。

群星工厂 2020 年 12 月份发生下列经济业务，要求编制相应的会计分录。

(1) 取得罚款收入 4 600 元，存入银行。

(2) 用银行存款支付公益性捐赠 8 000 元。

(3) 按规定计算当年实现的公司债券利息 10 000 元，利息尚未收到（利息每年付息一次）。

(4) 企业应收账款余额为 1 000 000 元，预计按 5% 计提坏账准备。

(5) 企业按规定计提固定资产减值准备 80 000 元。

(6) 结转本月主营业务收入 830 000 元、其他业务收入 41 000 元、投资收益 10 000 元、营业外收入 4 600 元。

（7）结转本月主营业务成本 400 000 元、其他业务成本 31 000 元、销售费用 13 000 元、税金及附加 40 000 元、营业外支出 8 000 元、管理费用 54 000 元、财务费用 9 600 元、信用减值损失 50 000 元、资产减值损失 80 000 元。

（8）根据本月实现的利润总额，按 25% 的税率计算应交所得税。

（9）结转本月所得税费用。

（10）结转本月实现的净利润。

（11）按本月净利润的 10% 提取盈余公积金。

（12）将本月净利润的 50% 作为应付给投资者的利润。

6. 练习资金退出业务的核算。

群星厂 2020 年 1 月份发生下列经济业务，要求编制相应的会计分录。

（1）用银行存款 50 000 元缴纳上月应交税金。

（2）用银行存款 75 000 元支付应付投资者利润。

（3）用银行存款 200 000 元偿还银行长期借款。

（4）用银行存款 48 000 元偿还前欠甲企业的购货款。

（5）用库存现金归还收取购货单位借用包装物的押金 300 元。

7. 综合练习工业企业主要经济业务的核算。

京苏厂2020年12月初各总分类账户的余额如下：

借方余额		贷方余额	
库存现金	2 100元	短期借款	100 000元
银行存款	873 000元	长期借款	1 000 000元
原材料	934 600元	应付账款	249 000元
其他应收款	800元	应交税费	52 500元
生产成本	256 000元	应付利息	2 000元
库存商品	481 000元	实收资本	6 229 000元
固定资产	6 437 000元	盈余公积	438 000元
应收账款	189 000元	本年利润	259 000元
无形资产	400 000元	累计折旧	1 210 000元
长期待摊费用	30 000元	累计摊销	64 000元

（1）京苏厂12月份发生下列经济业务，要求根据12月份发生的经济业务，编制有关会计分录。

① 12月2日，收到国家投入资本740 000元，存入银行。

② 12月3日，收到某公司投入全新机器一台，设备价款300 000元，增值税税率13%，增值税进项税额39 000元。

③ 12月3日，从天灵厂购入甲材料一批，材料价款700 000元，增值税税率13%，增值税进项税额91 000元，材料已验收入库，货款尚未支付。

④12月4日，开出商业汇票一张，从红星厂购入乙材料一批，材料价款50 000元，增值税税率13%，增值税进项税额6 500元，材料已验收入库。

⑤12月6日，用银行存款120 000元偿还前欠华星厂购货款。

⑥12月7日，向永胜厂购入丙材料一批，材料价款9 000元，增值税税率13%，增值税进项税额1 170元，材料尚未运到，货款尚未支付。

⑦12月9日，向永胜厂购入的丙材料运到，验收入库。

⑧12月11日，向银行借入短期借款500 000元，存入银行。

⑨12月12日，用银行存款支付本月欠天灵厂的购料款。

⑩ 12 月 15 日，为生产 A 产品领用甲材料 800 000 元，为生产 B 产品领用乙材料 300 000元，车间管理领用丙材料 5 000 元，厂部管理领用丙材料 3 000 元。

⑪ 12 月 16 日，从银行提取现金 168 000 元，并于当日发放职工工资。

⑫ 12 月 18 日，采购员报销差旅费 960 元，上月已预付 800 元，不足部分以现金补付。

⑬ 12 月 20 日，收到南方厂上月的购货款 92 000 元，存入银行。

⑭ 12 月 21 日，为生产 A 产品领用甲材料 11 200 元，为生产 B 产品领用乙材料 8 400 元，车间管理领用丙材料 1 120 元，厂部管理领用丙材料 2 800 元。

⑮ 12 月 23 日，以现金支付罚款 100 元。

⑯ 12月25日，收到罚款收入1 000元，存入银行。

⑰ 12月31日，计提固定资产折旧8 600元，其中，车间折旧7 510元，厂部折旧1 090元。

⑱ 12月31日，分配本月工资费用168 000元，其中，A产品生产工人工资80 000元，B产品生产工人工资60 000元，车间管理人员工资8 000元，厂部管理人员工资20 000元。

⑲ 12月31日，预提应由本月负担的短期借款利息1 000元。

⑳ 12月31日，将本月发生的制造费用按生产工人工资比例分配计入A、B两种产品成本。

㉑ 12月31日，A产品月初在产品成本250 000元，本月A产品全部完工，并已验收入库，按其实际生产成本转账，B产品尚未制造完工。

㉒ 12 月 31 日，本月销售 A 产品一批，不含税销售额 1 000 000 元，增值税税率 13%，货款 600 000 元收到，已存入银行，其余尚未收到。

㉓ 12 月 31 日，出售材料一批，不含税销售额 3 000 元，增值税税率 13%，款项已收到，存入银行。

㉔ 12 月 31 日，用银行存款支付广告费 82 000 元。

㉕ 12 月 31 日，结转已销 A 产品的实际生产成本 743 950 元。

㉖ 12 月 31 日，结转出售材料的实际成本 2 500 元。

㉗ 12 月 31 日，摊销应由本月负担的无形资产价值额 3 000 元。

㉘ 12 月 31 日，摊销应由本月负担的长期待摊费用 600 元。

㉙ 12 月 31 日，按规定为企业应收账款计提坏账准备 2 000 元。

㉚ 12 月 31 日，结转并计算本月的利润总额。

㉛ 12 月 31 日，根据企业全年实现的利润总额，按 25% 的税率计算应交所得税。

㉜ 12 月 31 日，结转本年的所得税费用。

㉝ 12 月 31 日，结转本年实现的净利润。

㉞ 12 月 31 日，按本年净利润的 10% 提取盈余公积金。

㉟ 12 月 31 日，将本年净利润的 60% 作为应付给投资者的利润。

（2）要求根据 12 月份的月初资料，设置有关总分类账户，并登记期初余额；根据 12 月份会计分录（凭证号码用会计分录序号代替），登记总账并结出各账户的本期发生额及期末余额。（表 4-61 至表 4-98）

表 4-61　总分类账

账户名称：库存现金　　　　　　　　　　　　　　　　　　　　　　　　　　　　第　　页

20　年		凭证		摘要	借方	贷方	借或贷	余额
月	日	字	号					

表 4-62　总分类账

账户名称：银行存款　　　　　　　　　　　　　　　　　　　　　　　　　　　　第　　页

20　年		凭证		摘要	借方	贷方	借或贷	余额
月	日	字	号					

表 4-63   总分类账

账户名称：原材料   第   页

20 年		凭证		摘要	借方	贷方	借或贷	余额
月	日	字	号					

表 4-64   总分类账

账户名称：应收账款   第   页

20 年		凭证		摘要	借方	贷方	借或贷	余额
月	日	字	号					

表 4-65   总分类账

账户名称：库存商品   第   页

20 年		凭证		摘要	借方	贷方	借或贷	余额
月	日	字	号					

表 4-66　总分类账

账户名称：其他应收款　　　　　　　　　　　　　　　　　　　　　　　　　　　第　　页

20　年		凭证		摘要	借方	贷方	借或贷	余额
月	日	字	号					

表 4-67　总分类账

账户名称：在途物资　　　　　　　　　　　　　　　　　　　　　　　　　　　　第　　页

20　年		凭证		摘要	借方	贷方	借或贷	余额
月	日	字	号					

表 4-68　总分类账

账户名称：固定资产　　　　　　　　　　　　　　　　　　　　　　　　　　　　第　　页

20　年		凭证		摘要	借方	贷方	借或贷	余额
月	日	字	号					

表 4-69 总分类账

账户名称：无形资产　　　　　　　　　　　　　　　　　　　　　　　　　　　　　　　　第　　页

20　年		凭证		摘要	借方	贷方	借或贷	余额
月	日	字	号					

表 4-70 总分类账

账户名称：长期待摊费用　　　　　　　　　　　　　　　　　　　　　　　　　　　　　　　第　　页

20　年		凭证		摘要	借方	贷方	借或贷	余额
月	日	字	号					

表 4-71 总分类账

账户名称：生产成本　　　　　　　　　　　　　　　　　　　　　　　　　　　　　　　　　第　　页

20　年		凭证		摘要	借方	贷方	借或贷	余额
月	日	字	号					

表 4-72 总分类账

账户名称：制造费用　　　　　　　　　　　　　　　　　　　　　　　　　　　　　　　第　　页

20　年		凭证		摘要	借方	贷方	借或贷	余额
月	日	字	号					

表 4-73 总分类账

账户名称：管理费用　　　　　　　　　　　　　　　　　　　　　　　　　　　　　　　第　　页

20　年		凭证		摘要	借方	贷方	借或贷	余额
月	日	字	号					

表 4-74 总分类账

账户名称：财务费用　　　　　　　　　　　　　　　　　　　　　　　　　　　　　　　第　　页

20　年		凭证		摘要	借方	贷方	借或贷	余额
月	日	字	号					

表 4-75　总分类账

账户名称：销售费用　　　　　　　　　　　　　　　　　　　　　　　　　　第　　页

20　年		凭证		摘要	借方	贷方	借或贷	余额
月	日	字	号					

表 4-76　总分类账

账户名称：主营业务收入　　　　　　　　　　　　　　　　　　　　　　　　第　　页

20　年		凭证		摘要	借方	贷方	借或贷	余额
月	日	字	号					

表 4-77　总分类账

账户名称：其他业务收入　　　　　　　　　　　　　　　　　　　　　　　　第　　页

20　年		凭证		摘要	借方	贷方	借或贷	余额
月	日	字	号					

表 4-78　总分类账

账户名称：主营业务成本　　　　　　　　　　　　　　　　　　　　　　　　　　　　第　　页

20　年		凭证		摘要	借方	贷方	借或贷	余额
月	日	字	号					

表 4-79　总分类账

账户名称：其他业务成本　　　　　　　　　　　　　　　　　　　　　　　　　　　　第　　页

20　年		凭证		摘要	借方	贷方	借或贷	余额
月	日	字	号					

表 4-80　总分类账

账户名称：营业外收入　　　　　　　　　　　　　　　　　　　　　　　　　　　　　第　　页

20　年		凭证		摘要	借方	贷方	借或贷	余额
月	日	字	号					

表 4-81　总分类账

账户名称：营业外支出　　　　　　　　　　　　　　　　　　　　　　　　　　第　　页

20　年		凭证		摘要	借方	贷方	借或贷	余额
月	日	字	号					

表 4-82　总分类账

账户名称：信用减值损失　　　　　　　　　　　　　　　　　　　　　　　　　第　　页

20　年		凭证		摘要	借方	贷方	借或贷	余额
月	日	字	号					

表 4-83　总分类账

账户名称：所得税费用　　　　　　　　　　　　　　　　　　　　　　　　　　第　　页

20　年		凭证		摘要	借方	贷方	借或贷	余额
月	日	字	号					

表 4-84　总分类账

账户名称：坏账准备　　　　　　　　　　　　　　　　　　　　　　　　　　　第　　页

20　年		凭证		摘要	借方	贷方	借或贷	余额
月	日	字	号					

表 4-85　总分类账

账户名称：短期借款　　　　　　　　　　　　　　　　　　　　　　　　　　　第　　页

20　年		凭证		摘要	借方	贷方	借或贷	余额
月	日	字	号					

表 4-86　总分类账

账户名称：应付账款　　　　　　　　　　　　　　　　　　　　　　　　　　　第　　页

20　年		凭证		摘要	借方	贷方	借或贷	余额
月	日	字	号					

表4-87　总分类账

账户名称：应付票据　　　　　　　　　　　　　　　　　　　　　　　　　　　　第　　页

20　年		凭证		摘要	借方	贷方	借或贷	余额
月	日	字	号					

表4-88　总分类账

账户名称：应付职工薪酬　　　　　　　　　　　　　　　　　　　　　　　　　　第　　页

20　年		凭证		摘要	借方	贷方	借或贷	余额
月	日	字	号					

表4-89　总分类账

账户名称：应付利息　　　　　　　　　　　　　　　　　　　　　　　　　　　　第　　页

20　年		凭证		摘要	借方	贷方	借或贷	余额
月	日	字	号					

表 4-90　总分类账

账户名称：应交税费　　　　　　　　　　　　　　　　　　　　　　　　　　　　　　　　　第　　页

20　年		凭证		摘要	借方	贷方	借或贷	余额
月	日	字	号					

表 4-91　总分类账

账户名称：本年利润　　　　　　　　　　　　　　　　　　　　　　　　　　　　　　　　　　第　　页

20　年		凭证		摘要	借方	贷方	借或贷	余额
月	日	字	号					

表 4-92　总分类账

账户名称：长期借款　　　　　　　　　　　　　　　　　　　　　　　　　　　　　　　　　　第　　页

20　年		凭证		摘要	借方	贷方	借或贷	余额
月	日	字	号					

表 4-93　总分类账

账户名称：实收资本　　　　　　　　　　　　　　　　　　　　　　　　　第　　页

20　年		凭证		摘要	借方	贷方	借或贷	余额
月	日	字	号					

表 4-94　总分类账

账户名称：利润分配　　　　　　　　　　　　　　　　　　　　　　　　　第　　页

20　年		凭证		摘要	借方	贷方	借或贷	余额
月	日	字	号					

表 4-95　总分类账

账户名称：应付股利　　　　　　　　　　　　　　　　　　　　　　　　　第　　页

20　年		凭证		摘要	借方	贷方	借或贷	余额
月	日	字	号					

表 4-96　总分类账

账户名称：盈余公积　　　　　　　　　　　　　　　　　　　　　　　　　　　　　　　　第　　页

20　年		凭证		摘要	借方	贷方	借或贷	余额
月	日	字	号					

表 4-97　总分类账

账户名称：累计折旧　　　　　　　　　　　　　　　　　　　　　　　　　　　　　　　　第　　页

20　年		凭证		摘要	借方	贷方	借或贷	余额
月	日	字	号					

表 4-98　总分类账

账户名称：累计摊销　　　　　　　　　　　　　　　　　　　　　　　　　　　　　　　　第　　页

20　年		凭证		摘要	借方	贷方	借或贷	余额
月	日	字	号					

(3) 要求根据各总分类账户的记录编制试算平衡表。（表 4-99）

表 4-99　试算平衡表

年　　月　　日　　　　　　　　　　　　　　　　　　　单位：元

账户名称	期初余额		本期发生额		期末余额	
	借方	贷方	借方	贷方	借方	贷方
库存现金						
银行存款						
原材料						
在途物资						
生产成本						
库存商品						
应收账款						
其他应收款						
固定资产						
无形资产						
长期待摊费用						
累计折旧						
累计摊销						
坏账准备						
制造费用						
管理费用						
财务费用						
销售费用						
主营业务收入						
其他业务收入						
营业外收入						
主营业务成本						
其他业务成本						
营业外支出						
信用减值损失						
所得税费用						
短期借款						
应付账款						
应付票据						
应交税费						

续表

账户名称	期初余额		本期发生额		期末余额	
	借方	贷方	借方	贷方	借方	贷方
应付职工薪酬						
应付利息						
应付股利						
长期借款						
实收资本						
盈余公积						
本年利润						
利润分配						
合计						

第五章 成本计算

第一节 知识概要

▶▶ 一、本章知识导图（图 5-1）

本章主要讲解成本计算的意义、成本计算的一般要求、成本计算的基本程序、材料采购成本的计算、产品生产成本的计算、产品销售成本的计算等内容。

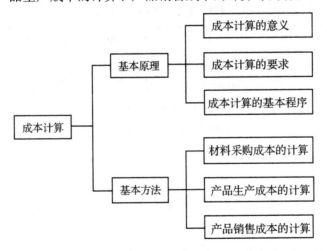

图 5-1 "成本计算"知识导图

▶▶ 二、本章重难点分析

本章重难点包括费用与成本的关系、成本计算的要求、成本计算的基本程序、材料采购成本的计算、产品生产成本的计算、产品销售成本的计算等方面。

（一）费用与成本的关系

成本计算作为会计核算的一种专门方法，主要是指按照一定的对象，采用一定的标准来归集和分配生产经营过程各阶段中发生的有关费用，以确定各对象的总成本和单位成本。

费用是指企业为销售商品、提供劳务等日常活动所发生的经济利益的流出。费用按照一定对象（如材料、产品等）进行归集和分配，即构成该对象的成本。成本是按照一定对象所归集的费用，是对象化了的费用。

费用是资产的耗费，它与一定的会计期间相联系，而与生产哪一种产品无关；成本与一定种类和数量的产品相联系，而不论发生在哪一个会计期间。

（二）成本计算的要求（表5-1）

表5-1 成本计算的要求

健全原始记录	领材记录、工时记录、考勤记录、支出记录等
加强定额管理、预算管理	材料消耗定额、工时消耗定额、费用支出预算等
划分各种费用界限	（1）划分应计入和不应计入该成本计算对象的费用界限
	（2）划分应由本月和不应由本月成本负担的费用界限
	（3）划分各种成本计算对象的费用界限
	（4）划分完工产品和在产品的费用界限

（三）成本计算的基本程序（表5-2）

表5-2 成本计算的基本程序

（1）确定成本计算对象	采购材料、生产产品、销售产品的品种或类别
（2）确定成本计算期	大量、大批生产的企业可以按月计算
	单件、小批量生产的企业可以按生产周期计算
（3）确定成本项目	材料采购的成本项目有：买价、采购费用等
	产品生产的成本项目有：直接材料、直接人工、制造费用等
（4）归集和分配各项费用	能直接计入的费用，直接计入各成本计算对象
	不能直接计入的费用，分配计入各成本计算对象
（5）编制成本计算表	登记成本明细账，然后编制成本计算表

（四）材料采购成本的计算

材料采购成本的计算就是将供应阶段购入的材料的各种费用，按品种或类别归集和分配，以计算各种采购材料的实际采购总成本和单位成本。

材料采购成本包括材料买价和采购费用，如表5-3所示。材料采购费用的归集有直接计入和分配计入两种方式，如表5-4所示。

表 5-3　材料采购成本项目

材料买价	材料买价即供应单位的发票价格
采购费用	采购费用是指采购材料发生的运输费、装卸费、仓储费、保险费，运输途中的合理损耗，入库前的挑选、整理、包装等费用，购入材料应负担的税金等

表 5-4　材料采购费用的归集

直接计入	如材料买价等，应当直接计入各材料的采购成本	
分配计入	如共同发生的运杂费等，应选择合理的标准分配计入各材料的采购成本	
	分配标准：按材料重量、体积或买价比例分配	
	若分配率除不尽，分配率应小数点后保留 4 位	

例如，东吴工厂 2021 年 3 月，从外单位购入甲、乙、丙三种材料，甲材料 100 千克，乙材料 60 千克，丙材料 50 千克，共发生运杂费 600 元。分配时，先计算采购费用分配率，分配率除不尽，分配率应小数点后保留 4 位。甲、乙两种材料直接根据材料重量乘以分配率计算运杂费的分配额，最后一种丙材料则采用倒扣的方法计算运杂费的分配额，这样能够保证三种材料运杂费的分配额之和与运杂费总额完全一致。在采用分配率计算分配额时，分配额小数点后要保留 2 位。

采购费用分配率 = 600 / (100 + 60 + 50) = 600/210 ≈ 2.857 1

甲材料分配额 = 100 × 2.857 1 = 285.71（元）

乙材料分配额 = 60 × 2.857 1 ≈ 171.43（元）

丙材料分配额 = 600 − 285.71 − 171.43 = 142.86（元）

（五）产品生产成本的计算

产品生产成本包括直接材料、直接人工和制造费用，如表 5-5 所示。产品生产费用的归集有直接计入和分配计入两种方式，如表 5-6 所示。

表 5-5　产品生产成本项目

直接材料	企业生产过程中为生产产品而耗用的原材料、辅助材料、燃料、动力等费用
直接人工	企业直接从事产品生产人员的工资、奖金等职工薪酬
制造费用	企业为生产产品而发生的各种间接费用，如生产车间和分厂管理人员的工资、奖金等职工薪酬，固定资产折旧费、修理费、保险费，办公费，水电费，机物料消耗等

表 5-6　产品生产费用的归集

直接计入	如直接材料、直接人工等，应当直接计入各产品的生产成本
分配计入	如共同发生的制造费用等，应选择合理的标准分配计入各产品的生产成本
	分配标准：按生产工时比例或生产工人工资比例进行分配
	若分配率除不尽，分配率应小数点后保留 4 位

产品制造费用的具体分配原理与材料采购费用的分配原理是相同的。

(六)产品销售成本的计算(表5-7)

表5-7 产品销售成本的计算

库存产品只有一种单价	销售产品数量×产品单位制造成本
库存产品存在多种单价	采用先进先出法计算
	采用加权平均法计算
	采用个别计价法计算

三、本章涉及的主要会计术语(表5-8)

表5-8 本章涉及的主要会计术语

序号	主要会计术语	
1	成本计算原理	成本计算、成本计算对象、成本计算期、成本项目
2	成本计算方法	采购费用、材料采购成本、产品生产成本、产品销售成本
		直接材料、直接人工、制造费用

第二节 练习题

一、单项选择题

1. 下列不属于材料采购费用的是(　　)。

   A. 运输费　　　　　　　　　B. 装卸费

   C. 途中合理损耗　　　　　　D. 入库后的整理费

2. 下列不能计入产品生产成本的是(　　)。

   A. 直接材料　　B. 直接人工　　C. 财务费用　　D. 制造费用

3. 下列不属于期间费用的是(　　)。

   A. 管理费用　　B. 制造费用　　C. 财务费用　　D. 销售费用

4. 下列不可以作为材料采购费用分配标准的是(　　)。

   A. 材料重量　　B. 材料质量　　C. 材料买价　　D. 材料体积

5. 下列能够计入产品生产成本的是(　　)。

   A. 管理费用　　B. 所得税费用　　C. 财务费用　　D. 制造费用

6. 下列属于材料采购费用的是(　　)。

   A. 运输费　　　　　　　　　B. 广告费

   C. 途中不合理损耗　　　　　D. 入库后的整理费

7. 下列能够计入产品生产成本的是(　　)。

A. 销售费用　　　B. 管理费用　　　C. 财务费用　　　D. 制造费用

8. 成本计算期一般是按（　　）进行的。
A. 日　　　　　B. 月　　　　　C. 季　　　　　D. 年

9. 下列不属于材料采购成本的是（　　）。
A. 运输费　　　　　　　　　B. 材料买价
C. 途中合理损耗　　　　　　D. 入库后的整理

10. 下列可以作为制造费用分配标准的是（　　）。
A. 产品质量　　　　　　　　B. 产品重量
C. 产品等级　　　　　　　　D. 产品生产工时比例

11. 下列不属于材料采购费用的是（　　）。
A. 保险费　　　　　　　　　B. 运输费
C. 入库后的整理费　　　　　D. 入库前的整理费

12. 下列不属于制造费用的是（　　）。
A. 机器折旧费　　B. 专利摊销费　　C. 修理费　　D. 保险费

13. 下列属于期间费用的是（　　）。
A. 生产成本　　　B. 制造费用　　　C. 投资收益　　D. 销售费用

14. 下列可以作为材料采购费用分配标准的是（　　）。
A. 材料重量　　　　　　　　B. 材料质量
C. 产品生产工时比例　　　　D. 产品生产工人工资比例

15. 下列属于财务费用的是（　　）。
A. 广告支出　　　B. 修理支出　　　C. 利息支出　　D. 保险支出

16. 下列属于销售费用的是（　　）。
A. 直接材料　　　B. 直接人工　　　C. 车间水电费　　D. 包装费

17. 下列属于管理费用的是（　　）。
A. 业务招待费　　B. 广告费　　　C. 运输费　　　D. 所得税费用

18. 下列单件、小批量生产企业的成本计算期一般是按（　　）进行的。
A. 月　　　　　B. 季　　　　　C. 年　　　　　D. 生产周期

19. 下列不属于管理费用的是（　　）。
A. 咨询费　　　B. 诉讼费　　　C. 商品展览费　　D. 业务招待费

20. 下列可以作为制造费用分配标准的是（　　）。
A. 产品生产工人工资比例　　B. 产品重量
C. 产品数量比例　　　　　　D. 产品质量

二、多项选择题

1. 下列可以作为材料采购费用分配标准的是（　　）。
A. 材料重量　　　B. 材料质量　　　C. 材料买价　　　D. 材料体积

2. 下列属于期间费用的是（　　）。
   A. 管理费用　　　B. 直接费用　　　C. 间接费用　　　D. 销售费用
3. 下列属于材料采购费用的是（　　）。
   A. 运输费　　　　　　　　　　　　B. 装卸费
   C. 途中合理损耗　　　　　　　　　D. 入库前的整理费
4. 下列属于成本计算程序的是（　　）。
   A. 确定成本计算对象　　　　　　　B. 确定成本计算期
   C. 确定成本计算项目　　　　　　　D. 确定成本计算过程
5. 下列可以作为制造费用分配标准的是（　　）。
   A. 产品质量　　　　　　　　　　　B. 产品重量
   C. 生产工人工资比例　　　　　　　D. 生产工时比例
6. 下列不可以作为材料采购费用分配标准的是（　　）。
   A. 材料重量　　B. 材料质量　　C. 材料买价　　D. 材料卖价
7. 下列属于产品成本项目的是（　　）。
   A. 直接材料　　B. 直接人工　　C. 制造费用　　D. 销售费用
8. 下列属于产品销售费用的是（　　）。
   A. 运输费　　　B. 包装费　　　C. 广告费　　　D. 利息支出
9. 下列属于制造费用的是（　　）。
   A. 车间管理人员工资　　　　　　　B. 车间生产工人工资
   C. 厂部管理人员工资　　　　　　　D. 车间设备折旧费用
10. 下列属于管理费用的是（　　）。
    A. 车间管理人员工资　　　　　　　B. 厂部管理人员工资
    C. 车间设备折旧费用　　　　　　　D. 厂部设备折旧费用
11. 下列可以作为产品销售成本计算方法的是（　　）。
    A. 先进先出法　　B. 后进先出法　　C. 加权平均法　　D. 个别计价法
12. 下列属于直接费用的是（　　）。
    A. 直接材料　　B. 直接人工　　C. 制造费用　　D. 直接销售
13. 下列属于财务费用的是（　　）。
    A. 业务招待费　　B. 利息支出　　C. 汇兑损益　　D. 手续费
14. 成本计算需要划分的费用界限是（　　）。
    A. 计入和不计入成本的界限　　　　B. 本月和非本月的界限
    C. 不同对象的界限　　　　　　　　D. 完工产品和在产品的界限
15. 成本计算期按月计算的企业是（　　）。
    A. 大量生产的企业　　　　　　　　B. 大批生产的企业
    C. 单件生产的企业　　　　　　　　D. 小批量生产的企业

16. 成本计算期按生产周期计算的企业是（   ）。
   A．大量生产的企业　　　　　　B．大批生产的企业
   C．单件生产的企业　　　　　　D．小批量生产的企业
17. 下列不可以作为制造费用分配标准的是（   ）。
   A．生产工人工资比例　　　　　B．车间管理人员工资比例
   C．厂部管理人员工资比例　　　D．生产工时比例
18. 下列属于产品销售费用的是（   ）。
   A．运输费　　　B．包装费　　　C．手续费　　　D．展览费
19. 下列属于制造费用的是（   ）。
   A．生产产品领用材料　　　　　B．车间一般消耗领用材料
   C．厂部一般消耗领用材料　　　D．车间设备修理费用
20. 下列属于管理费用的是（   ）。
   A．业务招待费　　B．诉讼费　　C．咨询费　　D．厂部设备修理费用

三、判断题

1. 费用是按一定对象所归集的成本，是对象化了的成本。（   ）
2. 成本计算期从理论上讲，应当同产品的生产周期相一致，但在实践中则取决于生产组织的特点和分期考核经营成果的要求。（   ）
3. 在归集材料采购费用时，凡是属于采购材料的费用，都应当直接计入各材料的采购成本。（   ）
4. 制造费用是指企业行政管理部门为组织和管理生产经营活动而发生的各项费用，如行政管理部门人员的工资、折旧费、修理费、保险费、办公费、水电费等。（   ）
5. 期间费用与产品生产没有关系而是与一定期间有关，因此不能计入产品成本，期间费用的发生额直接从当期损益中抵减。（   ）
6. 成本计算期必须要同产品的生产周期相一致。（   ）
7. 企业销售产品的广告费用，既可以计入销售费用，也可以计入管理费用。（   ）
8. 企业无形资产摊销费用应计入制造费用。（   ）
9. 生产车间设备的折旧费用，应直接计入产品生产成本。（   ）
10. 企业所有人员的工资费用都应该计入管理费用。（   ）
11. 当库存产品存在多种单价时，企业可以采用加权平均法计算产品销售成本。（   ）
12. 大量、大批生产的企业应该按生产周期确定成本计算期。（   ）
13. 凡是车间领用的材料，都应当直接计入生产成本账户中。（   ）
14. 单件、小批量生产的企业应该按生产周期确定成本计算期。（   ）
15. 销售费用、财务费用、管理费用和制造费用都属于期间费用。（   ）
16. 业务招待费、诉讼费、咨询费、展览费、广告费等都属于管理费用。（   ）

17. 企业专门设置的销售机构所发生的职工薪酬、业务费等都属于销售费用。（   ）

18. 企业无形资产摊销费用应计入管理费用。（   ）

19. 厂部设备的折旧费用，应计入制造费用。（   ）

20. 企业生产车间所有人员的工资费用都应该直接计入生产成本。（   ）

四、核算题

1. 练习材料采购成本的计算。

某企业购入甲材料 30 吨，每吨 500 元；乙材料 40 吨，每吨 300 元。购入两种材料共同耗用装卸费 2 100 元，按购入材料的重量比例分配。

要求：计算甲、乙两种材料采购总成本和单位成本。（表 5-9）

装卸费分配率 =

甲材料应分配装卸费 =

乙材料应分配装卸费 =

表 5-9 材料采购成本计算汇总表

成本项目	甲材料		乙材料	
	总成本	单位成本	总成本	单位成本
买价				
装卸费				
材料采购成本				

2. 练习产品生产成本的计算。

某工业企业 2020 年 5 月份发生以下经济业务：

（1）生产 A 产品领用甲材料 150 千克、乙材料 100 千克，生产 B 产品领用甲材料 120 千克、乙材料 80 千克；甲材料每千克 10.50 元，乙材料每千克 16.56 元。

（2）结算本月应付职工工资，按用途归集如下：A 产品生产工人工资 5 000 元，B 产品生产工人工资 4 000 元，车间管理人员工资 2 000 元，厂部管理人员工资 3 000 元。

（3）计提本月固定资产折旧，计提车间使用的固定资产折旧 600 元、管理部门使用的固定资产折旧 300 元。

（4）用现金支付本月由车间负担的修理费 200 元。

（5）车间报销办公费及其他零星开支 400 元，以现金支付。

（6）车间管理人员出差报销差旅费 237 元，原预支 300 元，余额归还现金。

（7）将制造费用总额如数转入"生产成本"账户，并按生产工人工资比例分配计入

A、B 两种产品成本。

（8）结算本月 A、B 两种产品的生产成本：本月 A 产品 100 件全部完工，B 产品 80 件尚未完工，结转完工产品成本。

要求：

（1）根据上述产品生产经济业务编制会计分录。

（2）登记"生产成本""制造费用"总账和"生产成本"明细账。

借方	制造费用	贷方

借方	生产成本	贷方

借方	生产成本——A 产品	贷方

借方	生产成本——B 产品	贷方

（3）编制"产品生产成本计算表"。（表 5-10）

表 5-10　产品生产成本计算表

年　　月份　　　　　　　　　　　　　　　　　　　　　　　单位：元

项目	产品	
	总成本（　　件）	单位成本
直接材料		
直接人工		
制造费用		
产品生产成本		

3. 练习产品生产成本的计算。

某企业 2021 年 5 月生产 A、B 两种产品有关资料如下（表 5-11）：

表 5-11　A、B 两种产品的生产成本资料　　　　　　　　　　　　单位：元

产品	月初在产品成本	本月生产费用			月末在产品成本	本月完工产品数量/件
		直接材料	直接人工	制造费用		
A 产品	14 000	230 000	30 000	84 000	12 300	2 000
B 产品	—	740 000	70 000		24 000	500
合计	14 000	970 000	100 000	84 000	36 300	—

A、B 两种产品在产品成本有关明细资料如下（表 5-12）：

表 5-12　A、B 两种产品的在产品成本资料　　　　　　　　　　　单位：元

项目	直接材料	直接人工	制造费用	合计
A 产品月初在产品成本	6 000	5 000	3 000	14 000
A 产品月末在产品成本	5 000	4 000	3 300	12 300
B 产品月末在产品成本	12 000	10 000	2 000	24 000

要求：

（1）制造费用按直接人工费用比例分配，编制"制造费用分配表"，分配本月制造费用。（表 5-13）

表 5-13　制造费用分配表

年　　月　　　　　　　　　　　　　　　　　　　　　　　　　单位：元

产品名称	分配标准：生产工人工资	制造费用	
		分配率	分配金额

（2）根据资料计算本月完工产品生产成本，并编制"产品生产成本计算表"。（表 5-14）

表 5-14　产品生产成本计算表

　　　　年　　　月份　　　　　　　　　　　　　　　　　　　　　单位：元

项目	产品		产品	
	总成本（　　件）	单位成本	总成本（　　件）	单位成本
直接材料				
直接人工				
制造费用				
产品生产成本				

4．练习产品销售成本的计算。

东吴工厂 2021 年 3 月份库存商品 A 产品共有 600 件，其中，先入库的 A 产品 200 件，每件产品单位制造成本 100 元；后入库的 A 产品 400 件，每件产品单位制造成本 130 元。3 月份销售 A 产品 500 件（单位制造成本 100 元的 A 产品实际销售了 150 件，单位制造成本 130 元的 A 产品实际销售了 350 件）。

要求：

（1）按先进先出法计算产品销售成本。

A 产品销售成本 =

（2）按加权平均法计算产品销售成本。

A 产品平均单位制造成本 =

A 产品销售成本 =

（3）按个别计价法计算产品销售成本。

A 产品销售成本 =

第六章 会计凭证

第一节 知识概要

▶▶ 一、本章知识导图（图6-1）

填制和审核会计凭证，作为会计核算的基本方法之一，是会计核算的基础工作，也是后续其他会计核算方法的重要基础。本章主要讲解会计凭证的含义、作用和种类，原始凭证、记账凭证的填制和审核人，以及会计凭证的传递和保管等内容。

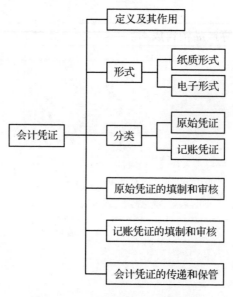

图6-1 "会计凭证"知识导图

二、重难点分析

会计凭证是企业用来记录经济业务,明确经济责任,并作为登记账簿依据的书面证明,实际工作中会计凭证的种类较多,但各有各的填制程序和用途。本章的重难点主要包括原始凭证的用途和分类、记账凭证的用途和分类、原始凭证的填制及审核、记账凭证的填制及审核等内容。

(一)原始凭证的用途和分类

1. 原始凭证的用途

原始凭证也称单据,是在经济业务发生或完成时取得或填制的,用来载明经济业务的具体内容,明确经济责任,具有法律效力的书面证明。

理解原始凭证的核心在于,其是反映企业在某年某月某日发生的或者完成的经济业务的第一手资料,并且也不涉及借贷记账法的运用,即便没有学习过相关会计知识的人一般也可以看明白。其实我们自己个人生活中也时刻交换着这些单据,如乘坐高铁购买的车票、向别人借钱开具的借条等,这些都不需要我们必须懂得借贷记账法,只要这些单据能够反映清楚某年某月某日企业发生了或完成了什么样的经济业务就可以。

比如教材第六章列示的一张收料单,如表6-1所示。

表6-1 旭日公司收料单

供货单位:东升公司　　　　　20××年3月20日　　　　　凭证编号:330
发票号码:15322001　　　　　　　　　　　　　　　　　　收料仓库:2号库

材料编号	材料规格及名称	计量单位	数量		价格		第一联仓库
			应收	实收	单价	金额	
T12	电子配件	件	2	2	200		
备注					合计	¥400	

仓库负责人:赵钱　　　制单:孙李　　　仓库保管:周吴　　　收料:郑王

根据这张收料单,我们就可以知道20××年3月20日旭日公司从东升公司采购的电子配件T12已验收入库,数量共2件,单价为200元,同时我们也可以看到这张收料单无论是填制还是阅读,其实都不需要应用借贷记账法。

2. 原始凭证的分类

为便于日常经营管理和有效反映相关经济业务,企业需要合理设计和归类整理这些原始凭证,其常见分类如表6-2所示。

表 6-2 原始凭证分类表

分类标准	种类	定义	示例
按取得来源	自制原始凭证	本单位经办业务的人员，在执行和完成某项经济业务时填制的原始凭证	收料单、领料单、入库单、工资结算单、企业出售商品开具的增值税专用发票或普通发票等
	外来原始凭证	本单位在经济业务发生或完成时，直接取得的由外单位填制的原始凭证	企业采购货物取得的增值税专用发票或普通发票、银行回单、职工出差报销的火车票等
按填制的手续及内容	一次凭证	在经济业务发生或完成后，一次性填写完毕，只记录一笔经济业务的原始凭证	增值税专用发票或普通发票、收料单、领料单、入库单等
	累计凭证	经多次填制手续完成的原始凭证，用于反映在一定期间内多次发生的同类经济业务	限额领料单等
	汇总凭证	定期根据若干张反映同类经济业务的原始凭证编制而成的原始凭证汇总表	发出材料汇总表、工资结算汇总表、差旅费报销单等
按格式	通用凭证	由有关部门统一印制、在一定范围内使用的具有统一格式和使用目的的原始凭证	增值税发票、支票等
	专用凭证	由单位自行印制，仅在本单位内部使用的原始凭证	收料单、领料单、入库单、工资结算单、差旅费报销单等

这些不同种类的原始凭证，其实它们相互之间是交叉的，如同一张原始凭证"收料单"，它既是自制原始凭证，又是一次凭证和专用凭证，因此原始凭证的分类是相对的。

3. **特别说明**

我们在学习本课程包括后续的财务会计课程时，一般不会给大家提供这些原始凭证，而是直接给大家描述这些原始凭证所反映的内容，即直接告诉大家企业在某年某月某日发生了或完成了什么样的经济业务，如"20××年3月20日，旭日公司从东升公司采购的电子配件T12已验收入库，数量共2件，单价为200元"，然后我们就直接根据这个描述去进行后续的会计处理。

那么学习这些课程时，不提供原始凭证的原因就是这样学习效率比较高同时也不会影响实质的学习内容。

当然在实际工作中，我们是根据所获得或填制的各种各样的原始凭证来了解企业发生了什么样的经济业务，如我们根据表6-1这样的原始凭证去了解旭日公司采购材料的入库状况，然后再去进行后续的会计处理。

（二）记账凭证的用途和分类

1. 记账凭证的用途

记账凭证又称记账凭单，是会计人员根据审核无误的原始凭证，按照原始凭证所反映的经济业务确定会计分录，并据以填制的书面凭证。

虽然记账凭证和原始凭证都是会计凭证，但它们既有联系又有区别。原始凭证是直接反映企业已发生经济业务的第一手资料；记账凭证是会计人员对原始凭证上记录的内容进行分析判断，并根据借贷记账法编制会计分录而形成的，可以说是将我们大家都能看懂的内容用借贷记账法进行了信息的加工，记载的是会计语言。

例如，企业行政部门的职工李四报销因公乘坐火车的车票支出 100 元和其他差旅支出 500 元，这里的车票就是一张原始凭证，说明该职工在某年某月某日乘坐火车支付的实际花费为 100 元，那么，根据这张车票和其他单据的内容，我们在记账凭证上要记载的核心内容就是这样的会计分录：

  借：管理费用——差旅费　　　　　　　　600
    贷：其他应收款——李四　　　　　　　　600

2. 记账凭证的分类

与原始凭证一样，企业为便于日常经营管理和有效核算，需要合理设计和归类整理这些记账凭证，其常见分类如表 6-3 所示。

表 6-3　记账凭证分类表

分类标准	种类	定义
按反映的经济内容	收款凭证	用于记录库存现金和银行存款收款业务的记账凭证
	付款凭证	用于记录库存现金和银行存款付款业务的记账凭证
	转账凭证	用于记录与库存现金或银行存款收付无关的经济业务的记账凭证
	注意：对于混合业务，其中一部分涉及库存现金或银行存款的收付，应填制收款凭证或付款凭证；另一部分不涉及库存现金或银行存款的收付，则应填制转账凭证	
按填制方式	复式记账凭证	将一项经济业务所涉及的应借和应贷的会计科目，集中填制在一起的记账凭证
	单式记账凭证	按照一项经济业务所涉及的各个会计科目，分开单独填制的记账凭证
备注：通用记账凭证不区分经济业务的内容，所有的记账凭证均采用统一的格式		

企业究竟选择设置怎样的记账凭证，通常需要根据企业的实际情况和管理需要进行选择，如规模较大、业务较多的企业，可以设置收款凭证、付款凭证和转账凭证；而规模较小、业务较少的企业，可以只设置通用记账凭证。

3. 特别注意

无论企业选择怎样的种类或格式的记账凭证，万变不离其宗，其核心都是要记载"有借必有贷，借贷必相等"的会计分录，因此，这些记账凭证所提供的都是已经进行了复式记账加工后的信息。我们在后续学习财务会计课程时，其实重点就是学习各种经济业务发生后，如何用会计分录反映出这些经济业务对企业财务状况和经营成果等的影响，而不会再去关注到底是填制收款凭证还是付款凭证等。

（三）原始凭证的填制及审核

无论什么样的原始凭证，都必须具备能够说明经济业务完成情况和相关人员经济责任的若干要素，在填制和审核上的要求也都是一致的，如表6-4所示。只有审核合格的原始凭证才能作为进一步记账的依据。

表6-4 原始凭证填制和审核的基本内容

填制的基本内容	填制要求	审核内容
(1)凭证名称	(1)真实准确、填制及时	(1)审核原始凭证的真实性
(2)填制日期	(2)内容完整、手续齐备	(2)审核原始凭证的合法性、合理性
(3)接受凭证单位的名称	(3)书写规范、连续编号	(3)审核原始凭证的完整性
(4)经济业务内容(数量、单价和金额)		(4)审核原始凭证的正确性
(5)经办人员的签名或者盖章		
(6)填制凭证单位的名称及签章		

对于审核合格的原始凭证，会计人员应当及时办理随后各项必要的手续；对不真实、不合法的原始凭证有权不予接受，并向单位负责人报告；对记载不准确、不完整的原始凭证予以退回，并要求按照有关规定更正、补充。

（四）记账凭证的填制及审核

记账凭证也各有不同，但在填制和审核上的要求也是一致的，如表6-5所示。这些要求可以保证对经济业务核算的真实可靠、准确完整和可验证性。没有经过并通过审核的记账凭证，不能登记入账。

表6-5 记账凭证填制和审核的基本内容

填制的基本内容	填制要求	审核内容
(1)凭证名称	(1)真实可靠	(1)内容是否真实
(2)填制日期和凭证编号	(2)内容完整	(2)科目和金额是否正确
(3)经济业务摘要	(3)填写及时	(3)项目是否齐全
(4)应借、应贷的会计科目及金额	(4)书写清楚	(4)书写是否正确
(5)所附原始凭证张数		
(6)填制凭证人员、记账人员、出纳人员、审核人员、会计机构负责人或会计主管人员的签章		
(7)记账标记		

对于审核合格的记账凭证，会计人员应当及时办理后续的会计处理工作。如果在审核过程中发现记账凭证有错误，会计人员应采用恰当的方法及时更正错误。

此外，需要注意记账凭证的编号，如果企业是采用通用记账凭证，统一连续编号即可，如第 3 号或者记字第 3 号。如果企业是采用收款凭证、付款凭证、转账凭证，则应用不同的字号加以区别，如收字第 3 号、付字第 3 号、转字第 3 号。其中如果企业库存现金和银行存款收付业务较多，为便于后续汇总和管理，则可以将收款凭证按照借方科目分别编号，如银收字第 3 号、现收字第 3 号；将付款凭证按照贷方科目分别编号，如银付字第 3 号、现付字第 3 号。

三、本章涉及的主要会计术语（表6-6）

表 6-6　本章涉及的主要会计术语

序号	术语	备注
1	会计凭证	纸质形式、电子形式
2	电子会计凭证	
3	原始凭证	
4	记账凭证	
5	收款凭证	现金收款凭证（现收字）、银行存款收款凭证（银收字）
6	付款凭证	现金付款凭证（现付字）、银行存款付款凭证（银付字）
7	转账凭证	
8	复式记账凭证	
9	单式记账凭证	

第二节　练习题

一、单项选择题

1. 将会计凭证划分为原始凭证和记账凭证两大类的主要依据是（　　）。
   A. 凭证填制的时间　　　　　　B. 凭证填制的人员
   C. 凭证填制的程序和用途　　　D. 凭证反映的经济内容

2. 下列属于累计原始凭证的是（　　）。
   A. 购货发票　　B. 材料入库单　　C. 工资结算单　　D. 限额领料单

3. 将原始凭证划分为一次凭证和累计凭证的依据是（　　）。
   A. 凭证填制的手续和内容　　　B. 凭证来源

C. 凭证填制的程序和用途　　　　D. 凭证格式

4. 根据完工产品成本计算表，结转完工入库产品成本，企业应填制（　　）。

　　A. 收款凭证　　B. 付款凭证　　C. 转账凭证　　D. 原始凭证

5. 甲企业购入一台机器，价税合计90万元，其中，50万元已通过银行支付，余款40万元未付。对于该经济业务，甲企业应填制（　　）。

　　A. 一张转账凭证　　　　　　B. 一张收款凭证

　　C. 一张付款凭证　　　　　　D. 一张转账凭证和一张付款凭证

6. 乙企业出纳小李将企业现金交存开户银行，一般只填制（　　）。

　　A. 现金收款凭证　　　　　　B. 现金付款凭证

　　C. 银行存款收款凭证　　　　D. 银行存款付款凭证

7. 下列内容不属于原始凭证审核的是（　　）。

　　A. 凭证是否有填制单位的公章和填制人员签章

　　B. 凭证的内容是否真实

　　C. 凭证是否符合企业有关计划和预算

　　D. 会计科目使用是否正确

8. 会计人员在审核原始凭证时发现有一张外来原始凭证金额出现错误，其正确的更正方法是（　　）。

　　A. 由经办人员更正，并报单位负责人批准

　　B. 由出具单位更正，并在更正处加盖出具单位印章

　　C. 由审核人员更正，并报会计机构负责人审批

　　D. 由出具单位重新开具

9. 下列不是记账凭证的基本内容的是（　　）。

　　A. 记账凭证的名称、日期、编号及经济业务摘要

　　B. 应借、应贷的会计科目，记账方向及金额

　　C. 记账标记及所附原始凭证

　　D. 企业法定代表人签章

10. 下列关于记账凭证填制的基本要求，不正确的是（　　）。

　　A. 记账凭证各项内容必须完整，并且应当连续编号

　　B. 填制记账凭证时若发生错误，应当重新填制

　　C. 记账凭证填制完成后，如有空行，应当自金额栏最后一笔金额数字下的空行处至合计数上的空行处划线注销

　　D. 所有的记账凭证都必须附原始凭证

11. 在填制会计凭证时，8 249.67元的大写数字金额为（　　）。

　　A. 人民币捌仟贰佰肆拾玖元陆角柒分

　　B. 人民币捌仟贰佰肆拾九元陆角柒分

C. 人民币捌仟贰佰肆拾玖元陆角柒分整

D. 人民币捌仟贰佰肆拾九元陆角柒分正

12. 关于记账凭证填制的基本要求，不正确的是（   ）。

A. 记账凭证各项内容必须完整

B. 记账凭证应连续编号

C. 可以将不同内容和类别的原始凭证汇总填制在一张记账凭证上

D. 填制记账凭证时若发生错误，应当重新填制

13. 下列不属于汇总原始凭证的是（   ）。

A. 发出材料汇总表　　　　　　B. 工资结算汇总表

C. 差旅费报销单　　　　　　　D. 增值税电子发票

14. 企业9月初结转上月的完工入库产品成本的业务，记账凭证上填写的日期应为（   ）。

A. 9月初日期　　　　　　　　B. 8月末日期

C. 年末日期　　　　　　　　　D. 不用填写

15. 下列处理不正确的是（   ）。

A. 购买实物的原始凭证，必须有验收证明

B. 出纳人员在办理收款或付款业务后，应在相关原始凭证上加盖"收讫"或"付讫"的戳记

C. 原始凭证作废时可以直接撕毁

D. 凭证上的阿拉伯数字金额前面应当书写货币币种符号或者货币名称简写和币种符号

16. 在填制记账凭证时发生错误，不正确的处理是（   ）。

A. 已经登记入账的记账凭证，在当年内发现填写错误时，可以用红字填写一张与原内容相同的记账凭证，在摘要栏注明"注销某月某日某号凭证"字样，同时再用蓝字重新填制一张正确的记账凭证，注明"订正某月某日某号凭证"字样

B. 只是金额错误而会计科目等没有错误，也可以将正确数字与错误数字之间的差额，另编一张调整的记账凭证，调增金额用蓝字，调减金额用红字

C. 发现以前年度记账凭证有错误的，这属于以前年度差错更正，应当用蓝字填制更正的记账凭证

D. 将错误的记账凭证予以作废，重新填制一张正确的记账凭证

17. 下列说法不正确的是（   ）。

A. 收款凭证是根据有关库存现金和银行存款收款业务的原始凭证填制的，因此会计分录的借方科目为库存现金或者为银行存款

B. 对于库存现金和银行存款之间相互划转的业务，可以同时填制收款凭证和付款凭证

C. 付款凭证是根据有关库存现金和银行存款付款业务的原始凭证填制的，因此会计分录的贷方科目为库存现金或者为银行存款

D. 转账凭证是根据不涉及库存现金和银行存款的转账业务的原始凭证填制的

18. 以下凭证传递顺序不正确的是（　　）。

A. 材料经仓库验收入库，由会计部门填制收料单并送交仓库签章，再由会计部门审核无误后填制记账凭证并登记入账

B. 生产车间填制并审批领料单，仓库根据领料单发料并签章，领料单送交会计部门，审核无误后会计部门填制记账凭证并登记入账

C. 行政人员因公出差填制借款单，行政部门负责人审批签章，借款单送交会计部门，审核无误后会计部门发放差旅费并填制记账凭证，登记入账

D. 会计部门计提固定资产折旧费，填制固定资产折旧计算表，审核无误后会计部门填制记账凭证并登记入账

19. 当年形成的会计凭证，在会计年度终了可暂由会计机构保管（　　）年，期满之后，应当由会计机构编制移交清册，移交本单位档案管理机构统一保管。

A. 1　　　　　B. 3　　　　　C. 5　　　　　D. 10

20. 会计凭证的保管期限，应严格遵守现行《会计档案管理办法》中最低保管期限的规定，企业会计凭证应保存（　　）年。

A. 20　　　　B. 30　　　　C. 50　　　　D. 10

二、多项选择题

1. 下列属于原始凭证的有（　　）。

A. 收料单　　　　　　　　B. 供货单位开具的发票

C. 经济合同　　　　　　　D. 折旧计算表

2. 下列属于自制原始凭证的有（　　）。

A. 工资结算单　　B. 银行对账单　　C. 发料单　　D. 银行付款通知

3. 下列属于外来原始凭证的有（　　）。

A. 购货发票　　B. 销货发票　　C. 领料单　　D. 银行付款通知

4. 记账凭证根据其记录的业务与库存现金和银行存款的收付关系可分为（　　）。

A. 一次凭证　　B. 付款凭证　　C. 收款凭证　　D. 转账凭证

5. 以下属于原始凭证基本内容的有（　　）。

A. 原始凭证名称和填制日期　　　　B. 接受原始凭证的单位名称

C. 经济业务内容和经办人员的签章　　D. 填制单位的名称和签章

6. 原始凭证的填制，除了记录真实、内容完整、手续完备外，还应该（　　）。

A. 书写清楚规范　　　　　　　B. 填制及时

C. 编号连续　　　　　　　　　D. 不得涂改、刮擦、挖补

7. 下列各项中，对原始凭证的处理正确的是（　　）。

A. 对于完全符合要求的原始凭证，应当及时编制记账凭证入账
B. 对于不真实、不合法的原始凭证，会计机构和会计人员有权不予接受，但不一定要向单位负责人报告
C. 对于真实、合法、合理，但内容不够完整、填写有错误的原始凭证，应退回给有关经办人员
D. 对于不真实、不合法的原始凭证，会计机构和会计人员有权不予接受，并向单位负责人报告

8. 下列各项中，属于汇总原始凭证的有（　　）。
A. 差旅费报销单　　　　　　B. 工资结算汇总表
C. 限额领料单　　　　　　　D. 发料凭证汇总表

9. 在会计凭证上书写阿拉伯数字时，下列各项中，正确的有（　　）。
A. 有角无分的，分位不得用"—"代替
B. 无角无分的，角位和分位写"00"或者符号"—"
C. 有角无分的，分位应当写"0"
D. 人民币符号"￥"与阿拉伯数字之间不得留有空白

10. 下列表述正确的有（　　）。
A. 收款凭证的借方科目只能是"库存现金"或"银行存款"
B. 付款凭证的贷方科目只能是"库存现金"或"银行存款"
C. 收款凭证和付款凭证是出纳人员登记库存现金日记账或银行存款日记账的依据
D. 转账凭证中不会涉及"库存现金"或"银行存款"科目

11. 以下属于电子会计凭证的有（　　）。
A. 电子发票　　　　　　　　B. 电子行程单
C. 电子海关专用缴款书　　　D. 财政电子票据

12. 下列各项有关原始凭证签章处理正确的有（　　）。
A. 从个人取得的原始凭证，可以没有签章
B. 从外单位取得的原始凭证，必须盖有填制单位的公章
C. 自制原始凭证必须有经办单位相关负责人或者其指定的人员签章
D. 对外开出的原始凭证，必须加盖本单位公章

13. 发生销货退回，企业正确的处理为（　　）。
A. 填制退货发票
B. 必须有退货验收证明
C. 退款时，必须取得对方的收款收据或者汇款银行的凭证
D. 只需要开具红字发票即可

14. 以下各项原始凭证处理正确的有（　　）。
A. 凡填有大写和小写金额的原始凭证，大写与小写金额必须相符

B. 原始凭证不得涂改、刮擦和挖补

C. 凭证中的阿拉伯数字可以连笔写

D. 职工公出借款的凭据，必须附在记账凭证之后

15. 以下属于复式记账凭证的有（　　）。

　　A. 收款凭证　　B. 付款凭证　　C. 转账凭证　　D. 通用记账凭证

16. 以下属于记账凭证基本内容的有（　　）。

　　A. 记账凭证的名称　　　　　　B. 填制凭证的日期及凭证编号

　　C. 应借、应贷的会计科目及金额　D. 经济业务摘要

17. 填制记账凭证的依据可以是（　　）。

　　A. 若干张同类原始凭证汇总　　B. 原始凭证汇总表

　　C. 不同内容和类别的原始凭证汇总　D. 每一张原始凭证

18. 记账凭证上的日期，根据企业实际情况可填写为（　　）。

　　A. 填制凭证的当天日期　　　　B. 经济业务发生的日期

　　C. 月末日期　　　　　　　　　D. 均统一填写月末日期

19. 下列各项处理正确的有（　　）。

　　A. 所有的记账凭证都必须附有原始凭证

　　B. 已经登记入账的记账凭证，在当年内发现填写错误时，可以用红字填写一张与原内容相同的记账凭证，在摘要栏注明"注销某月某日某号凭证"字样，同时再用蓝字重新填制一张正确的记账凭证，注明"订正某月某日某号凭证"字样

　　C. 记账凭证填制完成后，如有空行，应当自金额栏最后一笔金额数字下的空行处至合计数上的空行处划线注销

　　D. 填制记账凭证时，应当每月对记账凭证进行连续编号

20. 会计凭证保管的要求包括（　　）。

　　A. 会计凭证应当及时传递，不得积压

　　B. 对于以电子形式存在的会计凭证移交时应当将该电子会计凭证及其元数据一并移交，且文件格式应当符合国家档案管理的有关规定

　　C. 会计凭证一般不得外借，其他单位确因工作需要且根据国家有关规定必须借出的，应当严格按照规定办理相关手续

　　D. 会计凭证应有专人负责分类保管，年终应登记归档

三、判断题

1. 填制和审核会计凭证是会计核算的基本方法之一，也是会计核算工作的起点。（　　）

2. 电子会计凭证是单位从外部接收的电子形式的各类会计凭证，包括电子发票、财政电子票据、电子客票、电子行程单、电子海关专用缴款书、银行电子回单等电子会计凭证。（　　）

3. 电子会计凭证即便来源合法、真实，也仍然不具有与纸质会计凭证同等的法律

效力。( )

4. 单位以电子会计凭证的纸质打印件作为报销入账归档依据的,不需要同时保存打印该纸质件的电子会计凭证。( )

5. 原始凭证是由会计部门填制的,是登记账簿的直接依据。( )

6. 企业对外销售商品开具给其他单位的增值税专用发票是外来原始凭证。( )

7. 原始凭证"收料单",它既是自制原始凭证,又是一次凭证和专用凭证。( )

8. 成本预算表、材料申购单、车间派工单都是原始凭证。( )

9. 会计人员对不真实、不合法的原始凭证,应予退回,要求更正、补充。( )

10. 原始凭证记载的各项内容不得涂改。对于填制有误的原始凭证,原始凭证开具单位要负责更正或重新开具,不得拒绝。( )

11. 原始凭证上必须记录会计分录,而记账凭证上无须记录会计分录。( )

12. 将现金送存银行,应同时编制现金付款凭证和银行存款收款凭证并据以登记账簿。( )

13. 企业采用通用记账凭证,那么将不区分经济业务的内容,所有的记账凭证均采用统一的格式。( )

14. 企业采用收付转凭证,对于混合业务,其中一部分涉及库存现金或银行存款的收付,应填制收款凭证或付款凭证;另一部分不涉及库存现金或银行存款的收付,则应填制转账凭证。( )

15. 一笔经济业务需要填制两张及两张以上记账凭证的,可以采用分数编号法编号。( )

16. 发现以前年度记账凭证是错误的,应当用红字填制一张更正的记账凭证。( )

17. 结账和更正错账的记账凭证可以不附原始凭证。( )

18. 任何会计凭证都必须经过有关人员的严格审核,审核无误后,才能作为登记账簿的依据。( )

19. 出纳人员不得兼管会计档案。( )

20. 会计凭证一般不得外借,其他单位确因工作需要且根据国家有关规定必须借出的,应当严格按照规定办理相关手续。本单位应当严格按照相关制度利用会计凭证,在进行会计凭证查阅、复制、借出时履行登记手续,严禁篡改和损坏。( )

四、核算题

1. 【通用记账凭证的填制】北方公司为增值税一般纳税人,在2020年7月1日该公司发生6笔经济业务。假设该公司根据其实际情况设置通用记账凭证。

要求:请根据这些经济业务为该公司完成记账凭证的填制。

(1) 开具现金支票,从银行提取现金2 000元。

记账凭证

年　　月　　日　　　　　　　　　　　　　　　　字　第　号

摘要	会计科目		借方金额								贷方金额								记账
	总账科目	明细科目	十	万	千	百	十	元	角	分	十	万	千	百	十	元	角	分	
合　　计																			

附件　　张

会计主管（签章）　　记账（签章）　　出纳（签章）　　审核（签章）　　制单（签章）

（2）从甲公司购入甲材料500千克，增值税专用发票列明不含税价40 000元、增值税额5 200元，款项以银行存款支付，材料已入库。

记账凭证

年　　月　　日　　　　　　　　　　　　　　　　字　第　号

摘要	会计科目		借方金额								贷方金额								记账
	总账科目	明细科目	十	万	千	百	十	元	角	分	十	万	千	百	十	元	角	分	
合　　计																			

附件　　张

会计主管（签章）　　记账（签章）　　出纳（签章）　　审核（签章）　　制单（签章）

（3）生产车间为生产A产品领用甲材料26 000元，为设备维修领用丙材料200元。

记账凭证

年　　月　　日　　　　　　　　　　　　　　　　字　第　号

摘要	会计科目		借方金额								贷方金额								记账
	总账科目	明细科目	十	万	千	百	十	元	角	分	十	万	千	百	十	元	角	分	
合　　计																			

附件　　张

会计主管（签章）　　记账（签章）　　出纳（签章）　　审核（签章）　　制单（签章）

（4）生产车间技术员张三报销出差的费用500元，并退还当初预借的多余现金150元。

记账凭证

年　月　日　　　　　　　　　　　　　　　　字　第　号

摘要	会计科目		借方金额								贷方金额								记账
	总账科目	明细科目	十	万	千	百	十	元	角	分	十	万	千	百	十	元	角	分	
合　计																			

附件　　张

会计主管（签章）　　　记账（签章）　　　出纳（签章）　　　审核（签章）　　　制单（签章）

（5）向乙公司销售 A 产品，开具的增值税专用发票列明不含税售价 80 000 元、增值税额 10 400 元，款项尚未收到。

记账凭证

年　月　日　　　　　　　　　　　　　　　　字　第　号

摘要	会计科目		借方金额								贷方金额								记账
	总账科目	明细科目	十	万	千	百	十	元	角	分	十	万	千	百	十	元	角	分	
合　计																			

附件　　张

会计主管（签章）　　　记账（签章）　　　出纳（签章）　　　审核（签章）　　　制单（签章）

（6）从银行借入短期借款 50 000 元，已存入公司开户行账号。

记账凭证

年　月　日　　　　　　　　　　　　　　　　字　第　号

摘要	会计科目		借方金额								贷方金额								记账
	总账科目	明细科目	十	万	千	百	十	元	角	分	十	万	千	百	十	元	角	分	
合　计																			

附件　　张

会计主管（签章）　　　记账（签章）　　　出纳（签章）　　　审核（签章）　　　制单（签章）

2.【收款凭证的填制】南方公司为增值税一般纳税人，以下为其在 2020 年 8 月发生的收款业务。假设该公司根据其实际情况设置收付转格式的记账凭证，其中收款凭证按照借方科目分别编号为银收字和现收字。

要求：请根据这些经济业务为该公司完成收款凭证的填制。

（1）3日，向X银行借入短期借款10 000元，已转入公司开户行账号。

收款凭证　　　　　　　　　　　　　　　　字　第　号

年　月　日　　　　　　　　　　　借方科目：

摘要	贷方科目		金额								记账
	总账科目	明细科目	十	万	千	百	十	元	角	分	
合　计											

附件　张

会计主管（签章）　　　记账（签章）　　　出纳（签章）　　　审核（签章）　　　制单（签章）

（2）9日，向友谊公司出售A产品100件，开具的增值税专用发票列明不含税价50 000元、增值税额6 500元，款项已转入公司开户行账号。

收款凭证　　　　　　　　　　　　　　　　字　第　号

年　月　日　　　　　　　　　　　借方科目：

摘要	贷方科目		金额								记账
	总账科目	明细科目	十	万	千	百	十	元	角	分	
合　计											

附件　张

会计主管（签章）　　　记账（签章）　　　出纳（签章）　　　审核（签章）　　　制单（签章）

（3）12日，库存现金收回1 000元，系职工王四因出差取消而退回预借的差旅费。

收款凭证　　　　　　　　　　　　　　　　字　第　号

年　月　日　　　　　　　　　　　借方科目：

摘要	贷方科目		金额								记账
	总账科目	明细科目	十	万	千	百	十	元	角	分	
合　计											

附件　张

会计主管（签章）　　　记账（签章）　　　出纳（签章）　　　审核（签章）　　　制单（签章）

(4) 15 日，收到服务商退回的现金押金 500 元。

收款凭证　　　　　　　　　　　　　　　　　　　字　第　号
　　　　　　　　　　年　月　日　　　　　　　　　借方科目：

摘要	贷方科目		金额								记账
	总账科目	明细科目	十	万	千	百	十	元	角	分	
	合　计										

附件　张

会计主管（签章）　　记账（签章）　　出纳（签章）　　审核（签章）　　制单（签章）

(5) 22 日，收到四方公司此前宣告的现金股利 20 000 元，已转入公司开户行账号。

收款凭证　　　　　　　　　　　　　　　　　　　字　第　号
　　　　　　　　　　年　月　日　　　　　　　　　借方科目：

摘要	贷方科目		金额								记账
	总账科目	明细科目	十	万	千	百	十	元	角	分	
	合　计										

附件　张

会计主管（签章）　　记账（签章）　　出纳（签章）　　审核（签章）　　制单（签章）

(6) 27 日，收回永新公司拖欠的货款 98 000 元，已转入公司开户行账号。

收款凭证　　　　　　　　　　　　　　　　　　　字　第　号
　　　　　　　　　　年　月　日　　　　　　　　　借方科目：

摘要	贷方科目		金额								记账
	总账科目	明细科目	十	万	千	百	十	元	角	分	
	合　计										

附件　张

会计主管（签章）　　记账（签章）　　出纳（签章）　　审核（签章）　　制单（签章）

3.【付款凭证的填制】南方公司为增值税一般纳税人，以下为其在 2020 年 8 月发生的付款业务。假设该公司根据其实际情况设置收付转格式的记账凭证，其中付款凭证按照贷方科目分别编号为银付字和现付字。

要求：请根据这些经济业务为该公司完成付款凭证的填制。

(1) 1日，开具现金支票，从银行提取现金2 000元。

付款凭证　　　　　　字　第　号
年　月　日　　　　　贷方科目：

摘要	借方科目		金额								记账
	总账科目	明细科目	十	万	千	百	十	元	角	分	
	合　计										

会计主管（签章）　　　记账（签章）　　　出纳（签章）　　　审核（签章）　　　制单（签章）

(2) 3日，生产车间技术员张三出差预支现金600元。

付款凭证　　　　　　字　第　号
年　月　日　　　　　贷方科目：

摘要	借方科目		金额								记账
	总账科目	明细科目	十	万	千	百	十	元	角	分	
	合　计										

会计主管（签章）　　　记账（签章）　　　出纳（签章）　　　审核（签章）　　　制单（签章）

(3) 8日，以库存现金200元支付违章罚款。

付款凭证　　　　　　字　第　号
年　月　日　　　　　贷方科目：

摘要	借方科目		金额								记账
	总账科目	明细科目	十	万	千	百	十	元	角	分	
	合　计										

会计主管（签章）　　　记账（签章）　　　出纳（签章）　　　审核（签章）　　　制单（签章）

（4）9日，以银行存款支付广告费10 000元，取得增值税普通发票。

付款凭证　　　　　　　　　字　第　号
年　月　日　　　　　　　　贷方科目：

摘要	借方科目		金额								记账
	总账科目	明细科目	十	万	千	百	十	元	角	分	
	合　　计										

会计主管（签章）　　记账（签章）　　出纳（签章）　　审核（签章）　　制单（签章）

（5）16日，行政管理部门购买办公用品，取得增值税普通发票，以现金1 500元支付全部款项。

付款凭证　　　　　　　　　字　第　号
年　月　日　　　　　　　　贷方科目：

摘要	借方科目		金额								记账
	总账科目	明细科目	十	万	千	百	十	元	角	分	
	合　　计										

会计主管（签章）　　记账（签章）　　出纳（签章）　　审核（签章）　　制单（签章）

（6）31日，以银行存款80 000元偿还上月所欠光明公司货款50 000元和正大公司货款30 000元。

付款凭证　　　　　　　　　字　第　号
年　月　日　　　　　　　　贷方科目：

摘要	借方科目		金额								记账
	总账科目	明细科目	十	万	千	百	十	元	角	分	
	合　　计										

会计主管（签章）　　记账（签章）　　出纳（签章）　　审核（签章）　　制单（签章）

4.【转账凭证的填制】 南方公司为增值税一般纳税人,以下为其在 2020 年 8 月发生的转账业务(为简便计,其他转账业务忽略)。假设该公司根据其实际情况设置收付转格式的记账凭证。

要求:请根据这些经济业务为该公司完成转账凭证的填制。

(1) 2 日,从甲公司购入甲材料 500 千克,取得的增值税专用发票列明不含税价 40 000 元、增值税额 5 200 元,款项尚未支付,材料已入库。

转账凭证

年　　月　　日　　　　　　　　　　　　　　字第　号

摘要	会计科目		借方金额								贷方金额								记账
	总账科目	明细科目	十	万	千	百	十	元	角	分	十	万	千	百	十	元	角	分	
合计																			

会计主管(签章)　　　　记账(签章)　　　　审核(签章)　　　　制单(签章)

附件　张

(2) 3 日,生产车间为生产 A 产品领用甲材料 26 000 元。

转账凭证

年　　月　　日　　　　　　　　　　　　　　字第　号

摘要	会计科目		借方金额								贷方金额								记账
	总账科目	明细科目	十	万	千	百	十	元	角	分	十	万	千	百	十	元	角	分	
合计																			

会计主管(签章)　　　　记账(签章)　　　　审核(签章)　　　　制单(签章)

附件　张

(3) 8 日,从丙公司购入丙材料 100 千克,取得的增值税专用发票列明不含税价 20 000 元、增值税额 2 600 元,款项尚未支付,材料已入库。

转账凭证

年　　月　　日　　　　　　　　　　　　　　　　　　字　第　号

摘要	会计科目		借方金额								贷方金额								记账
	总账科目	明细科目	十	万	千	百	十	元	角	分	十	万	千	百	十	元	角	分	
合计																			

附件　张

会计主管（签章）　　　　记账（签章）　　　　审核（签章）　　　　制单（签章）

（4）16日，管理部门为办公家具日常维修领用丙材料150元。

转账凭证

年　　月　　日　　　　　　　　　　　　　　　　　　字　第　号

摘要	会计科目		借方金额								贷方金额								记账
	总账科目	明细科目	十	万	千	百	十	元	角	分	十	万	千	百	十	元	角	分	
合计																			

附件　张

会计主管（签章）　　　　记账（签章）　　　　审核（签章）　　　　制单（签章）

（5）25日，生产车间为生产C产品领用乙材料15 000元。

转账凭证

年　　月　　日　　　　　　　　　　　　　　　　　　字　第　号

摘要	会计科目		借方金额								贷方金额								记账
	总账科目	明细科目	十	万	千	百	十	元	角	分	十	万	千	百	十	元	角	分	
合计																			

附件　张

会计主管（签章）　　　　记账（签章）　　　　审核（签章）　　　　制单（签章）

（6）28日，从乙公司购入乙材料300千克，取得的增值税专用发票列明不含税价30 000元、增值税额3 900元，款项尚未支付，材料已入库。

转账凭证

年　月　日　　　　　　　　　　　　　字　第　号

摘要	会计科目		借方金额							贷方金额							记账	
	总账科目	明细科目	十	万	千	百	十	元	角	分	十	万	千	百	十	元	角	分	
合　计																			

会计主管（签章）　　　记账（签章）　　　审核（签章）　　　制单（签章）

5.【混合业务的凭证填制】南方公司为增值税一般纳税人，以下为其在2020年9月1日发生的经济业务。假设该公司根据其实际情况设置收付转格式的记账凭证，其中收款凭证和付款凭证分别按照借方科目和贷方科目编号为银收字、现收字和银付字、现付字。

要求：请根据这些经济业务为该公司完成相关收付转凭证的填制。

（1）1日，生产车间技术员张三报销出差费用500元，并退还预借的多余现金100元。

转账凭证

年　月　日　　　　　　　　　　　　　字　第　号

摘要	会计科目		借方金额							贷方金额							记账	
	总账科目	明细科目	十	万	千	百	十	元	角	分	十	万	千	百	十	元	角	分	
合　计																			

会计主管（签章）　　　记账（签章）　　　审核（签章）　　　制单（签章）

收款凭证

年　月　日　　　　　　　　　　　　　字　第　号　　借方科目：

摘要	贷方科目		金额							记账
	总账科目	明细科目	十	万	千	百	十	元	角	分	
合　计											

会计主管（签章）　　记账（签章）　　出纳（签章）　　审核（签章）　　制单（签章）

（2）1日，向乙公司销售 A 产品，开具的增值税专用发票列明不含税售价计 80 000 元、增值税额 10 400 元，其中 50 000 元款项已转入公司开户行账号，其余尚未收到。

收款凭证

　　　　年　月　日　　　　　　　　　　字　第　号　　借方科目：

摘要	贷方科目		金额									记账
	总账科目	明细科目	十	万	千	百	十	元	角	分		
合　计												

附件　张

会计主管（签章）　　　记账（签章）　　　出纳（签章）　　　审核（签章）　　　制单（签章）

转账凭证

　　　　年　月　日　　　　　　　　　　字　第　号

摘要	会计科目		借方金额									贷方金额									记账
	总账科目	明细科目	十	万	千	百	十	元	角	分	十	万	千	百	十	元	角	分		
合　计																				

附件　张

会计主管（签章）　　　记账（签章）　　　审核（签章）　　　制单（签章）

（3）1日，拖欠甲公司的材料货款到期，应支付 30 000 元，但南方公司仅支付了 20 000 元，剩余欠款用一张为期 3 个月的商业汇票抵付。

付款凭证

　　　　年　月　日　　　　　　　　　　字　第　号　　贷方科目：

摘要	借方科目		金额									记账
	总账科目	明细科目	十	万	千	百	十	元	角	分		
合　计												

附件　张

会计主管（签章）　　　记账（签章）　　　出纳（签章）　　　审核（签章）　　　制单（签章）

转账凭证

年　月　日　　　　　　　　　　　　　字　第　号

摘要	会计科目		借方金额								贷方金额								记账
	总账科目	明细科目	十	万	千	百	十	元	角	分	十	万	千	百	十	元	角	分	
合计																			

会计主管（签章）　　　　记账（签章）　　　　审核（签章）　　　　制单（签章）

第七章 会计账簿

第一节 知识概要

▶▶ 一、本章知识导图（图7-1）

　　会计账簿是以经过审核的会计凭证为依据，由具有一定格式并相互联系的账页所组成的，用来全面、系统、连续地记录和反映会计主体各项经济业务的会计簿籍。任何单位必须依法设置会计账簿，并保证其真实、完整。设置和登记会计账簿是会计核算的一种专门方法，也是连接会计凭证与会计报表的中间环节，在会计核算中具有重要意义。本章主要讲解会计账簿的含义、意义、种类，会计账簿的设置和登记方法、使用规则，对账和结账，会计账簿的更换和保管等内容。

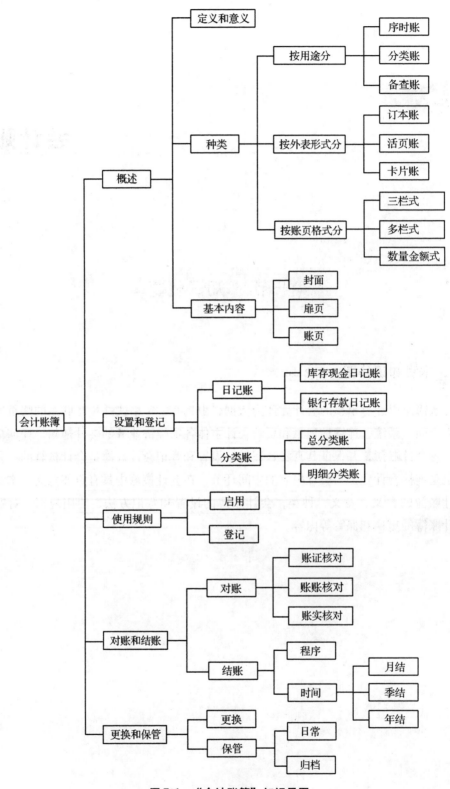

图 7-1 "会计账簿"知识导图

二、本章重难点分析

本章重难点包括会计账簿的种类、序时账和分类账的设置与登记方法、会计账簿的启用和登记规则、错账的更正方法、对账的内容等。

(一) 会计账簿的种类

为了满足不同的经营管理和经济业务活动的需要,在会计工作中所使用的账簿是多种多样的。这些会计账簿可以按不同的标准进行分类,如表7-1所示。

表7-1 会计账簿的种类

分类标准	种类		特点(优点、缺点)	说明
按用途分	序时账(日记账)		按经济业务发生和完成时间的先后顺序,逐日逐笔连续登记	大多数企业只设库存现金日记账和银行存款日记账
	分类账	总分类账(总账)	分类登记全部经济业务,提供总括信息	总账对明细账具有统御和控制作用
		明细分类账(明细账)	详细登记某一类经济业务,提供明细信息	明细账对总账具有辅助和补充作用
	备查账		对序时账和分类账中不能记录或记录不全面的经济业务进行补充登记	并非每个企业都要设置,而是由企业根据实际需要进行设置
按外表形式分	订本式账簿(订本账)		账页固定装订成册,避免账页散失,防止抽换账页。但不能准确预留账页,造成浪费,并且不利于分工记账	适用于库存现金日记账、银行存款日记账和总账
	活页式账簿(活页账)		账页不固定装订成册,放置在活页账夹内。使用比较灵活,便于分工记账。但账页容易散失或被抽换	适用于大部分明细账
	卡片式账簿(卡片账)		由具有专门格式、分散的硬卡片作为账页组成。可以跨年度长期使用而无须更换,但账页容易散失或被抽换	适用于小部分明细账,如固定资产明细账
按账页格式分	三栏式		设有借方、贷方和余额三个金额栏目。只需要提供价值核算信息,不需要提供数量核算信息	适用于总账,日记账,资本、债权、债务明细账等
	多栏式		在两个金额栏(借方和贷方)按需分设若干专栏。核算项目较多,且管理上要求提供各核算项目详细信息	适用于收入、成本、费用、利润等明细账
	数量金额式		在借方、贷方和余额每个栏目内再分设数量、单价、金额三小栏。既要反映实物量又要反映价值量	适用于原材料、库存商品等明细账

（二）会计账簿的设置和登记方法（表7-2）

重点掌握序时账和分类账的设置与登记方法。

表7-2　账簿的设置和登记方法

账簿种类	依据	设置	登记方法
库存现金日记账	根据审核无误的现金收、付款凭证、银行存款付款凭证按时间顺序逐日逐笔登记	订本式账簿，其账页格式一般有三栏式和多栏式两种	三栏式库存现金日记账： (1) "日期"栏，填写记账凭证的日期，应与现金实际收付日期一致 (2) "凭证"栏，登记收、付款凭证的种类和编号 (3) "摘要"栏，简要说明经济业务的内容，一般根据记账凭证的"摘要"填写 (4) "对方科目"栏，根据记账凭证所列的对方科目登记 (5) "借方"栏，登记库存现金的增加金额，根据库存现金收款凭证和银行存款付款凭证填写 (6) "贷方"栏，登记库存现金的减少金额，根据库存现金付款凭证填写 (7) "余额"栏，登记库存现金的余额。需要在每日终了，计算出当日现金收入和支出的合计数及当日账面现金余额，并与实际库存现金进行核对。如发现账实不符，应及时查明原因，予以更正。月终，应计算本月库存现金收入、支出的合计数，并结出本月月末余额。做到日清月结
银行存款日记账	根据审核后的银行存款收、付款凭证、库存现金付款凭证，按时间顺序逐日逐笔登记		银行存款日记账的登记方法与库存现金日记账相同
总账	可以直接根据记账凭证逐笔进行登记，也可以根据科目汇总表或汇总记账凭证登记	订本式账簿，其账页格式一般有三栏式和多栏式两种	总分类账的登记方法，由于各企业所采用的账务处理程序不同，登记依据和程序也不一样
明细账	以记账凭证为依据，也可以以原始凭证或原始凭证汇总表为依据	一般采用活页式账簿，也可以采用卡片式账簿。其账页格式采用三栏式、数量金额式、多栏式等多种格式	根据经营管理的实际需要分别采用逐日逐笔登记或者定期汇总登记等方法。通常情况下，财产物资和债权债务结算的明细账应逐笔登记；种类多、收发频繁的原材料等存货明细账可以按月汇总登记；收入、费用、成本等明细账既可以逐日汇总登记也可以定期汇总登记，对于只设有借方或贷方的多栏式明细账，若出现贷方或借方发生额，应用红字记入表示冲减。无论是总分类账还是明细分类账，都应于会计期末结算出当期发生额及期末余额

（三）会计账簿的使用规则（表7-3）

每个企业都必须认真做好会计账簿登记工作，为此，应严格遵守会计账簿登记的一般规则。

表7-3　会计账簿的使用规则

一般规则	具体内容
会计账簿的启用规则	新会计年度开始时，除固定资产明细账等少数账簿因变动不大，可继续使用外，其余账簿一般均应结束旧账，启用新账，切忌跨年度使用，以免造成归档保管困难和查阅困难
会计账簿的登记规则	（1）准确完整、注明记账符号、顺序连续登记、结出余额、过次承前、书写留空，正常记账要用蓝黑墨水，特殊记账使用红墨水，不得涂改、刮擦、挖补 （2）下列特殊情况，可以用红色墨水记账：按照红字冲账的记账凭证，冲销错误记账；在不设借方（或贷方）栏的多栏式账页中，登记减少数；在三栏式账簿的余额栏前，如未印明"借或贷"方向的，在余额栏内登记负数余额；根据国家统一会计制度的规定可以用红字登记的其他会计记录

（四）错账的更正方法（表7-4）

常用的错账更正方法有画线更正法、红字更正法和补充登记法三种。要注意不同方法的适用性。

表7-4　错账的更正方法

更正方法	适用情况	具体方法
画线更正法（结账前使用）	（1）结账前，发现账簿中文字或数字有误，而记账凭证无误 （2）记账凭证中的文字或数字有误，且尚未过账	在错误的文字或数字上画一红线，在红线上方用蓝黑或碳素墨水填写正确的文字或数字，并由更正人员在更正处盖章。特别注意，在画线时，应将数字全部划销，而不是只删改错误数字
红字更正法（记账后使用）	记账后，发现记账凭证中借贷会计科目名称或金额有误	用红字填制一张与原错误记账凭证完全相同的记账凭证，并据以用红字登记入账；然后用蓝字填制一张正确的记账凭证，并据以登记入账
	记账后，发现记账凭证中会计科目正确，但金额所记大于应记	按多记金额用红字编制一张与原记账凭证科目相同的凭证，并据以用红字登记入账
补充登记法（记账后使用）	记账后，发现记账凭证中会计科目正确，但金额所记小于应记	按少记差额用蓝字填制一张与原应借应贷科目相同的记账凭证，并据以登记入账

（五）对账（表7-5）

对账即核对账目，是指在结账前，将会计账簿记录中有关数字与库存实物、货币资金、往来结算款项等进行相互核对的工作。定期进行对账工作，目的是保证会计账簿记录的准确、可靠，并应力求做到账证相符、账账相符和账实相符。

表7-5 对账

核对种类	核对对象	核对内容
账证核对	会计账簿↔原始凭证、记账凭证	核对其时间、凭证字号、内容、会计科目、金额等是否一致，记账方向是否相符
账账核对	总账各账户	总账各账户本期借方发生额合计数＝贷方发生额合计数 总账各账户的期末借方余额合计数＝贷方余额合计数
	总账↔所属明细账	总账各账户的期末余额＝所属的各明细账期末余额之和
	总账↔序时账	库存现金、银行存款总账期末余额＝库存现金、银行存款日记账期末余额
	明细账↔明细账	会计部门明细账期末余额＝财产物资保管或使用部门明细账期末余额
账实核对	账面余额↔实存数额	（1）库存现金日记账账面余额↔每日现金实际库存金额 （2）银行存款日记账账面余额↔银行存款对账单余额 （3）财产物资明细账账面余额↔财产物资的实存数 （4）债权债务明细账账面余额↔对方单位或个人的账面记录

（六）结账

结账就是把一定时期（月度、季度或年度）内所发生的全部经济业务登记入账后，于会计期末结算出各账户的本期发生额和期末余额，结束本期账簿记录，并结转下期。结账工作通常分为月结、季结和年结三种。结账的程序见表7-6。

表7-6 结账的程序

结账的程序	（1）将本期发生的经济业务事项全部登记入账 （2）按权责发生制原则，调整有关账项，合理确定本期应计收入和应计费用 （3）将损益类账户结转至"本年利润"账户，结平所有损益类账户 （4）结算出资产、负债、所有者权益账户的日记账、总账和明细账各账户的本期发生额和期末余额，并结转下期

三、本章涉及的主要会计术语（表7-7）

表7-7 本章涉及的主要会计术语

序号	主要会计术语	
1	会计账簿	序时账、分类账、备查账、订本账、活页账、卡片账、三栏式账簿、多栏式账簿、数量金额式账簿
2		画线更正法、红字更正法、补充登记法
3	对账	账证核对、账账核对、账实核对
4	结账	月结、季结、年结

第二节 练习题

一、单项选择题

1. （　　）是会计核算的中心环节。
   A. 设置和登记账簿　　　　　　　B. 进行成本计算
   C. 编制财务会计报告　　　　　　D. 填制和审核会计凭证

2. 下列各账簿，必须逐日逐笔登记的是（　　）。
   A. 库存现金总账　　　　　　　　B. 库存现金日记账
   C. 应收账款总账　　　　　　　　D. 应付票据登记簿

3. 下列不属于按外形特征不同分类的账簿是（　　）。
   A. 订本式账簿　　B. 活页式账簿　　C. 备查账簿　　D. 卡片式账簿

4. 下列做法，不符合会计账簿的记账规则的是（　　）。
   A. 使用圆珠笔登账
   B. 按账簿页次顺序连续登记，不得跳行隔页
   C. 登记后在记账凭证上注明已经登账的符号
   D. 账簿中书写的文字和数字一般应占格距的二分之一

5. 下列明细分类账，一般不宜采用三栏式账页格式的是（　　）。
   A. 应收账款明细账　　　　　　　B. 应付账款明细账
   C. 实收资本明细账　　　　　　　D. 原材料明细账

6. 填制记账凭证时无误，根据记账凭证登记账簿时，将 10 000 元误记为 1 000 元，已登记入账，更正时应采用（　　）。
   A. 画线更正法　　　　　　　　　B. 红字更正法
   C. 补充登记法　　　　　　　　　D. 更换账页法

7. 必须采用订本式账簿的是（　　）。
   A. 原材料明细账　　　　　　　　B. 库存商品明细账
   C. 银行存款日记账　　　　　　　D. 固定资产登记簿

8. 企业生产车间因生产产品领用材料 90 000 元，在填制记账凭证时，将借方科目记为"管理费用"并已登记入账，应采用的错账更正方法是（　　）。
   A. 画线更正法　　　　　　　　　B. 红字更正法
   C. 补充登记法　　　　　　　　　D. 重填记账凭证法

9. "生产成本"明细账应采用（　　）。
   A. 三栏式　　　　B. 多栏式　　　　C. 数量金额式　　　D. 横线登记式

10. 下列明细账户，应采用贷方多栏式账页格式的是（　　）。
   A. 管理费用　　　　　　　　　　B. 主营业务收入
   C. 本年利润　　　　　　　　　　D. 应交税费——应交增值税

11. 账簿按（　　）不同，可分为三栏式账簿、多栏式账簿和数量金额式账簿。
   A. 用途　　　B. 作用　　　C. 账页格式　　　D. 外形特征

12. 对全部经济业务事项按照会计要素的具体类别而设置的分类账户进行登记的账簿，称为（　　）。
   A. 备查账簿　　　B. 序时账簿　　　C. 分类账簿　　　D. 三栏式账簿

13. 卡片账一般在（　　）时采用。
   A. 固定资产总分类核算　　　　　B. 固定资产明细分类核算
   C. 原材料总分类核算　　　　　　D. 原材料明细分类核算

14. 登记会计账簿的依据是（　　）。
   A. 经济业务　　　B. 会计凭证　　　C. 会计分录　　　D. 会计科目

15. 下列项目，不属于账实核对内容的是（　　）。
   A. 账簿记录与原始凭证核对
   B. 库存现金日记账余额与库存现金数核对
   C. 银行存款日记账余额与银行对账单余额核对
   D. 债权债务明细账余额与对方单位的账面记录核对

16. 将账簿划分为序时账簿、分类账簿和备查账簿的依据是（　　）。
   A. 账簿的用途　　　　　　　　　B. 账页的格式
   C. 账簿的外形特征　　　　　　　D. 账簿的性质

17. 下列不属于账簿应具备的基本内容的是（　　）。
   A. 封面　　　B. 账夹　　　C. 扉页　　　D. 账页

18. 在下列各项中，不属于期末结账的内容是（　　）。
   A. 将本期发生的交易或事项全部入账
   B. 计算账户的上期发生额及余额
   C. 按照权责发生制原则，对应记入本期的事项调整入账
   D. 结清收入、费用账户，结转至"本年利润"账户

19. 下列情形中适用补充登记法更正的错账是（　　）。
   A. 在记账凭证上，科目用错　　　B. 在记账凭证上，金额少写
   C. 在记账凭证上，金额多写　　　D. 记账凭证正确，但记账发生笔误

20. 按照规定，不能用红色墨水记账的情况是（　　）。
   A. 按照红字更正法冲销错误记录
   B. 在三栏式账页的余额栏前，如未印明余额方向的，在余额栏内登记负数余额
   C. 在借方多栏式明细账页中登记增加数

D. 根据国家统一的会计制度规定，可以用红字登记的其他会计账簿

二、多项选择题

1. 下列说法正确的有（　　）。
   A. 应收账款明细账应采用订本式账簿
   B. 短期借款明细账应采用三栏式账页格式
   C. 对账的内容包括账证核对、账账核对、账实核对
   D. 多栏式明细账一般适用于成本费用、收入和利润类的明细账

2. 以下账簿需要在每年年初更换新账的是（　　）。
   A. 总账　　　　　　　　　　B. 库存现金日记账
   C. 银行存款日记账　　　　　D. 固定资产卡片账

3. 下列表述正确的有（　　）。
   A. 多栏式明细账一般适用于资产类账户
   B. 在会计核算中，一般应通过财产清查进行账实核对
   C. 各种日记账、总账及资本、债权、债务明细账都可采用三栏式账簿
   D. 因记账凭证错误而造成的账簿记录错误，一定采用红字更正法进行更正

4. 库存现金日记账应根据（　　）登记。
   A. 库存现金收款凭证　　　　B. 库存现金付款凭证
   C. 部分银行存款收款凭证　　D. 部分银行存款付款凭证

5. 下列账簿，一般采用数量金额式的有（　　）。
   A. 原材料明细账　　　　　　B. 库存商品明细账
   C. 应收账款明细账　　　　　D. 资本明细账

6. 以下凭证可以作为库存现金日记账的收入栏登记依据的有（　　）。
   A. 库存现金收款凭证　　　　B. 库存现金付款凭证
   C. 银行存款收款凭证　　　　D. 银行存款付款凭证

7. 下列各账户，只需要反映金额指标的有（　　）。
   A. "实收资本"账户　　　　　B. "原材料"账户
   C. "库存商品"账户　　　　　D. "短期借款"账户

8. 下列账簿，一般采用多栏式的有（　　）。
   A. 收入明细账　　B. 债权明细账　　C. 费用明细账　　D. 债务明细账

9. 下列观点正确的有（　　）。
   A. 总账必须采用订本式账簿
   B. 总分类账户提供总括核算指标
   C. 不是所有账户都需要开设明细分类账户
   D. 明细分类账户提供详细、具体的核算指标

10. 以下内容，属于对账范围的有（　　）。

A. 账簿记录与有关会计凭证的核对

B. 库存商品明细账余额与库存商品的核对

C. 日记账余额与有关总分类账户余额的核对

D. 账簿记录与报表记录的核对

11. 账簿按外形特征可以分为（　　）。

A. 订本式账簿　　　　　　　　B. 多栏式账簿

C. 活页式账簿　　　　　　　　D. 卡片式账簿

12. 账簿按用途不同，可分为（　　）。

A. 序时账簿　　B. 分类账簿　　C. 备查账簿　　D. 订本账簿

13. 订本账一般适用于（　　）。

A. 总分类账　　　　　　　　　B. 库存现金日记账

C. 明细分类账　　　　　　　　D. 银行存款日记账

14. 下列明细账，一般采用多栏式明细分类账的有（　　）。

A. 应收账款明细账　　　　　　B. 库存商品明细账

C. 生产成本明细账　　　　　　D. 本年利润明细账

15. 数量金额式明细账簿的收入、发出和结存三大栏内，都分设（　　）三个小栏。

A. 种类　　　　B. 数量　　　　C. 单价　　　　D. 金额

16. 总分类账簿一般为（　　）。

A. 三栏式　　　B. 活页式　　　C. 订本式　　　D. 卡片式

17. 下列各项中，属于订本式账簿优点的有（　　）。

A. 可以避免账页的散失　　　　B. 防止账页被人为抽换

C. 便于记账人员分工记账　　　D. 使用起来比较灵活

18. 明细分类账可以根据需要分别采用（　　）等不同格式的账页。

A. 三栏式　　　B. 数量金额式　C. 多栏式　　　D. 订本式

19. 记账后发现记账凭证中应借、应贷会计科目正确，只是金额发生错误，可采用的错账更正方法是（　　）。

A. 画线更正法　　　　　　　　B. 横线登记法

C. 红字更正法　　　　　　　　D. 补充登记法

20. 下列说法正确的有（　　）。

A. 应收账款明细账应采用订本式账簿

B. 短期借款明细账应采用三栏式账页格式

C. 对账的内容包括账证核对、账账核对、账实核对

D. 多栏式明细账一般适用于成本费用、收入和利润类明细账

三、判断题

1. 登记账簿要用蓝黑墨水或碳素墨水写，因此账簿记录中不能出现红字。（　　）

2. 如果在结账前发现账簿记录有文字或数字错误，而记账凭证没有错误，则可采用画线更正法，也可采用红字更正法。（ ）
3. 序时账和分类账所提供的核算信息是编制会计报表的主要依据。（ ）
4. 由于记账凭证错误而造成的账簿记录错误，应采用画线更正法进行更正。（ ）
5. 凡是只进行金额核算的明细分类账户都应采用三栏式的账页格式。（ ）
6. 从银行提取现金的业务应同时根据银行存款付款凭证登记库存现金日记账和银行存款日记账。（ ）
7. 明细分类账的登记依据可能是记账凭证，也有可能是原始凭证。（ ）
8. 账簿记录正确表明账实相符。（ ）
9. 所有账簿，每年必须更换新账。（ ）
10. 各类账簿都必须直接根据记账凭证登记。（ ）
11. 多栏式明细账一般适用于资产类账户。（ ）
12. 设置和登记账簿是编制会计报表的基础，是连接会计凭证与会计报表的中心环节。（ ）
13. 应收账款明细账可以采用三栏式账页的活页账。（ ）
14. 原材料明细账应采用数量金额式的活页账。（ ）
15. 总分类账一般采用订本账；明细分类账一般采用活页账。（ ）
16. 在一个账簿中，只可以设立一个账户。（ ）
17. 在数量金额式明细分类账簿中也要设置多个专栏，因而这种账簿也可称作多栏式明细分类账簿。（ ）
18. 结账就是在期末时计算每个账户的发生额。（ ）
19. 各种账簿应按顺序编号的页次连续登记，不得跳行或隔页登记。（ ）
20. 账簿在保管期限未满前也可以销毁。（ ）

四、核算题

1. 练习三栏式日记账的登记方法。

红光工厂 2020 年 9 月 15 日银行存款余额为 21 000 元，库存现金余额为 1 000 元。9 月 16 日—30 日有关经济业务如下：

（1）16 日，开出现金支票，从银行提取现金 100 元。

记账凭证

　　　　　　　　　　年　月　日　　　　　　　　　　　　字　第　号

摘要	会计科目		借方金额								贷方金额								记账
	总账科目	明细科目	十	万	千	百	十	元	角	分	十	万	千	百	十	元	角	分	
合　计																			

附件　张

会计主管（签章）　　　记账（签章）　　　出纳（签章）　　　审核（签章）　　　制单（签章）

（2）16日，以现金支付一笔罚款27元。

记账凭证

　　　　　　　　　　年　月　日　　　　　　　　　　　　字　第　号

摘要	会计科目		借方金额								贷方金额								记账
	总账科目	明细科目	十	万	千	百	十	元	角	分	十	万	千	百	十	元	角	分	
合　计																			

附件　张

会计主管（签章）　　　记账（签章）　　　出纳（签章）　　　审核（签章）　　　制单（签章）

（3）17日，销售产品2只，每只售价200元，增值税税率13%，价税合计452元，款项当日收到现金。

记账凭证

　　　　　　　　　　年　月　日　　　　　　　　　　　　字　第　号

摘要	会计科目		借方金额								贷方金额								记账
	总账科目	明细科目	十	万	千	百	十	元	角	分	十	万	千	百	十	元	角	分	
合　计																			

附件　张

会计主管（签章）　　　记账（签章）　　　出纳（签章）　　　审核（签章）　　　制单（签章）

（4）19日，开出转账支票，购买大兴厂修理用材料价款600元，增值税额78元，合计678元，材料已验收入库。

记账凭证

年　　月　　日　　　　　　　　　　　　　　　　　字　第　号

摘要	会计科目		借方金额								贷方金额								记账
	总账科目	明细科目	十	万	千	百	十	元	角	分	十	万	千	百	十	元	角	分	
合　计																			

会计主管（签章）　　　记账（签章）　　　出纳（签章）　　　审核（签章）　　　制单（签章）

（5）19日，从五金商店购入辅助材料一批共计260元，取得普通发票一张，以转账支票付款，材料已验收入库。

记账凭证

年　　月　　日　　　　　　　　　　　　　　　　　字　第　号

摘要	会计科目		借方金额								贷方金额								记账
	总账科目	明细科目	十	万	千	百	十	元	角	分	十	万	千	百	十	元	角	分	
合　计																			

会计主管（签章）　　　记账（签章）　　　出纳（签章）　　　审核（签章）　　　制单（签章）

（6）20日，总务科以现金购买办公用品25元，取得普通发票一张。

记账凭证

年　　月　　日　　　　　　　　　　　　　　　　　字　第　号

摘要	会计科目		借方金额								贷方金额								记账
	总账科目	明细科目	十	万	千	百	十	元	角	分	十	万	千	百	十	元	角	分	
合　计																			

会计主管（签章）　　　记账（签章）　　　出纳（签章）　　　审核（签章）　　　制单（签章）

（7）22日，银行转来委托收款结算收款通知，收到山东某厂承付货款22 600元。

记账凭证

年　　月　　日　　　　　　　　　　　　　　　字　第　号

摘要	会计科目		借方金额								贷方金额								记账
	总账科目	明细科目	十	万	千	百	十	元	角	分	十	万	千	百	十	元	角	分	
合　计																			

会计主管（签章）　　记账（签章）　　出纳（签章）　　审核（签章）　　制单（签章）

附件　张

（8）23日，销售产品一批，计价款6 000元，增值税额780元，价税合计6 780元，款项已收存银行。

记账凭证

年　　月　　日　　　　　　　　　　　　　　　字　第　号

摘要	会计科目		借方金额								贷方金额								记账
	总账科目	明细科目	十	万	千	百	十	元	角	分	十	万	千	百	十	元	角	分	
合　计																			

会计主管（签章）　　记账（签章）　　出纳（签章）　　审核（签章）　　制单（签章）

附件　张

（9）29日，以银行存款支付厂部管理部门电话费80元。

记账凭证

年　　月　　日　　　　　　　　　　　　　　　字　第　号

摘要	会计科目		借方金额								贷方金额								记账
	总账科目	明细科目	十	万	千	百	十	元	角	分	十	万	千	百	十	元	角	分	
合　计																			

会计主管（签章）　　记账（签章）　　出纳（签章）　　审核（签章）　　制单（签章）

附件　张

（10）30日，开出转账支票购置机器一台，计2 000元，增值税额260元，机器已交付车间。

记账凭证

年　月　日　　　　　　　　　　　　　　　　　字第　号

摘要	会计科目		借方金额									贷方金额									记账	
	总账科目	明细科目	十	万	千	百	十	元	角	分	十	万	千	百	十	元	角	分		
	合　　计																				

会计主管（签章）　　　记账（签章）　　　出纳（签章）　　　审核（签章）　　　制单（签章）

附件　张

要求：

（1）根据上述经济业务填制记账凭证。

（2）根据相关记账凭证登记三栏式库存现金日记账（表7-8）和银行存款日记账（表7-9）。

表7-8　库存现金日记账

第×页

20　年		凭证		摘要	对方科目	借方（收入）	贷方（收入）	余额
月	日	字	号					

表 7-9　银行存款日记账

第×页

20　年		凭证		摘要	结算凭证		对方科目	借方（收入）	贷方（收入）	余额
月	日	字	号		种类	号数				

2. 练习错账的更正方法。

白云工厂在会计核算中发生如下错误，请分别指明应采用哪一种错账更正方法，并具体加以说明。

（1）购进原材料一批，计价款 500 元，增值税专用发票上注明增值税额 65 元，货已验收入库，货款以银行存款支付。编制如下记账凭证，并已记入账簿：

　　借：固定资产　　　　　　　　　　　　　　500
　　　　应交税费——应交增值税（进项税额）　　65
　　　贷：银行存款　　　　　　　　　　　　　　　565

（2）购进一批厂部办公用品 800 元，取得普通发票一张，货款以银行存款支付。编制如下记账凭证，并已记入账簿：

　　借：管理费用　　　　　　　　　　　　　80
　　　贷：银行存款　　　　　　　　　　　　　　80

(3) 生产车间生产产品领用材料 6 800 元。编制如下记账凭证，并已记入账簿：
　　借：生产成本　　　　　　　　　　　　　　8 600
　　　　贷：原材料　　　　　　　　　　　　　　　8 600

(4) 计提本月应负担的借款利息 1 000 元。编制如下记账凭证，并已记入账簿：
　　借：财务费用　　　　　　　　　　　　　　10 000
　　　　贷：应付利息　　　　　　　　　　　　　　10 000

(5) 以现金暂付采购人员差旅费 2 000 元。编制如下记账凭证，并已记入账簿：
　　借：其他应付款　　　　　　　　　　　　　　2 000
　　　　贷：库存现金　　　　　　　　　　　　　　2 000

(6) 计提本月管理部门固定资产折旧费 4 000 元。编制如下记账凭证，并已记入账簿：
　　借：制造费用　　　　　　　　　　　　　　　4 000
　　　　贷：累计折旧　　　　　　　　　　　　　　4 000

（7）假定月底结账前发现 4 月 20 日记账凭证汇总表中"应付账款"科目的贷方发生额为 4 800 元，而登记总账时误记为 48 000 元。

总　账

会计科目：应付账款

20 年		凭证号数	摘要	借方	贷方	借或贷	余额
月	日						
			承前页			贷	49 750
4	10	汇 4－1		90 000	167 000	贷	126 750
4	20	汇 4－2		55 000	48 000	贷	119 750
4	30	汇 4－3		60 000	20 000	贷	79 750

3. 练习三栏式总账和明细账的登记。

创高厂 2020 年 8 月 1 日"应付账款"总分类账的期初余额为贷方 80 000 元，其中，华胜厂 70 000 元，中翔厂 10 000 元。该厂 8 月份发生下列有关应付账款的结算业务。

（1）2 日，购买中翔厂甲材料 10 000 千克，货款 50 000 元，增值税额 6 500 元，尚未支付，材料已验收入库。

记账凭证

　　　　　　　　　　　　　　　年　　月　　日　　　　　　　　　　　　　字 第 号

摘要	会计科目		借方金额								贷方金额									记账	
	总账科目	明细科目	十	万	千	百	十	元	角	分	十	万	千	百	十	元	角	分			
																				附件 张	
合　　计																						

会计主管（签章）　　　记账（签章）　　　出纳（签章）　　　审核（签章）　　　制单（签章）

（2）3 日，以银行存款归还上月欠华胜厂的货款 70 000 元。

记账凭证

年　月　日　　　　　　　　　　　　　字　第　号

摘要	会计科目		借方金额								贷方金额								记账
	总账科目	明细科目	十	万	千	百	十	元	角	分	十	万	千	百	十	元	角	分	
合　计																			

会计主管（签章）　　　记账（签章）　　　出纳（签章）　　　审核（签章）　　　制单（签章）

附件　张

（3）6日，以银行存款归还上月欠中翔厂的货款 10 000元。

记账凭证

年　月　日　　　　　　　　　　　　　字　第　号

摘要	会计科目		借方金额								贷方金额								记账
	总账科目	明细科目	十	万	千	百	十	元	角	分	十	万	千	百	十	元	角	分	
合　计																			

会计主管（签章）　　　记账（签章）　　　出纳（签章）　　　审核（签章）　　　制单（签章）

附件　张

（4）11日，购买华胜厂乙材料 20 000千克，货款 40 000元，增值税额 5 200元，尚未支付，材料已验收入库。

记账凭证

年　月　日　　　　　　　　　　　　　字　第　号

摘要	会计科目		借方金额								贷方金额								记账
	总账科目	明细科目	十	万	千	百	十	元	角	分	十	万	千	百	十	元	角	分	
合　计																			

会计主管（签章）　　　记账（签章）　　　出纳（签章）　　　审核（签章）　　　制单（签章）

附件　张

（5）12日，以银行存款归还所欠中翔厂 8月2日的货款 56 500元。

记账凭证

年　　月　　日　　　　　　　　　　　　　　　　　　　　　　字　第　号

摘要	会计科目		借方金额								贷方金额								记账
	总账科目	明细科目	十	万	千	百	十	元	角	分	十	万	千	百	十	元	角	分	
	合　计																		

会计主管（签章）　　　记账（签章）　　　出纳（签章）　　　审核（签章）　　　制单（签章）

（6）18日，购买中翔厂丙材料60 000千克，货款60 000元，增值税额7 800元，尚未支付，材料尚未验收入库。

记账凭证

年　　月　　日　　　　　　　　　　　　　　　　　　　　　　字　第　号

摘要	会计科目		借方金额								贷方金额								记账
	总账科目	明细科目	十	万	千	百	十	元	角	分	十	万	千	百	十	元	角	分	
	合　计																		

会计主管（签章）　　　记账（签章）　　　出纳（签章）　　　审核（签章）　　　制单（签章）

（7）20日，购买中翔厂乙材料10 000千克，货款20 000元，增值税额2 600元，尚未支付，材料尚未验收入库。

记账凭证

年　　月　　日　　　　　　　　　　　　　　　　　　　　　　字　第　号

摘要	会计科目		借方金额								贷方金额								记账
	总账科目	明细科目	十	万	千	百	十	元	角	分	十	万	千	百	十	元	角	分	
	合　计																		

会计主管（签章）　　　记账（签章）　　　出纳（签章）　　　审核（签章）　　　制单（签章）

（8）22日，以银行存款归还所欠华胜厂8月11日的货款45 200元。

记账凭证

年　　月　　日　　　　　　　　　　　　　　　字　第　号

摘要	会计科目		借方金额									贷方金额									记账
	总账科目	明细科目	十	万	千	百	十	元	角	分	十	万	千	百	十	元	角	分		
合　计																				

会计主管（签章）　　记账（签章）　　出纳（签章）　　审核（签章）　　制单（签章）

（9）26日，以银行存款归还所欠中翔厂8月20日的货款22 600元。

记账凭证

年　　月　　日　　　　　　　　　　　　　　　字　第　号

摘要	会计科目		借方金额									贷方金额									记账
	总账科目	明细科目	十	万	千	百	十	元	角	分	十	万	千	百	十	元	角	分		
合　计																				

会计主管（签章）　　记账（签章）　　出纳（签章）　　审核（签章）　　制单（签章）

（10）30日，以银行存款预付华胜厂货款20 000元。

记账凭证

年　　月　　日　　　　　　　　　　　　　　　字　第　号

摘要	会计科目		借方金额									贷方金额									记账
	总账科目	明细科目	十	万	千	百	十	元	角	分	十	万	千	百	十	元	角	分		
合　计																				

会计主管（签章）　　记账（签章）　　出纳（签章）　　审核（签章）　　制单（签章）

要求：

（1）根据上述经济业务编制有关记账凭证。

（2）根据有关记账凭证登记三栏式的"应付账款"总账（表7-10）及明细账（表7-11、

表7-12）。

表7-10　总分类账

账户名称：应付账款　　　　　　　　　　　　　　　　　　　　　　　　　　　第×页

20　年		凭证		摘要	借方	贷方	借或贷	余额
月	日	字	号					

表7-11　应付账款明细账

明细科目：　　　　　　　　　　　　　　　　　　　　　　　　　　　　　　　第×页

20　年		凭证		摘要	借方	贷方	借或贷	余额
月	日	字	号					

表 7-12　应付账款明细账

明细科目：　　　　　　　　　　　　　　　　　　　　　　　　　　　　　　　　　　第×页

20　年		凭证		摘要	借方	贷方	借或贷	余额
月	日	字	号					

第八章

财产清查

第一节　知识概要

▶▶ 一、本章知识导图（图8-1）

　　财产清查也称"盘存"，是指通过对货币资金、实物资产、往来款项等财产物资的盘点或核对，确定其实存数，查明账实是否相符的一种会计核算方法。财产清查是会计核算的方法之一，财产清查的基本目的是保证账实相符，这种方法是为保证账簿登记的质量，并为保证会计信息质量提供有力支持的一种专门方法。本章主要讲解财产清查的基本概述、种类、盘存制度和不同财产物资的清查方法，以及财产清查结果的账务处理。

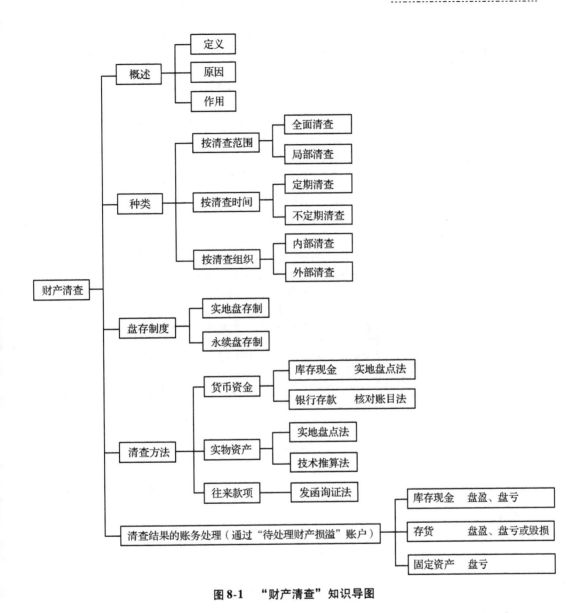

图 8-1 "财产清查"知识导图

▶▶ 二、本章重难点分析

本章重难点包括财产清查的种类，永续盘存制和实地盘存制两种盘存制度，库存现金、银行存款、实物资产和往来款项的清查方法，以及盘盈、盘亏的账务处理。

（一）财产清查的种类（表 8-1）

在企业日常工作中，在考虑成本效益的前提下，可进行范围适宜、时机恰当的财产清查，也就是说，可按照财产清查实施的范围、时间间隔等对财产清查进行适当分类。

表 8-1　财产清查的种类

分类标准	种类	内容
清查的范围	全面清查	对所有的财产物资进行全面的盘点和核对 （1）年终决算以前 （2）单位撤销、分立、合并或改变隶属关系 （3）中外合资、国内联营 （4）进行清产核资、资产评估、资本验证 （5）单位主要负责人调离工作等
	局部清查	对某一部分财产物资进行盘点和核对 （1）对于原材料、在产品、产成品等，除年度清查外，应每月重点抽查 （2）对于各种贵重物资，应每月盘点清查一次 （3）对于库存现金，做到日清月结 （4）对于银行存款和银行借款，应每月与银行核对一次 （5）对于各种往来款项，应在年度内至少同有关单位核对一至两次；在有关人员调动时，也需要进行专题清查
清查的时间	定期清查	根据管理制度的规定或预先计划安排的时间对财产物资进行的清查 一般是在年终、季末、月末、每日结账时进行。可以全面清查也可以局部清查
	不定期清查	事先并未规定时间，而是根据实际需要进行的临时清查 （1）更换财产物资和库存现金出纳人员时 （2）发生自然灾害或意外损失时 （3）上级主管部门和财政、税务、银行等有关部门对企业进行检查时 （4）企业撤销、合并或改变隶属关系时
清查的组织情况	内部清查	企业内部自行组织的清查，一般在月末、年末结账时，或者更换保管人员或现金出纳时进行
	外部清查	由上级主管部门、财税机关、审计机关、会计师事务所、保险公司、检察院等组织的财产清查

（二）财产清查的盘存制度（表 8-2）

　　财产清查的盘存制度是指在日常会计核算中以什么方法确定各项财产物资的期末账存数。盘存制度的具体做法主要有两种，即实地盘存制和永续盘存制。其中，永续盘存制是企业采用的主要方法，也应该是重点掌握的内容。

表 8-2 财产清查的盈存制度

盘存制度	实地盘存制	永续盘存制
具体做法	(1)平时只在账簿中登记增加数,不登记其减少数。 (2)月末根据实存数作为账存数,倒轧减少数,并据以登记有关账簿	增加或减少,都必须在账簿中连续登记,并随时结算出其账面余额
优点	(1)记账简单 (2)大大简化日常核算工作量	(1)能随时提供收入、发出、结存动态信息,有利于加强日常监督与管理 (2)可以通过盘点,及时发现账实不符等情况 (3)可以随时将账存数与实存数相比较,有利于购销决策,降低库存,加速资金周转
缺点	(1)不能随时反映收入、发出、结存动态信息 (2)手续不严密,不利于企业加强对财产物资的管理和控制 (3)影响成本结转的及时性,而月末定期一次结转,加大期末会计核算工作量	品种复杂、繁多的企业,平时明细账的核算工作量大,耗费较多的人力和物力
适用范围	价值低、品种杂、进出频繁的商品或材料物资。一般不能采用这种盘存制度	除少数特殊情况外,企业均应采用永续盘存制

(三) 财产清查的方法 (表 8-3)

财产清查的内容主要包括货币资金、实物资产、往来款项等,由于各类财产物资的特点不同,在实际进行财产清查时,应分别不同形态的财产物资,采用相应的清查方法。

表 8-3 财产清查的方法

财产清查的对象	清查方法	具体做法	需填制的表格
货币资金(主要包括库存现金和银行存款)	库存现金——实地盘点法	盘点时,出纳人员必须在场,并经手盘点;注意账实是否相符及现金管理制度的遵守情况	盘点结束后填制"库存现金盘点报告表"
	银行存款——核对账目法	将开户银行送来的银行存款对账单与本企业的银行存款日记账进行逐笔核对,找出未达账项。一般在月末进行 未达账项一般有以下四种情况: (1) 企业已收,银行未收 (2) 企业已付,银行未付 (3) 银行已收,企业未收 (4) 银行已付,企业未付 出现(1)和(4),企业银行存款日记账账面余额>银行对账单余额 出现(2)和(3),企业银行存款日记账账面余额<银行对账单余额	发现未达账项,需编制"银行存款余额调节表" 调整后,如果双方余额相等,则说明双方记账基本正确,而这个相等的金额表示企业可以实际动用的银行存款实有数;若不符,则表示本企业及开户银行的一方或双方存在记账差错,应进一步查明原因,采用正确的方法进行更正 "银行存款余额调节表"只是一种清查工具,不能作为账务处理的原始凭证

续表

财产清查的对象	清查方法	具体做法	需填制的表格
实物资产（主要包括存货、固定资产等）	实地盘点法	通过逐一清点，或用计量仪器确定实存数 适用范围较广，大多数实物资产的清查都使用该种方法，但工作量较大	对盘点的结果，应如实地记入"盘存单"，还应根据盘存单所列各项实物资产的盘点数量与账面余额相核对，并填制"实存账存对比表"
	技术推算法	通过技术方法推算实存数 适用于大量成堆、廉价笨重且难以逐一清点、不便于用计量器具计量的实物资产等，如露天堆放的煤、砂石、焦炭等	
往来款项（主要包括应收、应付款项和预收、预付款项等）	发函询证法	编制"往来款项对账单"，派人或发函送达对方	清查结果编制"往来款项清查结果报告单"

（四）财产清查结果的账务处理

财产清查结果有两种：一是账实相符；二是账实不符。如果账实相符，则无须做进一步的账务处理，而账实不符，则需要做进一步账务处理。如表8-4所示，账实不符的账务处理步骤，一般分两步走：第一，审批前，应根据已查明属实的财产盘盈、盘亏和毁损情况，及时编制记账凭证，调整有关财产的账面记录，并转入"待处理财产损溢"账户，以使账实相符；同时应根据企业的管理权限，将处理建议报股东大会或董事会，或经理（厂长）会议或类似机构批准。第二，审批后，应根据发生差异的原因及批准处理的意见，编制记账凭证，转销"待处理财产损溢"账户，同时记入其他有关账户。

表8-4 账实不符的账务处理

账务处理	盘盈	盘亏
库存现金	审批前 借：库存现金 　贷：待处理财产损溢 审批后 借：待处理财产损溢 　贷：营业外收入 （无法查明原因）	审批前 借：待处理财产损溢 　贷：库存现金 审批后 借：其他应收款（由责任人、保险公司赔偿） 　　管理费用（无法查明原因） 　贷：待处理财产损溢

续表

账务处理	盘盈	盘亏
存货	审批前 借：原材料 　　贷：待处理财产损溢 审批后 借：待处理财产损溢 　　贷：管理费用	审批前 借：待处理财产损溢 　　贷：原材料 审批后 借：管理费用（管理不善、自然损耗等） 　　其他应收款（由责任人、保险公司赔偿） 　　原材料（残料） 　　营业外支出（非常损失） 　　贷：待处理财产损溢
固定资产	应作为前期差错处理。通过"以前年度损益调整"账户核算	审批前 借：待处理财产损溢 　　累计折旧 　　贷：固定资产 审批后 借：营业外支出 　　贷：待处理财产损溢

▶▶▶ 三、本章涉及的主要会计术语（表8-5）

表8-5　本章涉及的主要会计术语

序号	主要会计术语	
1	财产清查	全面清查、局部清查、定期清查、不定期清查、内部清查、外部清查
2	盘存制度	实地盘存制、永续盘存制
3	实地盘点法、技术推算法	
4	未达账项、银行存款余额调节表	
5	盘盈、盘亏	待处理财产损溢

第二节 练习题

一、单项选择题

1. 月末企业银行存款日记账余额为 210 000 元，银行对账单余额为 200 000 元，经过未达账项调节后的余额为 190 000 元，则对账日企业可以动用的银行存款实有数额为（   ）元。
   A. 190 000   B. 200 000   C. 210 000   D. 不能确定

2. 在财产清查中发现盘亏一台设备，其账面原值为 100 000 元，已提折旧 30 000 元，则该企业记入"待处理财产损溢"账户的金额是（   ）元。
   A. 30 000   B. 70 000   C. 100 000   D. 130 000

3. 财产清查是用来检查（   ）的一种专门方法。
   A. 账实是否相符   B. 账账是否相符
   C. 账表是否相符   D. 账证是否相符

4. 对于清查大量堆积的沙石，一般采用（   ）方法进行清查。
   A. 实地盘点   B. 抽查检验   C. 查询核对   D. 技术推算

5. 在实际工作中，企业一般以（   ）作为财产物资的盘存制度。
   A. 收付实现制   B. 权责发生制   C. 永续盘存制   D. 实地盘存制

6. 对各项财产物资的增减数都必须根据有关凭证逐笔或逐日登记有关账簿并随时结出账面余额的方法称为（   ）。
   A. 永续盘存制   B. 实地盘存制   C. 权责发生制   D. 收付实现制

7. 企业通过实地盘点法确定期末存货的数量，然后倒推出本期发生存货的数量，这种处理制度称为（   ）。
   A. 权责发生制   B. 收付实现制   C. 账面盘存制   D. 实地盘存制

8. 银行存款余额调节表中调节后的余额是（   ）。
   A. 银行存款账面余额
   B. 银行方面的账目余额
   C. 对账单余额与日记账余额的平均数
   D. 对账日企业可以动用的银行存款实有数额

9. 对盘亏的固定资产净损失经批准后可记入（   ）账户的借方。
   A. 制造费用   B. 生产成本   C. 营业外支出   D. 管理费用

10. 企业对银行存款进行清查时，应将（   ）与银行对账单逐笔核对。
    A. 银行存款总账   B. 银行存款日记账

C. 银行支票备查簿　　　　　　　　D. 库存现金日记账

11. 银行存款清查中发现的未达账项应编制（　　）来检查调整后的余额是否相等。

A. 对账单　　　　　　　　　　　　B. 实存账存对比表

C. 盘存单　　　　　　　　　　　　D. 银行存款余额调节表

12. 库存现金清查的方法是（　　）。

A. 实地盘点法　　　　　　　　　　B. 核对账目法

C. 技术推算法　　　　　　　　　　D. 发函询证法

13. 库存现金盘点时发现短缺，则应借记的会计科目是（　　）。

A. 库存现金　　　　　　　　　　　B. 其他应付款

C. 其他应收款　　　　　　　　　　D. 待处理财产损溢

14. 库存现金清查中，对无法查明原因的长款，经批准应记入（　　）。

A. 其他应收款　　　　　　　　　　B. 其他应付款

C. 营业外收入　　　　　　　　　　D. 管理费用

15. 库存现金清查盘点时，（　　）必须在场。

A. 记账人员　　B. 出纳人员　　C. 单位领导　　D. 会计主管

16. 一般来说，在企业撤销、合并和改变隶属关系时，应对财产进行（　　）。

A. 定期清查　　B. 局部清查　　C. 实地盘点　　D. 全面清查

17. 某企业部分厂房遭受火灾后，对其受损财产物资进行的清查，属于（　　）。

A. 局部清查和定期清查　　　　　　B. 局部清查和不定期清查

C. 全面清查和定期清查　　　　　　D. 全面清查和不定期清查

18. 现金出纳人员发生变动时，应对其保管的库存现金进行清查，这种财产清查属于（　　）。

A. 全面清查和定期清查　　　　　　B. 局部清查和不定期清查

C. 全面清查和不定期清查　　　　　D. 局部清查和定期清查

19. 以下情况，宜采用局部清查的有（　　）。

A. 年终决算前进行的清查　　　　　B. 企业清产核资时进行的清查

C. 企业更换原材料保管人员时的清查　D. 企业改组为股份制试点企业进行的清查

20. 对应收账款进行清查应采用的方法是（　　）。

A. 技术推算法　　　　　　　　　　B. 实地盘点法

C. 抽查法　　　　　　　　　　　　D. 发函询证法

二、多项选择题

1. 使企业银行存款日记账的余额小于银行对账单余额的未达账项有（　　）。

A. 企业已收款记账而银行尚未收款记账

B. 企业已付款记账而银行尚未付款记账

C. 银行已收款记账而企业尚未收款记账

D. 银行已付款记账而企业尚未付款记账
2. 关于银行存款余额调节表，下列说法正确的是（　　）。
A. 该表是通知银行更正错误的依据
B. 该表是更正本单位银行存款日记账记录的依据
C. 该表不能够作为调整本单位银行存款日记账记录的原始凭证
D. 该表调节后的余额表示企业可以实际动用的银行存款数额
3. 企业编制银行存款余额调节表，在调整银行存款日记账余额时，应考虑的情况有（　　）。
A. 企业已收银行未收　　　　B. 银行已收企业未收
C. 银行已付企业未付　　　　D. 企业已付银行未付
4. 以下情况可能造成账实不符的有（　　）。
A. 财产收发计量不准　　　　B. 管理不善
C. 未达账项　　　　　　　　D. 账簿记录发生差错
5. 财产清查按清查的时间可分为（　　）。
A. 定期清查　　B. 不定期清查　　C. 全面清查　　D. 局部清查
6. 固定资产盘亏的核算业务涉及的账户有（　　）。
A. 营业外收入　　B. 其他应付款　　C. 累计折旧　　D. 待处理财产损溢
7. 由于仓库保管员变动对其保管的全部存货进行盘点属于（　　）。
A. 定期清查　　B. 不定期清查　　C. 全面清查　　D. 局部清查
8. "待处理财产损溢"账户借方登记的是（　　）。
A. 等待批准处理的财产盘亏、损毁　　B. 经批准转销的财产盘亏、损毁
C. 等待批准处理的财产盘盈　　　　　D. 经批准转销的财产盘盈
9. 常用的实物资产的清查方法包括（　　）。
A. 技术推算法　　　　　　　B. 实地盘点法
C. 函证核对法　　　　　　　D. 账目核对法
10. 财产物资的盘存制度有（　　）。
A. 权责发生制　　　　　　　B. 收付实现制
C. 实地盘存制　　　　　　　D. 永续盘存制
11. 下列记录可以作为调整账面数字的原始凭证的是（　　）。
A. 盘存单　　　　　　　　　B. 银行存款余额调节表
C. 实存账存对比表　　　　　D. 库存现金盘点报告表
12. 下列业务中需要通过"待处理财产损溢"账户核算的是（　　）。
A. 库存现金短缺　　　　　　B. 原材料盘亏
C. 发现账外固定资产　　　　D. 应收账款无法收回
13. 在下列单位和部门中，企业进行财产清查，可能涉及的有（　　）。

A. 企业内部的财会部门　　　　　B. 企业内部的财产使用部门
C. 企业的开户银行　　　　　　　D. 企业的债务人

14. 在下列单位和部门中，企业进行实物资产清查，可能涉及的有（　　）。
A. 企业的债权人　　　　　　　　B. 企业的债务人
C. 企业内部的财产使用部门　　　D. 企业内部的财产保管部门

15. 在下列各项中，属于货币资金清查的具体内容的有（　　）。
A. 库存现金清查　　　　　　　　B. 银行存款清查
C. 库存材料清查　　　　　　　　D. 固定资产清查

16. 从企业的角度来看，属于未达账项的有（　　）。
A. 企业已收，银行未收款项　　　B. 银行已收，企业未收款项
C. 银行已付，企业未付款项　　　D. 企业已付，银行未付款项

17. 从银行的角度来看，属于未达账项的有（　　）。
A. 企业已收，银行未收款项　　　B. 银行已收，企业未收款项
C. 企业已付，银行未付款项　　　D. 银行已付，企业未付款项

18. 在下列各项中，属于存货清查的具体内容的有（　　）。
A. 库存现金清查　　　　　　　　B. 库存商品清查
C. 库存材料清查　　　　　　　　D. 银行存款清查

19. 在下列各项中，属于永续盘存制优点的有（　　）。
A. 便于随时掌握财产的占用情况及其动态
B. 存货明细分类核算工作量较大
C. 有利于企业加强对财产物资的管理
D. 有利于实施对存货的控制

20. 在下列各项中，不属于财产清查结果的是（　　）。
A. 库存现金清查结果　　　　　　B. 库存材料清查结果
C. 未收款的未达账项　　　　　　D. 未付款的未达账项

三、判断题

1. 未达账项仅仅是指企业未收到凭证而未入账的款项。　　　　　　（　　）
2. 从财产清查的对象和范围来看，全面清查只有在年终进行。　　　（　　）
3. 对仓库中的所有存货进行盘点属于全面清查。　　　　　　　　　（　　）
4. 无论采用哪种盘存制度，都应该对物资进行定期或不定期的清查盘点，但清查的目的和作用是不同的。　　　　　　　　　　　　　　　　　　　　　（　　）
5. 对银行存款进行清查时，如果存在账实不符现象，不一定是由未达账项引起的。
　　　　　　　　　　　　　　　　　　　　　　　　　　　　　　（　　）
6. 银行已经付款记账而企业尚未付款记账，会使开户单位银行存款日记账账面余额大于银行对账单的账面余额。　　　　　　　　　　　　　　　　　　（　　）

7. 单位撤销、合并或改变隶属关系、更换财产物资保管人员时，需要进行全面清查。
（　　）

8. 永续盘存制是以耗计存或以销计存，一般适用于一些价值低、品种杂、进出频繁的商品或材料物资。
（　　）

9. 企业的银行存款日记账与银行对账单所记的内容是相同的，都是反映企业的银行存款的增减变动情况。
（　　）

10. 永续盘存制下，可以通过存货明细账的记录随时结出存货的结存数量，故不需要对存货进行盘点。
（　　）

11. 库存现金清查包括出纳人员每日终了前进行的库存现金账款核对和清查小组进行的定期或不定期的现金盘点、核对。清查小组清查时，出纳人员可以不在场。
（　　）

12. 企业采用永续盘存制对存货进行核算时，在期末必须对存货进行实地盘点，否则无法确定本期发出存货成本。
（　　）

13. 采用永续盘存制度，对财产物资也必须进行定期或不定期的清查盘点。
（　　）

14. 只有在实地盘存制下才可能出现财产物资的盘盈、盘亏现象。
（　　）

15. 永续盘存制对企业各项财产物资的增减变动，平时只登记增加数，不登记减少数。
（　　）

16. 永续盘存制能随时反映存货的收入、发出和结存动态。
（　　）

17. 企业对于与外部单位往来款项的清查，一般采取编制对账单寄交给对方单位的方式进行，因此属于账账核对。
（　　）

18. 银行存款余额调节表是调整账簿记录，使账实相符的原始凭证。
（　　）

19. 存货盘亏、毁损的净损失一律记入"营业外支出"账户。
（　　）

20. 进行财产清查，如发现账面数小于实存数，即为盘亏。
（　　）

四、核算题

1. 练习银行存款清查的核算。

天山化工厂 2020 年 12 月 31 日银行存款日记账余额为 191 000 元，而银行送来的对账单余额为 230 000 元，经逐笔核对，发现有以下未达账项：

（1）企业委托银行代收甲公司的货款 54 000 元，月末银行已收讫入账，但企业尚未取得收款通知。

（2）企业有一笔购货款 25 000 元，承付期已到，且未表示拒付，银行已于承付期满后从企业存款户中付出，但企业尚未入账。

（3）企业月末存入银行转账支票一张，金额 36 000 元，银行尚未转账。

（4）企业已于月末开出转账支票一张，金额 46 000 元，企业已经付账，银行尚未入账。

要求：

根据上述资料，编制"银行存款余额调节表"（表8-6），并指出企业月末可动用的银行存款实有数。

表 8-6　银行存款余额调节表

20　　年　　月　　日　　　　　　　　　　　　　　　　　　　　　　　　单位：元

项目	金额	项目	金额
企业银行存款日记账余额		银行对账单余额	
加：		加：	
减：		减：	
调节后日记账余额		调节后对账单余额	

2. 某企业 2020 年 10 月 25 日—31 日银行存款日记账和银行送来的对账单内容如表 8-7、表 8-8 所示。

表 8-7　银行存款日记账　　　　　　　　　　　　　　　　　　　　　　　　单位：元

20 年		凭证		摘要	结算凭证		收入	支出	余额
月	日	字	号		种类	号数			
10	24			余额					250 000
	25	银付	228	付购料款	转支	045		200 000	50 000
	26	银付	229	付运费	转支	046		1 000	49 000
	27	银收	108	收销货款	电汇		226 000		275 000
	30	银付	230	付购料款	电汇			90 000	185 000
	30	银付	231	付修理费	转支	047		2 500	182 500
	31	银收	109	收销货款	转支	127	150 000		332 500

表 8-8　银行对账单　　　　　　　　　　　　　　　　　　　　　　　　单位：元

20 年		摘要	结算凭证		存入	支出	余额
月	日		种类	号数			
10	24						250 000
	26	洪江公司	电汇		226 000		476 000
	28	新元厂	转支	046		1 000	475 000
	28	丰利公司	转支	045		200 000	275 000
	28	电费	电汇			23 000	252 000
	28	中天公司	汇票	148	3 200		255 200
	29	三环公司	电汇		60 000		315 200
	30	货款	电汇			90 000	225 200

要求：

（1）根据上述资料将银行存款日记账和银行对账单进行逐笔核对，确定未达账项。

(2) 编制 10 月 31 日银行存款余额调节表。

表 8-9　银行存款余额调节表

2020 年 10 月 31 日　　　　　　　　　　　　　　　　　　　　　　　单位：元

项目	金额	项目	金额
企业银行存款日记账余额		银行对账单余额	
加：		加：	
减：		减：	
调节后日记账余额		调节后对账单余额	

3．财产清查结果的账务处理。

某厂年终进行财产清查，发现下列事项，要求根据资料，做出审批前后的账务处理（假设不考虑增值税）。

(1) 库存现金盘点发现短缺 180 元。经查，其中 100 元应由出纳员赔偿，另 80 元无法查明原因。

(2) 盘亏机器一台，原价 25 000 元，已提折旧 10 000 元。经批准转入营业外支出。

(3) 甲产品盘盈 800 元。经查，属于平时收发计量不准造成，按规定冲减管理费用。

（4）发现乙材料盘亏 1 500 元。经查，属于定额内自然损耗 500 元，由于遭受台风袭击损失 170 元，由于保管人员失职，应由其赔偿 830 元。

（5）库存现金盘点发现溢余 80 元，无法查明原因。

（6）水灾导致乙产品发生毁损，总价值 120 000 元。经清理，收回残料，估价 8 000 元，已入库；应由保险公司赔偿 100 000 元；其余损失经批准列作营业外支出。

第九章 财务报表

第一节 知识概要

▶▶ 一、本章知识导图（图9-1）

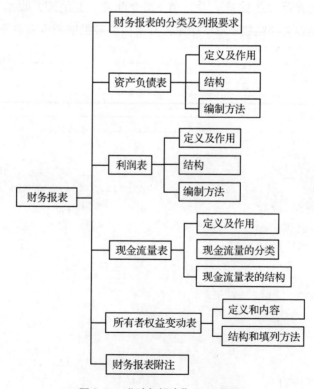

图9-1 "财务报表"知识导图

▶▶ 二、本章重难点分析

本章重难点包括资产负债表的编制和利润表的编制。

(一) 资产负债表的编制

资产负债表"上年年末余额"栏内各项数字，通常根据上年年末资产负债表有关项目的"期末余额"栏内数字填列。

资产负债表中"期末余额"应填列各项目在月末、季末、半年末或年末的账面价值，其数据来自资产类、负债类、所有者权益类账户的期末余额，填列方法包括：① 根据某个总账账户的期末余额直接填列；② 根据若干个总账账户的期末余额分析计算填列；③ 根据有关总账所属的明细账的期末余额分析计算填列；④ 根据有关总账账户及其明细账账户期末余额分析计算填列；⑤ 根据有关资产类账户余额与其备抵账户抵销后的净额填列。在编制资产负债表的实际工作中，有时需要综合运用上述填列方法分析填列。

资产负债表中主要项目的具体填列方法见表 9-1。

表 9-1 资产负债表主要项目填列说明

资产负债表项目	项目填列说明
货币资金	库存现金账户的期末余额 + 银行存款账户的期末余额 + 其他货币资金账户的期末余额
应收票据	应收票据账户的期末余额 - 坏账准备账户中相关坏账准备期末余额
应收账款	应收账款相关明细账户的期末借方余额 + 预收账款相关明细账户的期末借方余额 - 坏账准备账户中相关坏账准备期末余额
预付款项	预付账款相关明细账户的期末借方余额 - 坏账准备账户中相关坏账准备期末余额 + 应付账款相关明细账户的期末借方余额
其他应收款	应收利息账户的期末余额 + 应收股利账户的期末余额 + 其他应收款账户的期末余额 - 坏账准备账户中相关坏账准备期末余额
存货	在途物资 + 原材料 + 库存商品 + 生产成本等账户的期末余额
一年内到期的非流动资产	将在≤1年到期收回的长期债权类资产明细账户的期末余额
固定资产	固定资产账户的期末余额 - 累计折旧账户的期末余额 - 固定资产减值准备账户的期末余额 + 固定资产清理账户的期末余额
无形资产	无形资产账户的期末余额 - 累计摊销账户的期末余额 - 无形资产减值准备账户的期末余额
其他非流动资产	除上述非流动资产以外的其他非流动资产
短期借款	短期借款账户的期末余额
应付票据	应付票据账户的期末余额
应付账款	应付账款相关明细账户的期末贷方余额 + 预付账款相关明细账户的期末贷方余额

续表

资产负债表项目	项目填列说明
预收款项	应收账款相关明细账户的期末贷方余额＋预收账款相关明细账户的期末贷方余额
应付职工薪酬	应付职工薪酬明细账户的期末余额
应交税费	应交税费明细账户的期末余额
其他应付款	应付利息账户的期末余额＋应付股利账户的期末余额＋其他应付款账户的期末余额
一年内到期的非流动负债	将在≤1年到期予以清偿的非流动负债明细账户的期末余额
长期借款	长期借款账户的期末余额扣除其所属明细账户中将在资产负债表日起一年内到期且企业不能自主地将清偿义务展期的长期借款后的金额计算填列
实收资本	实收资本账户的期末余额
资本公积	资本公积账户的期末余额
其他综合收益	其他综合收益账户的期末余额
盈余公积	盈余公积账户的期末余额
未分配利润	本年利润、利润分配账户的期末余额计算填列，未弥补的亏损用"－"号填列

资产负债表是反映企业在某一特定日期财务状况的报表，阅读时需要注意资产负债表中的数据是特定日期的账面价值，这些账面价值可能是历史成本，也可能是公允价值或者可变现净值，等等。

（二）利润表的编制

利润表列报企业在一定期间的综合收益总额，按利润构成分步列报，利润表中"上期金额"栏内的数字，应根据上年该期利润表中"本期金额"栏内所列数字填列。利润表中"本期金额"栏内各项数据应根据损益类账户和其他综合收益账户的本期发生额分析填列。其中，"营业利润""利润总额""净利润"等项目直接根据利润表中相关项目金额计算填列。归纳起来就是直接根据账户的发生额分析填列或者根据报表项目之间的关系计算填列。

利润表中主要项目的具体填列方法见表9-2。

表9-2 利润表主要项目填列说明

利润表项目	项目填列说明
营业收入	主营业务收入和其他业务收入账户的发生额分析填列
营业成本	主营业务成本和其他业务成本账户的发生额分析填列
税金及附加	税金及附加账户的发生额分析填列
销售费用	销售费用账户的发生额分析填列

续表

利润表项目	项目填列说明
管理费用	管理费用账户的发生额分析填列
财务费用	财务费用账户的相关明细账户的发生额分析填列
投资收益	投资收益账户的发生额分析填列
公允价值变动损益	公允价值变动损益账户的发生额分析填列
信用减值损失	信用减值损失账户的发生额分析填列
资产减值损失	资产减值损失账户的发生额分析填列
营业利润	根据"营业收入－营业成本－税金及附加－销售费用－管理费用－财务费用＋投资收益（－投资损失）＋公允价值变动收益（－公允价值变动损失）－信用减值损失－资产减值损失＝利润总额"公式计算填列
营业外收入	营业外收入账户的发生额分析填列
营业外支出	营业外支出账户的发生额分析填列
利润总额	根据"营业利润＋营业外收入－营业外支出＝利润总额"公式计算填列
所得税费用	所得税费用账户的发生额分析填列
净利润	根据"利润总额－所得税费用＝净利润"公式计算填列

三、本章涉及的主要会计术语（表9-3）

表9-3　本章涉及的主要会计术语

序号	主要会计术语
1	财务报告
2	资产负债表
3	利润表
4	现金流量表
5	所有者权益变动表
6	财务报表附注

第二节　练习题

一、单项选择题

1. 会计报表编制的根据是（　　）。
   A．原始凭证　　　B．记账凭证　　　C．账户汇总表　　　D．账簿记录
2. 依照我国的会计准则，资产负债表采用的格式为（　　）。

A. 单步报告式　　B. 多步报告式　　C. 账户式　　D. 混合式

3. 资产负债表是反映企业（　　）财务状况的会计报表。

A. 某一特定日期　　　　　　　　B. 一定时期内

C. 某一年份内　　　　　　　　　D. 某一月份内

4. 在资产负债表中，资产按照流动性排列时，下列排列方法正确的是（　　）。

A. 存货、无形资产、货币资金、应收账款

B. 应收账款、存货、无形资产、货币资金

C. 无形资产、货币资金、应收账款、存货

D. 货币资金、应收账款、存货、无形资产

5. 编制利润表主要是根据（　　）。

A. 损益类各账户的本期发生额

B. 损益类各账户的期末余额

C. 损益类账户及所有者权益有关账户的本期发生额

D. 损益类账户及所有者权益有关账户的期末余额

6. 下列各项中，不会使利润总额发生增减变化的是（　　）。

A. 销售费用　　B. 管理费用　　C. 所得税费用　　D. 营业外支出

7. 利润表中的项目填列应根据损益类账户及所有者权益有关账户的（　　）。

A. 期末余额　　　　　　　　　　B. 期初余额

C. 发生额　　　　　　　　　　　D. 期初余额 + 发生额

8. 资产负债表中的资产项目的排列顺序是（　　）。

A. 流动性　　B. 重要性　　C. 盈利性　　D. 谨慎性

9. 下列报表中，属于静态会计报表的是（　　）。

A. 资产负债表　　　　　　　　　B. 所有者权益变动表

C. 现金流量表　　　　　　　　　D. 利润表

10. 将报表分为个别财务报表和合并财务报表的分类标准是（　　）。

A. 经济内容　　B. 编报期间　　C. 编制主体　　D. 报送对象

11. 将报表分为外部报表和内部报表的分类标准是（　　）。

A. 经济内容　　B. 编报期间　　C. 编制基础　　D. 报送对象

12. 我国企业利润表采用的结构是（　　）。

A. 单步式　　B. 多步式　　C. 账户式　　D. 报告式

13. 某企业某年8月份"应收账款"总账余额为 40 000 元，其中，甲单位借方余额 50 000 元，乙单位贷方余额 10 000 元；"预收账款"总账余额为 15 000 元，其中，A 单位借方余额 8 000 元，B 单位贷方余额 23 000 元。则资产负债表"预收账款"项目的期末数应填列（　　）。

A. 15 000 元　　B. 23 000 元　　C. 55 000 元　　D. 33 000 元

14. 某企业2020年8月份"原材料"账户期末余额为100 000元,"库存商品"账户期末余额为120 000元,"生产成本"账户期末余额为30 000元,"固定资产"账户期末余额为200 000元。则资产负债表中"存货"项目的期末数应填列（　　）。

　　A. 220 000元　　　　　　　　B. 250 000元
　　C. 330 000元　　　　　　　　D. 450 000元

15. 年末资产负债表"未分配利润"项目应根据（　　）来填列。

　　A. "本年利润"账户贷方余额
　　B. "本年利润"账户贷方余额减"利润分配"账户的贷方余额
　　C. "利润分配"账户年末贷方余额或借方余额
　　D. "本年利润"账户贷方余额加"利润分配"账户的贷方余额

16. 下列资产负债表项目中,应根据单个总账账户余额直接填列的是（　　）。

　　A. 应收账款　　　　　　　　B. 短期借款
　　C. 未分配利润　　　　　　　D. 货币资金

17. 资产负债表中负债的排列依据是（　　）。

　　A. 项目重要性　　　　　　　B. 项目形成日期
　　C. 项目金额大小　　　　　　D. 项目清偿顺序

18. 下列各项中,应在资产负债表中作为非流动负债列示的是（　　）。

　　A. 其他应付款　　　　　　　B. 应付职工薪酬
　　C. 长期应付款　　　　　　　D. 一年内到期的长期借款

19. 下列项目中,不应在所有者权益变动表中反映的是（　　）。

　　A. 所有者投入资本　　　　　B. 盈余公积转增资本
　　C. 所有者减少资本　　　　　D. 采购原材料

20. 下列各项中,关于财务报表附注的表述不正确的是（　　）。

　　A. 附注中包括财务报表重要项目的说明
　　B. 对未能在财务报表中列示的项目在附注中说明
　　C. 如果没有需要披露的重大事项,企业不必编制附注
　　D. 附注中包括会计政策和会计估计变更及差错更正的说明

二、多项选择题

1. 会计报表按其报送对象进行分类可分为（　　）。

　　A. 对外会计报表　　　　　　B. 对内会计报表
　　C. 个别会计报表　　　　　　D. 合并会计报表

2. 资产负债表中"存货"项目应根据下列（　　）账户的余额计算填列。

　　A. "原材料"　　B. "生产成本"　　C. "库存商品"　　D. "在途物资"

3. 产生现金流量的活动是（　　）。

　　A. 经营活动　　B. 生产活动　　C. 投资活动　　D. 筹资活动

4. 下列属于按编制主体分类的财务报表是（　　）。
   A. 个别财务报表　　　　　　　　B. 关联方报表
   C. 合并财务报表　　　　　　　　D. 中期财务报表
   E. 年度财务报表

5. 下列属于利润表项目的是（　　）。
   A. 主营业务收入　　　　　　　　B. 其他业务收入
   C. 营业收入　　　　　　　　　　D. 营业外收入

6. 资产负债表中"预付账款"项目应根据下列（　　）总账科目所属明细科目的期末借方余额之和填列。
   A. 应付账款　　　　　　　　　　B. 应收账款
   C. 预付账款　　　　　　　　　　D. 预收账款
   E. 其他应收款

7. 下列项目中，列示在资产负债表右方的有（　　）。
   A. 非流动资产　　　　　　　　　B. 非流动负债
   C. 流动负债　　　　　　　　　　D. 所有者权益

8. 利润表中的营业成本项目填列所依据的是（　　）。
   A. 营业外支出发生额　　　　　　B. 主营业务成本发生额
   C. 其他业务成本发生额　　　　　D. 税金及附加发生额
   E. 销售费用发生额

9. 利润表是（　　）。
   A. 根据有关账户发生额编制的　　B. 动态报表
   C. 月报　　　　　　　　　　　　D. 反映经营成果的报表

10. 下列项目中，属于资产负债表中流动资产项目的有（　　）。
    A. 预收款项　　　　　　　　　　B. 货币资金
    C. 应收账款　　　　　　　　　　D. 固定资产
    E. 长期待摊费用

11. 下列属于企业财务报表的有（　　）。
    A. 利润表　　　　　　　　　　　B. 现金流量表
    C. 附注　　　　　　　　　　　　D. 所有者权益变动表

12. 下列关于企业财务报表的说法正确的有（　　）。
    A. 财务报表是企业对外提供的反映企业某一特定日期的财务状况和某一会计期间的经营成果、现金流量等会计信息的文件
    B. 财务报表的目标是向财务报告使用者提供与企业财务状况、经营成果等有关的会计信息
    C. 财务报表反映企业管理层受托责任履行情况

D. 财务报表有助于财务报告使用者做出经济决策

13. 下列关于我国企业资产负债表的表述正确的有（　　）。

A. 资产项目按照金额高低排列

B. 资产项目按照流动性大小排列

C. 负债项目按照清偿时间的先后顺序排列

D. 资产负债表的编制依据是"资产＝负债＋所有者权益"

14. 下列资产负债表项目中，根据总账余额直接填列的有（　　）。

A. 短期借款　　　　　　　　B. 资本公积

C. 应付职工薪酬　　　　　　D. 应收账款

15. 下列各项中，应根据有关账户余额减去其备抵账户余额后的净额填列的有（　　）。

A. 应收账款　　　　　　　　B. 其他应收款

C. 固定资产　　　　　　　　D. 无形资产

16. 下列各项中，应列入利润表"营业成本"项目的有（　　）。

A. 主营业务成本　　　　　　B. 其他业务成本

C. 税金及附加　　　　　　　D. 销售费用

17. 下列选项中，既影响营业利润又影响利润总额的业务有（　　）。

A. 计提坏账准备　　　　　　B. 转销确实无法支付的应付账款

C. 出售单独计价包装物取得的收入　D. 转让股票所得收益

18. 下列各项中，关于利润表项目本期金额填列方法表述正确的有（　　）。

A. 管理费用项目应根据"管理费用"账户的本期发生额分析填列

B. 营业利润项目应根据"本年利润"账户的本期发生额分析填列

C. 税金及附加项目应根据"应交税费"账户的本期发生额分析填列

D. 营业收入项目应根据"主营业务收入"和"其他业务收入"账户的本期发生额分析填列

19. 企业至少应当在所有者权益变动表上单独列示的项目有（　　）。

A. 所有者投入资本　　　　　B. 提取的盈余公积

C. 未分配利润的期初和期末余额　D. 向所有者分配利润

20. 企业财务报表的附注中应当包括的内容有（　　）。

A. 所有会计政策和会计估计

B. 报表所有项目的说明

C. 会计政策和会计估计变更及差错更正的说明

D. 遵循会计准则的声明

三、判断题

1. 会计报表按其反映的内容，可以分为动态会计报表和静态会计报表，资产负债表是反映某一时期企业财务状况的会计报表。　　　　　　　　　　　　　　　（　　）

2. 财务会计报告是由单位根据审核的会计凭证编制的。（　）
3. 实际工作中，为使会计报表及时报送，企业可以提前结账。（　）
4. 利润表是反映企业一定期间经营成果的会计报表。（　）
5. 会计报表对重要的经济业务应当单独反映。（　）
6. 资产负债表的格式有单步式和多步式。（　）
7. 会计报表项目数据的直接来源是原始凭证。（　）
8. 营业利润减去管理费用、制造费用、财务费用和所得税费用后得到净利润。（　）
9. 中期财务报表是指以一年的中间日为资产负债表日编制的财务报表。（　）
10. 我国企业采用的是多步式利润表格式。（　）
11. 资产负债表中"其他应收款"项目应根据"其他应收款"账户的期末余额填列。（　）
12. 企业利润表中"营业收入"项目根据"主营业务收入"账户发生额分析填列。（　）
13. "预付账款"明细账户期末有贷方余额的，应在资产负债表"预收款项"项目内填列。（　）
14. 财务报表是对企业的财务状况、经营成果和现金流量的结构性表述。（　）
15. "在建工程"账户余额不会影响"固定资产"项目的列示金额。（　）
16. 资产负债表中"应付职工薪酬"可以根据总账余额直接填列。（　）
17. 企业对外提供的财务报表中，附注是不可或缺的重要组成部分。（　）
18. 所有者权益变动表是反映企业当期所有者权益各组成部分增减变动情况的报表。（　）
19. 财务报表附注是对资产负债表、利润表、现金流量表、所有者权益变动表等报表中列示项目的文字描述或明细资料，以及对未能在这些报表中列示项目的说明等。（　）
20. 企业应该在财务报表附注中披露采用的所有会计政策和会计估计的情况。（　）

四、核算题

1. 2020年12月31日，某企业有关账户借方余额如下：原材料55万元，库存商品35万元，生产成本65万元。

要求：假定不考虑其他因素，计算确定该企业资产负债表中"存货"项目的期末余额。

2. 乙公司2020年12月31日长期借款账户余额为255万元，其中自甲银行借入的50万元借款将于一年内到期，该公司不具有自主展期清偿的权利。

要求：2020年12月31日编制乙公司资产负债表时，确定长期借款账户余额在资产负债表中列示的相应项目和金额。

3. 某企业"应收账款"账户月末借方余额为60 000元，其中，"应收账款——甲公司"明细账户借方余额100 000元，"应收账款——乙公司"明细账户贷方余额40 000元；"预收账款"账户月末贷方余额80 000元，其中，"预收账款——A公司"明细账户贷方余额100 000元，"预收账款——B公司"明细账户借方余额20 000元。坏账准备账户余额为2 000元且均与应收账款相关。

要求：假定不考虑其他因素，计算确定该企业月末资产负债表"应收账款"项目的金额。

4. 甲公司2020年年初"利润分配——未分配利润"10万元（借），2020年12月"本年利润"210万元（贷）。

要求：计算确定2020年12月31日资产负债表中"未分配利润"项目的金额。

5. 丙公司为增值税一般纳税人，适用的增值税税率为13%，2020年12月发生如下交易事项：

（1）销售自产产品一批，取得价款100万元，增值税额13万元，该批产品成本为80万元。

（2）销售原材料一批，取得价款50万元，增值税额6.5万元，该批原材料成本为30万元。

要求：计算确定丙公司2020年12月份应计入"营业成本"项目的金额。

6. 2020年12月，A公司的主营业务收入60万元，主营业务成本50万元；其他业务收入10万元，其他业务成本8万元；营业外收入5万元。

要求：计算确定A公司12月份应确认的营业收入金额。

7. 2020年12月，甲公司发生如下经济业务：增值税15万元，关税5万元，城市维护建设税3.5万元，教育费附加1.5万元，房产税20万元，车船税3万元。

要求：假定不考虑其他因素，计算确定2020年12月甲公司利润表"税金及附加"项目的本期金额。

8. 东方公司 2020 年 8 月 31 日有关账户的余额见表 9-4。

表 9-4　东方公司相关账户余额表　　　　　　　　　　　单位：元

账户	借方余额	贷方余额
库存现金	1 000	
银行存款	200 000	
在途物资	5 000	
原材料	10 000	
库存商品	20 000	
生产成本	3 000	
预付账款	8 000	
应收利息	1 000	
其他应收款	5 000	
应收账款	20 000	
其中：甲公司	30 000	
乙公司		10 000
应付账款		30 000
其中：甲公司	20 000	
乙公司		50 000
应付职工薪酬		15 000
长期借款		200 000
本年利润		20 000
利润分配		5 000

补充资料：长期借款中将于一年内到期归还的长期借款为 60 000 元。

要求：根据上述资料计算该公司月末资产负债表中下列项目的金额。

(1) 货币资金。

(2) 存货。

(3) 应收账款。

(4) 预收款项。

(5) 应付账款。

(6) 预付款项。

(7) 应付职工薪酬。

(8) 未分配利润。

(9) 其他应收款。

(10) 长期借款。

9. ABC 公司 2020 年 6 月 30 日有关账户的期末余额见表 9-5。

表 9-5　ABC 公司账户余额一览表

账户名称	借方余额	贷方余额	账户名称	借方余额	贷方余额
库存现金	1 070		应付账款		155 000
银行存款	386 900		——A 单位	5 000	
原材料	490 000		——B 单位		160 000
库存商品	245 000		预收账款		80 000
生产成本	135 000		——C 单位		90 000
在途物资	6 000		——D 单位	10 000	
无形资产	13 000		应付票据		263 000
累计摊销		1 000	短期借款		718 000
长期待摊费用	9 030		应付职工薪酬		37 000
应收账款	105 000		应交税费		17 000
——甲公司	125 000		应付利息		50 000
——乙公司		20 000	实收资本		2 000 000
预付账款	50 000		资本公积		8 000
应收票据	80 000		盈余公积		132 000
长期股权投资	200 000		本年利润		300 000
固定资产	2 600 000				
累计折旧		630 000			
利润分配	70 000				

要求：根据资料编制 ABC 公司 2020 年 6 月 30 日资产负债表（表 9-6）。

表 9-6 资产负债表

编制单位：　　　　　　　　　　　　　　　年　月　日　　　　　　　　　　　　　　　单位：元

资产	期末余额	年初余额（略）	负债和所有者权益（或股东权益）	期末余额	年初余额（略）
流动资产：			流动负债：		
货币资金			短期借款		
交易性金融资产			应付票据		
应收票据			应付账款		
应收账款			预收款项		
预付款项			应付职工薪酬		
其他应收款			应交税费		
存货			其他应付款		
一年内到期的非流动资产			一年内到期的非流动负债		
其他流动资产			其他流动负债		
流动资产合计			流动负债合计		
非流动资产：			非流动负债：		
长期股权投资			长期借款		
固定资产			应付债券		
在建工程			长期应付款		
无形资产			其他流动负债		
商誉			非流动负债合计		
长期待摊费用			负债合计		
其他非流动资产			所有者权益(或股东权益)：		
非流动资产合计			实收资本(或股本)		
			资本公积		
			减：库存股		
			盈余公积		
			未分配利润		
			所有者权益(或股东权益)合计		
资产总计			负债和所有者权益(或股东权益)总计		

10. 资料：南方公司 2021 年 1 月份有关账户发生额见表 9-7。

表9-7 相关损益类账户本期发生额一览表　　　　单位：元

账户名称	本期发生额
主营业务收入	1 470 000
主营业务成本	850 000
税金及附加	123 000
其他业务收入	10 000
其他业务成本	5 000
销售费用	3 000
管理费用	110 000
投资收益	12 200
营业外收入	48 000
营业外支出	54 000
所得税费用	98 800

要求：根据资料编制南方公司2021年1月份的利润表（表9-8）。

表9-8 利润表

编制单位：　　　　　　　　　　年　　月　　　　　　　　　　单位：元

项目	本期金额	上期金额（略）
一、营业收入		
减：营业成本		
税金及附加		
销售费用		
管理费用		
财务费用		
加：投资收益（损失以"－"号填列）		
信用减值损失（损失以"－"号填列）		
资产减值损失（损失以"－"号填列）		
二、营业利润（亏损以"－"号填列）		
加：营业外收入		
减：营业外支出		
三、利润总额（亏损总额以"－"号填列）		
减：所得税费用		
四、净利润（净亏损以"－"号填列）		

第十章 账务处理程序

第一节 知识概要

▶▶ 一、本章知识导图（图 10-1）

前几章分别讲解了会计凭证、会计账簿、财产清查、财务报表等内容，在此基础上本章将学习这些会计核算方法和会计资料的组合与串联，即账务处理程序或会计核算形式。根据登记总分类账的依据和方法的不同，将分别学习和了解记账凭证账务处理程序、科目汇总表账务处理程序和汇总记账凭证账务处理程序。

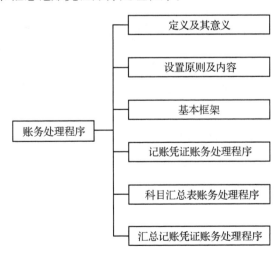

图 10-1 "账务处理程序"知识导图

二、重难点分析

账务处理程序是指在会计核算中将会计凭证、会计账簿、财务报表进行衔接组合的方法和步骤。本章重难点包括账务处理程序设置的基本原则、设置的内容和三种账务处理程序的比较。

（一）账务处理程序设置的基本原则

企业在确定账务处理程序时，必须结合自身的实际情况和对账务处理程序科学合理化的基本要求来确定，一般要考虑以下基本原则：

（1）要与本单位的经济性质、规模和业务的繁简程度等情况相适应，选择最适合本单位特点的账务处理程序，以保证会计核算工作顺利而高效地进行。

（2）所确定的账务处理程序应能准确、及时、全面、系统地处理和提供经营管理所需要的会计信息，同时在保证会计核算质量的前提下尽可能简化核算手续，提高工作效率。

（二）设置的内容

一个科学合理的账务处理程序，企业需要明确以下内容：

（1）设置哪些类别的凭证，这些凭证如何获得并传递，以及它们之间是什么关系。

（2）设置哪些类别的账簿，这些账簿如何进行登记。

（3）编制哪些财务报表，根据什么来进行编制。

（4）上述这些凭证、账簿、报表之间如何前后衔接，从而形成一个有效处理和输出会计信息的系统。

鉴于会计凭证、会计账簿和财务报表均已在前面章节学习过，因此本章就不再展开讲解。这些证账表之间组合衔接的基本框架，如图10-2所示。

图10-2　证账表之间衔接顺序

其中，根据登记总分类账的依据和方法不同，形成了记账凭证账务处理程序、科目汇总表账务处理程序和汇总记账凭证账务处理程序。

（三）三种账务处理程序的比较

三种账务处理程序的特点和优缺点，如表10-1所示。

表 10-1　三种账务处理程序的比较

比较	记账凭证账务处理程序	科目汇总表账务处理程序	汇总记账凭证账务处理程序
登记总账的依据和方法	直接根据记账凭证逐笔登记总账	先根据记账凭证定期汇编制科目汇总表，再根据科目汇总表登记总账	先根据记账凭证定期编制汇总记账凭证，再根据汇总记账凭证登记总账
优点	（1）凭证和总账的关系直接而简单，易操作 （2）总账可以详细反映经济业务的情况，对应关系清楚	（1）减轻了登记总账的工作量 （2）同时科目汇总表的编制也起到试算平衡的作用	（1）减轻了登记总账的工作量 （2）按对应关系进行汇总登记，便于审核账目
缺点	登记总账的工作量较大	无法反映各账户之间的对应关系，不便于审核账目	（1）编制汇总记账凭证本身会导致工作量增加 （2）不便于会计核算分工
适用	经营规模较小、经济业务较少的企业	经营规模大、经济业务较多的企业	经营规模大、经济业务较多的企业

三、本章涉及的主要会计术语（表 10-2）

表 10-2　本章涉及的主要会计术语

序号	主要会计术语	备注
1	账务处理程序	也称会计核算形式或会计核算程序
2	记账凭证账务处理程序	
3	科目汇总表账务处理程序	
4	汇总记账凭证账务处理程序	
5	科目汇总表	也称记账凭证汇总表
6	汇总记账凭证	汇总收款凭证、汇总付款凭证、汇总转账凭证

第二节　练习题

一、单项选择题

1. 下列账务处理程序中，最基本的程序是（　　）。
   A. 记账凭证账务处理程序　　B. 科目汇总表账务处理程序
   C. 汇总记账凭证账务处理程序　　D. 多栏式日记账账务处理程序
2. 汇总记账凭证账务处理程序的适用范围是（　　）。

A. 规模较小、经济业务较多的单位　　B. 规模较大、经济业务较多的单位
C. 规模较小、经济业务较少的单位　　D. 会计基础工作比较薄弱的单位

3. 下列适用于规模较小、业务不多的单位的账务处理程序是（　　）。
   A. 记账凭证账务处理程序　　　　　B. 汇总记账凭证账务处理程序
   C. 科目汇总表账务处理程序　　　　D. 以上都是

4. 汇总记账凭证账务处理程序登记总账的依据是（　　）。
   A. 记账凭证　　　　　　　　　　　B. 原始凭证
   C. 汇总记账凭证　　　　　　　　　D. 科目汇总表

5. 科目汇总表账务处理程序的主要缺点是（　　）。
   A. 增加了登记总账的工作量　　　　B. 不能进行试算平衡
   C. 无法反映账户之间的对应关系　　D. 不能反映账户的当期发生额

6. 科目汇总表应汇总一定期间全部科目的（　　）。
   A. 借方发生额　　　　　　　　　　B. 贷方发生额
   C. 借方余额和贷方余额　　　　　　D. 借方发生额和贷方发生额

7. 记账凭证账务处理程序登记总分类账的依据是（　　）。
   A. 原始凭证　　　　　　　　　　　B. 记账凭证
   C. 多栏式日记账　　　　　　　　　D. 科目汇总表

8. 汇总记账凭证账务处理程序可以减少登记总账的工作量，并且（　　）。
   A. 步骤简单，易于理解
   B. 便于了解账户之间的对应关系
   C. 适用于规模较小、经济业务较少的单位
   D. 可以做到试算平衡

9. 科目汇总表账务处理程序的特点是（　　）
   A. 根据记账凭证直接登记总分类账　B. 根据原始凭证逐笔登记总分类账
   C. 根据汇总记账凭证登记总分类账　D. 根据科目汇总表登记总分类账

10. 直接根据记账凭证逐笔登记总分类账的账务处理程序是（　　）。
    A. 记账凭证账务处理程序　　　　　B. 汇总记账凭证账务处理程序
    C. 科目汇总表账务处理程序　　　　D. 日记账账务处理程序

11. 在各种不同账务处理程序中，不能作为登记总账依据的是（　　）。
    A. 记账凭证　　　　　　　　　　　B. 汇总记账凭证
    C. 汇总原始凭证　　　　　　　　　D. 科目汇总表

12. 汇总记账凭证账务处理程序与科目汇总表账务处理程序的相同点是（　　）。
    A. 登记总账的依据相同　　　　　　B. 记账凭证的汇总方法相同
    C. 保持了账户间的对应关系　　　　D. 简化了登记总分类账的工作量

13. 关于记账凭证账务处理程序，下列说法不正确的是（　　）。

A. 根据记账凭证逐笔登记总分类账,是最基本的账务处理程序
B. 步骤简单易于理解,总分类账可以较详细地反映经济业务的发生情况
C. 登记总分类账的工作量较大
D. 适用于规模较大、经济业务较多的单位

14. 各种账务处理程序之间的区别在于( )。
   A. 总账的格式不同　　　　　　　　B. 编制会计报表的依据不同
   C. 登记总账的程序和方法不同　　　D. 会计凭证的种类不同

15. 不管采用哪种账务处理程序,财务报表都是根据( )资料编制的。
   A. 日记账、总分类账和明细分类账　　B. 日记账和明细分类账
   C. 明细分类账和总分类账　　　　　　D. 日记账和总分类账

16. 不管采用哪种账务处理程序,库存现金日记账和银行存款日记账都是根据( )登记的。
   A. 记账凭证　　　　　　　　　　　B. 原始凭证汇总表
   C. 原始凭证　　　　　　　　　　　D. 明细分类账

17. 不管采用哪种账务处理程序,明细分类账都是根据( )登记的。
   A. 原始凭证　　　　　　　　　　　B. 原始凭证汇总表
   C. 记账凭证　　　　　　　　　　　D. 记账凭证及所附原始凭证或原始凭证汇总表

18. 科目汇总表的缺点是( )。
   A. 减轻了登记总分类账的工作量　　B. 可以进行试算平衡
   C. 无法反映各账户之间的对应关系　D. 编制较简便易于掌握

19. 关于汇总记账凭证账务处理程序,下列说法不正确的是( )。
   A. 总分类账是根据汇总记账凭证在会计期末一次性登记入账
   B. 适用于经营规模大、经济业务较多的企业
   C. 编制汇总记账凭证本身也会增加工作量
   D. 汇总记账凭证不能反映账户之间的对应关系

20. 科目汇总表账务处理程序除了可以减少登记总账的工作量外,还( )。
   A. 可以直接将总分类账的数据和记账凭证的数据一一对应
   B. 可以进行试算平衡
   C. 适用于规模较小、经济业务较少的单位
   D. 便于了解账户之间的对应关系

二、多项选择题

1. 能够作为登记总账依据的有( )。
   A. 记账凭证　　　　　　　　　　　B. 科目汇总表
   C. 汇总记账凭证　　　　　　　　　D. 三栏式日记账

2. 汇总记账凭证账务处理程序下除了要设置记账凭证外,还需要设置的凭证有( )。

A. 汇总收款凭证 B. 汇总付款凭证
C. 汇总转账凭证 D. 转账凭证

3. 能够根据汇总金额登记总分类账的账务处理程序有（　　）。
   A. 记账凭证账务处理程序 B. 科目汇总表账务处理程序
   C. 汇总记账凭证账务处理程序 D. 以上都是

4. 汇总记账凭证账务处理程序与科目汇总表账务处理程序的共同点有（　　）。
   A. 减少登记总账的工作量
   B. 总账可以比较详细地反映经济业务的发生情况
   C. 有利于查账
   D. 均适用于经济业务较多的单位

5. 记账凭证账务处理程序与汇总记账凭证账务处理程序的相同之处包括（　　）。
   A. 根据原始凭证或汇总原始凭证编制记账凭证
   B. 根据收、付款凭证逐笔登记库存现金日记账和银行存款日记账
   C. 根据各种记账凭证和有关原始凭证或原始凭证汇总表登记明细账
   D. 根据记账凭证逐笔登记总分类账

6. 对于汇总记账凭证账务处理程序，下列说法错误的有（　　）。
   A. 登记总账的工作量大
   B. 不能体现账户之间的对应关系
   C. 明细账与总账无法核对
   D. 当转账凭证较多时，汇总转账凭证的编制工作量较大

7. 各种账务处理程序下，登记明细账的依据可以是（　　）。
   A. 原始凭证 B. 汇总原始凭证
   C. 记账凭证 D. 汇总记账凭证

8. 在我国，常用的账务处理程序主要有（　　）。
   A. 记账凭证账务处理程序 B. 汇总记账凭证账务处理程序
   C. 多栏式日记账账务处理程序 D. 科目汇总表账务处理程序

9. 在各种账务处理程序中，共同的账务处理工作有（　　）。
   A. 均应填制和取得原始凭证 B. 均应编制记账凭证
   C. 均应填制汇总记账凭证 D. 均应设置和登记总账

10. 下列账务处理步骤在各种账务处理程序中均包括的有（　　）。
    A. 根据原始凭证编制记账凭证
    B. 根据原始凭证和记账凭证登记明细账
    C. 根据收款凭证和付款凭证登记库存现金日记账、银行存款日记账
    D. 根据总账和明细账编制财务报表

11. 科目汇总表账务处理程序的主要优点是（　　）。

A. 减少了登记总账的工作量　　　　B. 可以进行试算平衡
C. 可以反映账户之间的对应关系　　D. 不能反映账户的当期发生额

12. 可以作为登记库存现金日记账和银行存款日记账依据的有（　　）。
A. 收款凭证　　　　　　　　　　　B. 汇总记账凭证
C. 原始凭证　　　　　　　　　　　D. 付款凭证

13. 关于记账凭证账务处理程序，下列说法正确的是（　　）。
A. 根据记账凭证逐笔登记总分类账，是最基本的账务处理程序
B. 步骤简单易于理解，总分类账可以较详细地反映经济业务的发生情况
C. 登记总分类账的工作量较大
D. 适用于规模较大、经济业务较多的单位

14. 不管采用哪种账务处理程序，都需要设置的账簿有（　　）。
A. 总分类账　　　　　　　　　　　B. 明细分类账
C. 库存现金日记账　　　　　　　　D. 银行存款日记账

15. 科目汇总表的优点是（　　）。
A. 减轻了登记总分类账的工作量　　B. 可以进行试算平衡
C. 无法反映各账户之间的对应关系　D. 编制较简便易于掌握

16. 关于汇总记账凭证账务处理程序，下列说法正确的有（　　）。
A. 总分类账是根据汇总记账凭证定期汇总登记入账
B. 适用于经营规模大、经济业务较多的企业
C. 编制汇总记账凭证本身也会增加工作量
D. 汇总记账凭证不能反映账户之间的对应关系

17. 关于科目汇总表账务处理程序，下列说法正确的有（　　）。
A. 可以直接将总分类账的数据和记账凭证的数据一一对应
B. 可以做到试算平衡
C. 适用于规模较小、经济业务较少的单位
D. 可以减少登记总账的工作量

18. 记账凭证账务处理程序与科目汇总表账务处理程序的相同之处包括（　　）。
A. 根据原始凭证或汇总原始凭证编制记账凭证
B. 根据收款凭证和付款凭证逐笔登记库存现金日记账、银行存款日记账
C. 根据各种记账凭证和有关原始凭证或原始凭证汇总表登记明细账
D. 根据记账凭证逐笔登记总分类账

19. 不管采用哪种账务处理程序，都需要设置的会计凭证有（　　）。
A. 原始凭证　　　　　　　　　　　B. 记账凭证
C. 汇总凭证　　　　　　　　　　　D. 科目汇总表

20. 不管采用哪种账务处理程序，都需要设置的日记账有（　　）。

A. 备查账簿 B. 库存现金日记账
C. 银行存款日记账 D. 科目汇总表

三、判断题

1. 各种账务处理程序之间的区别在于编制会计报表的依据和方法不同。（   ）
2. 科目汇总表属于会计报表。（   ）
3. 汇总记账凭证账务处理程序的缺点是无法反映账户之间的对应关系。（   ）
4. 记账凭证账务处理程序是直接根据汇总记账凭证逐笔登记总分类账和明细分类账。（   ）
5. 同一企业可以同时采用不同的账务处理程序。（   ）
6. 记账凭证账务处理程序是最基本的账务处理程序，其特点就是登记账簿的工作量较小。（   ）
7. 科目汇总表账务处理程序的优点是能较好地反映账户之间的对应关系。（   ）
8. 编制财务报表是企业账务处理程序的组成部分。（   ）
9. 汇总记账凭证账务处理程序既能保持账户之间的对应关系，又能减轻登记总分类账的工作量。（   ）
10. 在科目汇总表账务处理程序下，登记总分类账的直接依据是科目汇总表。（   ）
11. 账务处理程序也称会计核算程序或会计核算形式，是指在会计核算中，将会计凭证、会计账簿、财务报表进行衔接组合的方法和步骤。（   ）
12. 账务处理程序要与本单位的经济性质、规模和业务的繁简程度等情况相适应，选择最适合本单位特点的。（   ）
13. 账务处理程序应能准确、及时、全面、系统地处理和提供经营管理所需要的会计信息，同时在保证会计核算质量的前提下尽可能简化核算手续，提高工作效率。（   ）
14. 不管哪一种账务处理程序，其处理的基本框架都是从会计凭证到会计账簿再到财务报表。（   ）
15. 汇总记账凭证账务处理程序是根据原始凭证（或原始凭证汇总表）填制记账凭证，再根据记账凭证直接登记总账的一种账务处理程序。（   ）
16. 科目汇总表也称记账凭证汇总表，是将记账凭证定期按照会计科目进行汇总列示其借方发生额和贷方发生额的汇总表。（   ）
17. 科目汇总表的编制时间，始终是在月末汇总编制，不需要根据企业经济业务量的多少而定。（   ）
18. 在汇总记账凭证账务处理程序下，记账凭证只需要设置汇总记账凭证。（   ）
19. 汇总转账凭证根据转账凭证中的每个贷方科目设置，按照与其对应的借方科目进行归类，定期汇总填制。（   ）
20. 在无须考虑登记总账工作量的情况下，结合各账务处理程序的其他优缺点，记账凭证账务处理程序是最优的选择。（   ）

四、核算题

1. 【记账凭证账务处理程序】资料承第六章核算题的第 2 题、第 3 题和第 4 题。

要求：根据南方公司 2020 年 8 月的记账凭证登记银行存款总账和原材料总账，假设月初余额分别为 100 000 元和 150 000 元，其余会计处理略。

表 10-3　总分类账

会计科目：银行存款　　　　　　　　　　　　　　　　　　　　　　　　　　　　第 8 页

20 年		凭证		摘要	借方	贷方	借或贷	余额
月	日	字	号					

表 10-4　总分类账

会计科目：原材料　　　　　　　　　　　　　　　　　　　　　　　　　　　　　第 15 页

20 年		凭证		摘要	借方	贷方	借或贷	余额
月	日	字	号					

2. 【科目汇总表账务处理程序】资料承第六章核算题的第 2 题、第 3 题和第 4 题。

要求：

（1）根据南方公司 2020 年 8 月的记账凭证编制科目汇总表，设每 15 天汇总一次。

表 10-5　科目汇总表

　　　　年　　月　　日—　　日　　　　　　　　　　　　　字第　号

会计科目	借方发生额	贷方发生额	记账
合计			

会计主管（签章）　　　　记账（签章）　　　　审核（签章）　　　　制单（签章）

表 10-6　科目汇总表

　　　　年　　月　　日—　　日　　　　　　　　　　　　　字第　号

会计科目	借方发生额	贷方发生额	记账
合计			

会计主管（签章）　　　　记账（签章）　　　　审核（签章）　　　　制单（签章）

(2) 根据以上科目汇总表登记银行存款总账和原材料总账，假设月初余额分别为 100 000 元和 150 000 元，其余会计处理略。

表 10-7　总分类账

会计科目：银行存款　　　　　　　　　　　　　　　　　　　　　　　　　第 8 页

20　年		凭证		摘要	借方	贷方	借或贷	余额
月	日	字	号					

表 10-8　总分类账

会计科目：原材料　　　　　　　　　　　　　　　　　　　　　　　　　　第 15 页

20　年		凭证		摘要	借方	贷方	借或贷	余额
月	日	字	号					

3.【汇总记账凭证账务处理程序】资料承第六章核算题的第 2 题、第 3 题和第 4 题。

要求：

(1) 根据南方公司 2020 年 8 月的记账凭证分别编制汇总收款凭证、汇总付款凭证和汇总转账凭证，设每 15 天汇总一次。

表10-9　汇总收款凭证

年　　月　　　　　　　　　　　　　编号：
借方科目：

贷方科目	金额			记账	
	1日至15日 收款凭证 第___号至___号	16日至31日 收款凭证 第___号至___号	合计	借方	贷方
合计					

会计主管（签章）　　　记账（签章）　　　审核（签章）　　　制单（签章）

表10-10　汇总收款凭证

年　　月　　　　　　　　　　　　　编号：
借方科目：

贷方科目	金额			记账	
	1日至15日 收款凭证 第___号至___号	16日至31日 收款凭证 第___号至___号	合计	借方	贷方
合计					

会计主管（签章）　　　记账（签章）　　　审核（签章）　　　制单（签章）

表 10-11　汇总付款凭证

年　　月　　　　　　　　　　　　　　　　　编号：

贷方科目：

借方科目	金额			记账	
	1 日至 15 日 付款凭证 第___号至___号	16 日至 31 日 付款凭证 第___号至___号	合计	借方	贷方
合计					

会计主管（签章）　　　记账（签章）　　　审核（签章）　　　制单（签章）

表 10-12　汇总付款凭证

年　　月　　　　　　　　　　　　　　　　　编号：

贷方科目：

借方科目	金额			记账	
	1 日至 15 日 付款凭证 第___号至___号	16 日至 31 日 付款凭证 第___号至___号	合计	借方	贷方
合计					

会计主管（签章）　　　记账（签章）　　　审核（签章）　　　制单（签章）

表 10-13 汇总转账凭证

年　　月　　　　　　　　　　　　　　　　　　　编号：

贷方科目：

借方科目	金额			记账	
	1 日至 15 日 转账凭证 第___号至___号	16 日至 31 日 转账凭证 第___号至___号	合计	借方	贷方
合计					

会计主管（签章）　　　记账（签章）　　　审核（签章）　　　制单（签章）

表 10-14 汇总转账凭证

年　　月　　　　　　　　　　　　　　　　　　　编号：

贷方科目：

借方科目	金额			记账	
	1 日至 15 日 转账凭证 第___号至___号	16 日至 31 日 转账凭证 第___号至___号	合计	借方	贷方
合计					

会计主管（签章）　　　记账（签章）　　　审核（签章）　　　制单（签章）

（2）根据以上汇总记账凭证登记银行存款总账和原材料总账，假设月初余额分别为 100 000 元和 150 000 元，其余会计处理略。

表 10-15　总分类账

会计科目：银行存款　　　　　　　　　　　　　　　　　　　　　　　　　　第 8 页

年		凭证		摘要	对方科目	借方	贷方	借或贷	余额
月	日	字	号						

表 10-16　总分类账

会计科目：原材料　　　　　　　　　　　　　　　　　　　　　　　　　　第 15 页

年		凭证		摘要	对方科目	借方	贷方	借或贷	余额
月	日	字	号						

4.【综合题】东方公司为增值税一般纳税人，该公司采用科目汇总表账务处理程序，其 2020 年的总分类账户 12 月月初余额见表 10-17。

表 10-17　东方公司 12 月月初总分类账余额　　　　　　　　　　　　　单位：元

账户名称	借方金额	账户名称	贷方金额
库存现金	1 800	短期借款	30 000
银行存款	517 400	应付账款	125 000
应收票据	79 800	其他应付款	500
应收账款	30 000	应交税费	22 245
其他应收款	2 000	应付利息	1 500

续表

账户名称	借方金额	账户名称	贷方金额
原材料	254 000	长期借款	150 000
生产成本	86 000	累计折旧	150 000
库存商品	250 000	实收资本	1 020 900
长期待摊费用	1 545	盈余公积	305 000
长期股权投资	100 000	本年利润	517 400
固定资产	1 100 000	利润分配	100 000
合计	2 422 545	合计	2 422 545

东方公司在该年12月发生以下经济业务：

（1）1日，购入不需要安装即可使用的新机器一台，取得增值税专用发票，价款100 000元，增值税额13 000元，已以银行存款支付。

（2）1日，从华东厂购入甲材料500千克，取得增值税专用发票，货款40 000元，增值税额5 200元，款项以银行存款支付，材料已入库。

（3）2日，为生产A产品领用甲材料1 200千克，计96 000元；生产B产品领用乙材料700千克，计35 000元。

（4）3日，车间技术员李思出差预支现金500元。

（5）4日，以银行存款支付应交税费22 245元。

（6）5日，以银行存款支付法律咨询费10 000元，取得增值税普通发票。

（7）6日，以银行存款支付广告费2 600元、产品展览费2 000元，取得增值税普通发票。

（8）7日，销售给兴达厂B产品300件，每件售价300元，开具增值税专用发票，货款计90 000元，增值税额为11 700元，款项尚未收到。

（9）9日，从四明公司购入乙材料800千克，取得增值税专用发票，货款40 000元，增值税额5 200元，款未付，材料已入库。

（10）10日，发放本月员工工资92 800元，已通过银行转到员工工资卡上。

（11）10日，行政管理部门购买办公用品，已用现金120元支付，取得增值税普通发票。

（12）11日，销售给华夏公司A产品200件，每件售价500元，开具增值税专用发票，货款计100 000元，增值税额为13 000元，合计113 000元，收到为期三个月商业汇票一张。

（13）12日，车间技术员李思出差回公司报销差旅费480元，并归还多余现金20元。

（14）13日，行政管理部门领用丙材料800元，供维修设备用。

（15）14日，向友谊公司出售A产品100件，开具增值税专用发票，货款为50 000

元,增值税额为 6 500 元,款已收讫转入公司银行账户。

(16) 15 日,向银行借入短期借款 10 000 元,存入公司银行账户。

(17) 16 日,以银行存款支付生产车间办公用品购置费 480 元,取得增值税普通发票。

(18) 19 日,以库存现金 200 元支付违章罚款。

(19) 20 日,库存现金收回 1 000 元,系职工王影因出差取消而退回的预借差旅费。

(20) 20 日,将现金 1 000 元送存银行。

(21) 21 日,以银行存款支付当月行政管理部门办公费 1 000 元,取得增值税普通发票。

(22) 22 日,收到被投资方分来的投资利润 20 000 元,已转入公司银行账户。

(23) 25 日,用银行存款归还已到期的短期借款 8 000 元。

(24) 27 日,以银行存款 100 000 元偿还上月所欠思达公司货款。

(25) 28 日,以银行存款支付电费 8 600 元,其中,A 产品耗电 3 500 元,B 产品耗电 2 800 元,车间照明用电 800 元,公司管理部门耗电 1 500 元,取得增值税普通发票。

(26) 31 日,分配本月职工工资 92 800 元,其中,A 产品职工工资 42 000 元,B 产品职工工资 20 000 元,车间管理人员工资 10 800 元,公司管理人员工资 20 000 元。

(27) 31 日,计提本月生产部门固定资产折旧费 4 800 元,行政管理部门固定资产折旧费 1 400 元。

(28) 31 日,生产车间发生日常办公费用 800 元,已用现金支付,取得增值税普通发票。

(29) 31 日,以银行存款支付本季短期借款利息 1 200 元,前两月已预提 800 元。

(30) 31 日,将本月发生的制造费用按照 A 产品和 B 产品职工工资比例分配计入产品生产成本。

(31) 31 日,结转本月完工入库产品成本:A 产品月初在产品成本为 30 000 元,本月全部完工验收入库,按完工实际成本结转;B 产品当月全部尚未完工。

(32) 31 日,确认本月应交城市维护建设税 1 557 元和教育费附加 667 元。

(33) 31 日,结转本月已销产品成本:A 产品 400 件,单位成本 307 元,计 122 800 元;B 产品 300 件,单位成本 200 元,计 60 000 元。

(34) 31 日,将本月主营业务收入、主营业务成本、税金及附加、销售费用、管理费用、财务费用、营业外支出、投资收益等,转入"本年利润"账户。

(35) 计算 2020 年全年实现的利润总额,并假设不存在纳税调整事项,按 25% 的税率计算公司当年应交所得税。

(36) 结转 2020 年的所得税费用。

(37) 结转 2020 年实现的净利润。

(38) 按 20××年净利润的 10% 提取法定盈余公积金。

（39）公司相关权力机构最终决定向公司投资者分配利润 100 000 元，但尚未支付。

要求：利用电子表格完成以下要求。

（1）开设库存现金日记账、银行存款日记账和总分类账，并登记期初余额。

（2）填制收款凭证、付款凭证和转账凭证，其中收付款凭证分别按现收、现付、银收和银付编号。

（3）登记库存现金日记账和银行存款日记账，并结账。

（4）编制科目汇总表，设每 15 天汇总一次。

（5）登记总分类账，并结账。

（6）编制东方公司 2020 年 12 月份的利润表。

（7）编制东方公司 2020 年 12 月 31 日的资产负债表。

第十一章 会计工作组织

第一节 知识概要

一、本章知识导图（图 11-1）

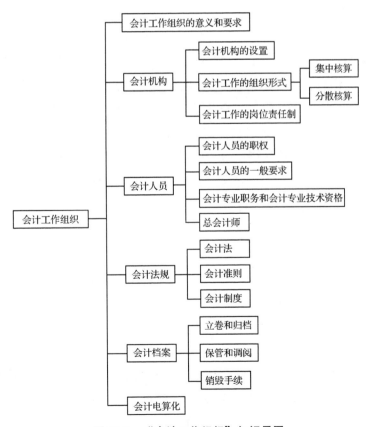

图 11-1 "会计工作组织"知识导图

▶▶▶ 二、本章重难点分析

本章学习重点包括把握新会计法的主要变化、会计岗位职责分离设置及会计资料的整理和归档。

（一）新会计法的主要变化

新会计法明确了单位负责人对本单位的会计工作和会计资料的真实性、完整性负责，删除了从事会计工作的人员必须取得会计从业资格证书等规定，标志着施行20多年的会计从业资格管理制度正式取消。取消会计从业资格证书基于以下几点考虑：一是随着会计学历教育的发展，用人单位自主选择会计人员的需求能够得到满足；二是有助于减轻会计从业人员负担，降低会计人员就业择业成本；三是会计从业资格取消后，会计人员可以通过参加会计专业技术资格考试，作为职业水平和能力的证明。会计从业资格取消后，财政部会同人力资源和社会保障部联合印发《会计专业技术人员继续教育规定》，加强了会计人员执业质量监管制度，从增强会计人员诚信意识、加强会计人员信用档案建设、健全会计人员守信联合激励和失信联合惩戒机制等方面提出具体措施，不断提高会计行业诚信水平，全面提高会计人员素质。

（二）会计岗位职责分离设置

会计机构内部应按照会计工作的内容和会计人员的配备情况，将会计机构的工作划分为若干岗位，并为每个岗位规定职责和要求。会计工作岗位一般可分为会计机构负责人或者会计主管人员、出纳、财产物资核算、工资核算、成本费用核算、财务成果核算、资金核算、往来结算、总账报表、稽核、档案管理等。会计工作岗位可以实行一人一岗、一人多岗或多人一岗，各单位可以根据本单位会计业务量和会计人员配备的实际情况具体确定，以便充分发挥会计的职能作用。为了贯彻内部牵制原则，出纳人员不得兼任（兼管）稽核、会计档案保管和收入、支出、费用、债权债务账目的登记工作。

（三）会计资料的整理和归档

会计档案是指会计凭证、会计账簿、会计报表等会计核算专业资料。各单位对会计凭证、会计账簿、财务会计报告和其他会计资料应当建立档案，健全会计档案的立卷、归档、保管、调阅、销毁等管理制度，妥善保管好会计档案。按照会计档案管理办法的规定和要求，各单位对本单位的各种会计凭证、会计账簿、财务报表、财务计划、单位预算、重要的经济合同等会计资料，进行定期收集、审查核对、整理立卷、编制目录、装订成册。当年形成的会计档案，在会计年度终了后，可由单位会计管理机构临时保管一年，再移交单位档案管理机构保管。因工作需要确需推迟移交的，应当经单位档案管理机构同意。单位会计管理机构临时保管会计档案最长不超过三年。会计档案造册归档后，应制定使用及借阅手续，严格遵守保管期限和销毁手续。

三、本章涉及的主要会计术语（表11-1）

表11-1 本章涉及的主要会计术语

序号	主要会计术语
1	会计人员
2	会计机构
3	会计岗位责任制
4	会计法规
5	会计档案
6	会计电算化

第二节 练习题

一、单项选择题

1. 原始凭证和记账凭证的保管期限为（　　）。
   A. 30年　　　　B. 25年　　　　C. 15年　　　　D. 10年
2. 银行存款余额调节表、银行对账单应当保存（　　）。
   A. 3年　　　　B. 永久　　　　C. 10年　　　　D. 15年
3. 下列关于会计档案管理的说法，不正确的有（　　）。
   A. 出纳人员不得兼任会计档案保管
   B. 会计档案的保管期限，从会计档案形成后的第一天算起
   C. 会计档案监销人在会计档案销毁后，应当在会计档案销毁清册上签名或盖章
   D. 电子会计资料在满足条件时可以采取仅以电子形式归档保存的方式
4. 按照《会计档案管理办法》的规定，下列说法不正确的有（　　）。
   A. 会计档案的保管期限分为3年、5年、10年、15年、25年五类
   B. 单位合并后原各单位仍存续的，其会计档案仍由原各单位保管
   C. 企业银行存款余额调节表、银行对账单保管期限为10年
   D. 各种重要的会计检查报告和会计分析报告也应归入会计档案
5. 当年形成的会计档案，在会计年度终了后，可由单位会计管理机构临时保管（　　），再移交单位档案管理机构保管。
   A. 3个月　　　　B. 半年　　　　C. 1年　　　　D. 2年
6. 会计工作岗位不允许（　　）。

A. 一人一岗 B. 一人多岗 C. 多人一岗 D. 一人全岗

7. 下列不属于会计专业技术职务的是（　　）。

A. 会计师 B. 高级会计师 C. 助理会计师 D. 总会计师

8. 下列各项中，不属于会计档案的是（　　）。

A. 会计移交清册 B. 原始凭证

C. 月度财务计划 D. 记账凭证

9. 会计档案保管清册的保管年限为（　　）。

A. 10 年 B. 20 年 C. 30 年 D. 永久

10. 会计档案移交清册的保管年限为（　　）。

A. 10 年 B. 20 年 C. 30 年 D. 永久

11. 高级会计师资格的取得实行（　　）。

A. 全国统一考试制度 B. 考试和评审相结合制度

C. 地方统一考试制度 D. 评审制度

12. 单位会计管理机构临时保管会计档案最长不超过（　　）。

A. 1 年 B. 2 年 C. 3 年 D. 5 年

13. 下列各项中，不属于会计资料归档范围的是（　　）。

A. 会计凭证 B. 会计账簿 C. 财务会计报告 D. 经济合同

14. 根据《中华人民共和国会计法》的规定，对本单位的会计工作和会计资料的真实性、完整性负责的人是（　　）。

A. 出纳人员 B. 会计机构负责人

C. 单位分管会计工作领导 D. 单位负责人

15. 应当保证会计机构、会计人员依法履行职责，（　　）不得授意、指使、强令会计机构和会计人员违法办理会计事项。

A. 审计机构负责人 B. 会计机构负责人

C. 财政部门 D. 单位负责人

16. 下列各项中，不属于会计岗位的是（　　）。

A. 会计机构内档案管理岗位 B. 单位内部审计岗位

C. 财产物资收发、增减核算岗位 D. 总账岗位

17. 按照规定，（　　）任用会计人员应当实行回避制度。

A. 国家机关、国有企业、事业单位 B. 国家机关、国有企业、企事业单位

C. 国有企业、企事业单位、外资企业 D. 国有企业、事业单位、外资企业

18. 根据《会计档案管理办法》的规定，会计档案的保管期限分为永久和定期两类。关于会计档案定期保管期限的下列陈述中，符合规定的是（　　）。

A. 保管期限分为 10 年、30 年两种

B. 保管期限分为 5 年、10 年、15 年三种

C. 保管期限分为 3 年、5 年、10 年、30 年四种

D. 保管期限分为 3 年、5 年、10 年、20 年、30 年五种

19. 根据《会计基础工作规范》的规定，回避制度中所说的直系亲属不包括（　　）。

　　A. 夫妻关系　　　　　　　　　　B. 子女与父母

　　C. 配偶的表姐　　　　　　　　　D. 配偶的父母

20. 根据《中华人民共和国会计法》的规定，有权制定国家统一的会计制度的政府部门是（　　）。

　　A. 国务院　　　　　　　　　　　B. 国务院财政部门

　　C. 国务院各业务主管部门　　　　D. 省级人民政府财政部门

二、多项选择题

1. 会计档案包括（　　）。

　　A. 会计凭证　　　　　　　　　　B. 会计账簿

　　C. 财务会计报告　　　　　　　　D. 其他会计资料

2. 下列各项中，需要保管 30 年的会计档案有（　　）。

　　A. 企业的明细账　　　　　　　　B. 企业的库存现金日记账

　　C. 辅助账簿　　　　　　　　　　D. 企业的汇总凭证

3. 下列属于会计工作组织形式的是（　　）。

　　A. 集中核算　　B. 统一核算　　C. 分散核算　　D. 全面核算

4. 会计档案的保管期限可以是（　　）。

　　A. 30 年　　　B. 5 年　　　　C. 10 年　　　D. 15 年

5. 下列各项中，属于会计档案的有（　　）。

　　A. 银行对账单　　　　　　　　　B. 银行存款余额调节表

　　C. 会计档案保管清册　　　　　　D. 会计档案销毁清册

6. 下列关于会计档案销毁的表述正确的有（　　）。

　　A. 会计档案鉴定工作应当由单位档案管理机构牵头

　　B. 会计档案销毁时应当编制会计档案销毁清册

　　C. 会计档案销毁时监销人应当在会计档案销毁清册上签署意见

　　D. 会计档案销毁时应由档案管理机构和会计管理机构共同派员监销

7. 会计档案的保管期限分（　　）。

　　A. 临时　　　　B. 短期　　　　C. 定期　　　　D. 永久

8. 下列各项中，需要保管 10 年的会计档案有（　　）。

　　A. 银行对账单　　　　　　　　　B. 银行存款余额调节表

　　C. 原始凭证　　　　　　　　　　D. 记账凭证

9. 下列不属于会计专业技术职务的是（　　）。

　　A. 会计师　　　B. 高级会计师　　C. 注册会计师　　D. 总会计师

10. 下列各项中，需要永久保管的会计档案有（   ）。
    A. 会计档案移交清册   B. 会计档案保管清册
    C. 会计档案销毁清册   D. 会计档案鉴定意见书
11. 下列各项中，任用会计人员应当实行回避制度的有（   ）。
    A. 国家机关   B. 国有企业   C. 事业单位   D. 集体企业
12. 下列各项中，属于单位内部会计监督主体的有（   ）。
    A. 审计机构   B. 会计机构   C. 会计人员   D. 审计人员
13. 下列会计档案中，最低保管期限为10年的有（   ）。
    A. 月度、季度、半年度财务报告   B. 银行存款余额调节表
    C. 总账   D. 原始凭证
14. 下列会计档案中，最低保管期限为30年的有（   ）。
    A. 银行存款余额调节表   B. 总账
    C. 会计档案保管清册   D. 原始凭证
15. 下列会计工作岗位中，出纳不可以兼任的有（   ）。
    A. 稽核   B. 债权债务账目的登记
    C. 固定资产明细账的登记   D. 会计档案保管
16. 下列各项中，属于会计监督体系组成部分的有（   ）。
    A. 社会舆论监督
    B. 单位内部会计监督
    C. 以注册会计师及其所在的会计师事务所为主体的会计工作社会监督
    D. 以政府财政部门为主体的会计工作政府监督
17. 经鉴定可以销毁的会计档案，在销毁程序中，需要在会计档案销毁清册上签署意见的有（   ）。
    A. 单位负责人   B. 档案管理机构负责人
    C. 会计管理机构负责人   D. 档案管理机构经办人
18. 下列选项中，属于代理记账机构可以接受委托办理的业务有（   ）。
    A. 审核原始凭证   B. 编制财务会计报告
    C. 对外提供财务会计报告   D. 向税务机关提供税务资料
19. 下列关于企业对外报送财务报告的签章手续，应当签名并盖章的主体有（   ）。
    A. 单位负责人   B. 会计主管人员
    C. 注册会计师   D. 会计机构负责人
20. 会计人员从事会计工作应符合的要求有（   ）。
    A. 担任单位会计机构负责人的，应当具备会计师以上专业技术职务资格或者从事会计工作5年以上经历
    B. 具备良好的职业道德

C. 按照国家有关规定参加继续教育
D. 具备从事会计工作所需要的专业能力

三、判断题

1. 会计档案保管清册保管期限为 25 年。（   ）
2. 纵观会计发展史，会计计算技术大致经历了手工操作、机械化操作和电子计算机操作三个发展阶段。（   ）
3. 单位负责人应在会计档案销毁清册上签署意见。（   ）
4. 银行存款余额调节表、对账单是会计档案。（   ）
5. 会计工作的组织包括会计机构的设置、会计人员的配备和会计制度的建立。（   ）
6. 各单位每年形成的会计档案，应当由会计机构负责整理立卷，装订成册，并编制会计档案保管清册。（   ）
7. 为了加强会计档案管理，企业当年形成的会计档案也必须由专门的档案管理机构管理，而不能由会计机构暂行管理。（   ）
8. 单位保存的会计档案一般不得对外借出，确因工作需要且根据国家有关规定必须借出的，应当严格按照规定办理相关手续。（   ）
9. 各种会计档案的保管期限，根据其特点，分为定期和不定期两类。（   ）
10. 计算会计档案保管期限的开始时间是从会计年度终了后的第一天算起。（   ）
11. 原始凭证可以外借。（   ）
12. 在我国，企业可根据自身情况划分会计年度，但一经采用后不得随意变动。（   ）
13. 没有设置会计记账机构或配备会计人员的单位，可以根据《代理记账管理办法》委托会计师事务所进行代理记账。（   ）
14. 对于保管期满的会计凭证，可以销毁。（   ）
15. 会计人员职称层级分为初级、中级、副高级和正高级。（   ）
16. 国家统一的会计制度由国务院制定和公布。（   ）
17. 单位负责人为单位会计责任主体，就是说如果一个单位会计工作中出现违法违纪行为，单位负责人应当承担全部责任。（   ）
18. 会计职业道德与会计法律制度一样，都是以国家强制力作为实施的保障。（   ）
19. 初级会计资格和中级会计资格的取得实行全国统一考试与评审相结合的制度。（   ）
20. 根据会计人员回避制度的规定，国有企业会计机构负责人的直系亲属不得担任本单位的任何职务。（   ）

四、核算分析题

1. 2020 年 7 月，某服装厂会计人员张某脱产学习一个星期，财务经理指定出纳人员王某临时兼管债权债务账目的登记工作，未办理会计工作交接手续。

要求：分析让王某兼管债权债务账目的登记工作的做法有无不当之处。

2. 2020年8月，丁公司档案科会同会计科销毁一批保管期限已满的会计档案，未编制会计档案销毁清册。

要求：请指出丁公司档案科做法的不妥之处，并详细说明丁公司档案科的正确做法。

3. 东方公司是一家大型国有企业。2020年12月，公司召开董事会。董事长兼总经理王某提出，财务报告专业性较强，以前履行程序在财务会计报告上签字盖章，现因精力限制，从今以后公司对外报送的财务会计报告一律改由公司总会计师曾某一人签字盖章后报出。

要求：请分析该公司董事长的观点是否恰当。

4. 2020年9月10日，新华公司业务往来单位家家乐有限公司因业务需要，经新华公司领导批准，并办理登记手续后，查阅了2019年有关会计档案，对有关原始凭证进行了复制。

要求：请问业务往来单位家家乐有限公司查阅会计档案的做法是否合法。

5. 某国有独资公司准备更换单位财务部门出纳人员，为节省招聘成本准备在企业内部寻找合适人员，该企业会计机构负责人为贾某、管理部门负责人为毛某、市场部经理为张某、上级主管部门负责人为赵某。

要求：请问贾某的丈夫、毛某的妻子、张某的女儿、赵某的亲弟弟这四位候选人员中哪些人选可以担任该单位财务部门出纳？

6. 甲公司准备聘请会计主管人员，收到下面四份简历：

简历1：张某，取得注册会计师、注册评估师和税务师职业资格，但未从事过会计相关工作。

简历2：李某，担任出纳工作一年，刚刚取得初级会计专业资格，头脑灵活，善于与人沟通。

简历3：王某，管理学博士学位，一直全日制在读，刚考完初级职称资格考试在等待成绩，预计考试通过概率100%。

简历4：丁某，会计专科学位，刚获得会计师专业技术职务资格。

要求：请指出符合会计法律规定条件的应聘人员，并说明理由。

7. 在国有企业检查中，发现下列事项：
（1）甲单位法人代表的妻子担任本单位财务部门经理。
（2）乙单位会计科长的女儿担任本部门出纳员。
（3）丙单位董事长的侄子担任财务部门经理。
（4）丁单位财务经理的同学担任本部门出纳员。
要求：请指出违反会计法律规定回避制度的单位。

8. 某企业年度亏损 20 万元，会计科长授意会计人员采取伪造会计凭证等手段调整企业财务会计报告，将本年度利润调整为盈利 50 万元，并将调整后的企业财务会计报告经厂长及有关人员签名盖章后向有关单位报送。
要求：请问在该企业伪造会计凭证违法行为中，会计人员应承担何种法律责任？

9. A股份有限公司财务经理退休，公司决定任命具有注册会计师资格，并在公司内部审计部门工作了10年的吴某担任财务经理。

要求：该公司任命吴某担任财务经理是否符合规定？试说明理由。

10. 2020年7月某国有企业财务部门经理根据人员变化及工作需要，对财务部门部分会计岗位进行了调整，原出纳员小王改为从事成本、费用核算工作，原该岗位人员老黄协助稽核员老张，加强单位内部稽核工作。上述岗位变动人员均按规定办理了移交手续，并由会计机构负责人进行了监交。

要求：原从事成本、费用核算工作岗位人员老黄协助稽核员老张从事稽核工作，是否符合规定？试说明理由。

模拟试卷一

一、单项选择题（本大题共10小题，每小题1分，共10分）

1. 会计的基本职能是（   ）。
   A. 核算与分析   B. 核算与监督
   C. 反映与考核   D. 分析与控制

2. 下列各项业务中，不会使企业资产总额发生变动的业务是（   ）。
   A. 收到客户所欠的货款存入银行   B. 向银行取得一笔借款
   C. 从其他单位赊购一批材料   D. 收到其他单位投入一台设备

3. 在借贷记账法下，"借""贷"记账符号表示（   ）。
   A. 债权债务关系的变化   B. 记账金额
   C. 平衡关系   D. 记账方向

4. "固定资产"账户反映企业固定资产的（   ）。
   A. 磨损价值   B. 累计折旧
   C. 原始价值   D. 折余价值

5. 下列不属于材料采购费用的是（   ）。
   A. 运输费   B. 装卸费
   C. 途中合理损耗   D. 入库后的整理费

6. 将会计凭证划分为原始凭证和记账凭证两大类的主要依据是（   ）。
   A. 凭证填制的时间   B. 凭证填制的人员
   C. 凭证填制的程序和用途 D. 凭证反映的经济内容

7. 下列明细分类账，一般不宜采用三栏式账页格式的是（   ）。
   A. 应收账款明细账   B. 原材料明细账
   C. 实收资本明细账   D. 应付账款明细账

8. 库存现金清查的方法是（   ）。
   A. 实地盘点法   B. 核对账目法
   C. 技术推算法   D. 发函询证法

9. 会计报表编制的根据是（   ）。
   A. 原始凭证   B. 记账凭证

C. 账户汇总表　　　　　　　　　　D. 账簿记录

10. 下列账务处理程序中，最基本的程序是（　　）。

A. 记账凭证账务处理程序　　　　　B. 科目汇总表账务处理程序

C. 汇总记账凭证账务处理程序　　　D. 多栏式日记账账务处理程序

二、多项选择题（本大题共 5 小题，每小题 1 分，共 5 分）

1. 下列各项中，属于会计核算基本前提（会计假设）的有（　　）。

A. 会计主体　　　　　　　　　　　B. 持续经营

C. 会计分期　　　　　　　　　　　D. 货币计量

2. 期末不需要转入"本年利润"科目的是（　　）。

A. 资产类科目　　　　　　　　　　B. 成本类科目

C. 损益类科目　　　　　　　　　　D. 负债类科目

3. 下列可以作为材料采购费用分配标准的是（　　）。

A. 材料重量　　B. 材料质量　　C. 材料买价　　D. 材料体积

4. 以下账簿需要在每年年初更换新账的是（　　）。

A. 总账　　　　　　　　　　　　　B. 库存现金日记账

C. 银行存款日记账　　　　　　　　D. 固定资产卡片账

5. 下列活动中，产生现金流量的是（　　）。

A. 经营活动　　B. 生产活动　　C. 投资活动　　D. 筹资活动

三、判断题（本大题共 5 小题，每小题 1 分，共 5 分）

1. 费用的发生会导致企业所有者权益的减少。　　　　　　　　　（　　）

2. "应交税费"账户属于负债类账户，因此该账户的余额一定在贷方。（　　）

3. 将现金送存银行，应同时编制现金付款凭证和银行存款收款凭证。（　　）

4. 单位撤销、改变隶属关系、更换财产物资保管人员时，需要进行全面清查。

（　　）

5. 科目汇总表账务处理程序的缺点是不能较好地反映账户之间的对应关系。（　　）

四、名词解释（本大题共 6 小题，每小题 3 分，共 18 分）

1. 资产

2. 会计分录

3. 会计凭证

4. 备查账簿

5. 局部清查

6. 资产负债表

五、简答题（本大题共 2 小题，每小题 6 分，共 12 分）
1. 简述记账凭证账务处理程序下的账务处理步骤。

2. 简述会计核算方法的基本关系。

六、业务题（本大题共2小题，第1小题10分，第2小题40分，共50分）

1. 某企业"本年利润"账户的本年借方累计发生额为200 000元，贷方累计发生额为400 000元，"利润分配——未分配利润"账户年初贷方余额为60 000元。

要求：
（1）根据以上资料计算该企业的本年利润总额。
（2）根据以上资料计算该企业的所得税（税率为25%）。
（3）根据以上资料计算该企业的盈余公积（按本年税后利润的10%）。
（4）根据以上资料计算该企业的应付股利（按提取盈余公积后可供分配利润剩余部分的50%）。
（5）根据以上资料计算该企业的年末未分配利润。

2. 某企业6月份发生下列经济业务，要求根据所发生的经济业务编制会计分录。
（1）收到国家投入资金100万元，款项存入银行。

（2）购入甲材料一批，材料价款100万元，增值税进项税额13万元，材料已入库，货款已通过银行支付。

（3）从东方厂购入乙材料一批，材料价款200万元，增值税进项税额26万元，材料尚未入库，货款尚未支付。

（4）生产A产品领用甲材料100 000元，生产B产品领用甲材料60 000元，车间一般性消耗领用乙材料3 000元，厂部领用乙材料2 400元。

（5）以现金预付车间张主任差旅费800元。

（6）用银行存款预付购买材料款48 000元。

（7）分配本月工资费用，其中，A产品生产工人工资60 000元，B产品生产工人工资40 000元，车间管理人员工资8 000元，厂部管理人员工资20 000元。

(8) 车间张主任出差回来,报销差旅费960元,不足部分用现金支付。

(9) 用银行存款支付本月办公用品费800元,其中,车间500元,厂部300元。

(10) 计提本月固定资产折旧6 000元,其中,车间4 000元,厂部2 000元。

(11) 结转本月制造费用(A、B产品各分担50%)。

(12) 结转本月完工A产品100件的生产成本(A产品月初在产品成本为31 770元,月末无在产品;B产品月末均为在产品)。

(13) 销售 A 产品 50 件，共计销售价款 200 000 元，增值税销项税额 26 000 元，货款均未收到。

(14) 结转本月已售 A 产品的产品销售成本 100 000 元。

(15) 结转本月已售 A 产品的应交消费税，消费税税率为 10%。

(16) 用银行存款支付产品销售广告费 7 500 元。

(17) 支付银行存款 6 000 元作为公益性捐赠支出。

（18）预提由本月负担的短期借款利息 500 元。

（19）用银行存款 1 300 元支付厂部电话费。

（20）结转本月实现的利润，并计算出利润总额数。

模拟试卷二

一、单项选择题（本大题共 10 小题，每小题 1 分，共 10 分）

1. 在会计假设中，确定会计核算空间范围的是（　　）。
   A. 会计主体　　B. 持续经营　　C. 会计分期　　D. 货币计量
2. 下列各项中，属于流动负债的是（　　）。
   A. 预付账款　　B. 预收账款　　C. 其他应收款　　D. 资本公积
3. 我国企事业单位会计核算统一采用的记账方法是（　　）。
   A. 借贷记账法　　B. 收付记账法　　C. 增减记账法　　D. 单式记账法
4. 下列属于其他业务收入的是（　　）。
   A. 利息收入　　　　　　　　　　B. 出售材料收入
   C. 出售固定资产净收益　　　　　D. 投资收益
5. 下列不能计入产品生产成本的是（　　）。
   A. 直接材料　　B. 直接工资　　C. 财务费用　　D. 制造费用
6. 下列属于累计原始凭证的是（　　）。
   A. 购货发票　　B. 材料入库单　　C. 工资结算单　　D. 限额领料单
7. 必须采用订本式账簿的是（　　）。
   A. 原材料明细账　　　　　　　　B. 库存商品明细账
   C. 银行存款日记账　　　　　　　D. 固定资产登记簿
8. 盘亏固定资产的净损失经批准后应记入的账户是（　　）。
   A. 制造费用　　B. 生产成本　　C. 营业外支出　　D. 管理费用
9. 依照我国的会计准则，资产负债表采用的格式为（　　）。
   A. 单步报告式　　B. 多步报告式　　C. 混合式　　D. 账户式
10. 汇总记账凭证账务处理程序登记总账的依据是（　　）。
    A. 记账凭证　　B. 原始凭证　　C. 汇总记账凭证　　D. 科目汇总表

二、多项选择题（本大题共 5 小题，每小题 1 分，共 5 分）

1. 下列各项中，反映企业经营成果的会计要素有（　　）。
   A. 资产　　B. 利润　　C. 费用　　D. 收入
2. 企业接受投资，贷记"实收资本"账户时，一般可以借记的对应账户有（　　）。

A．"银行存款" B．"固定资产" C．"无形资产" D．"应收账款"

3．下列属于自制的原始凭证的有（   ）。

A．购货发票　　　B．销货发票　　　C．发料单　　　D．工资结算单

4．财产物资的盘存制度有（   ）。

A．权责发生制　　B．收付实现制　　C．实地盘存制　　D．永续盘存制

5．下列能够作为登记总账的依据有（   ）。

A．记账凭证　　　　　　　　　　B．科目汇总表

C．汇总记账凭证　　　　　　　　D．三栏式日记账

三、判断题（本大题共 5 小题，每小题 1 分，共 5 分）

1．法律主体同时也是会计主体，会计主体一般也是法律主体。（   ）

2．复合会计分录是指多借多贷形式的会计分录。（   ）

3．成本计算期可以同产品的生产周期相一致。（   ）

4．登记账簿要用蓝黑墨水或碳素墨水写，因此账簿记录中不能出现红字。（   ）

5．资产负债表的格式有单步式和多步式。（   ）

四、名词解释（本大题共 6 小题，每小题 3 分，共 18 分）

1．负债

2．复式记账

3．进项税额

4．序时账簿

5. 一次凭证

6. 未达账项

五、简答题（本大题共 2 小题，每小题 6 分，共 12 分）

1. 哪些错误的存在不会影响借贷的平衡关系？

2. 账实不符的原因主要有哪些？

六、业务题（本大题共 2 小题，第 1 小题 10 分，第 2 小题 40 分，共 50 分）

1. 某企业 2020 年 10 月 31 日有关账户的期末余额如下：

账户名称	借方余额	贷方余额
生产成本	350 000 元	
应收账款	140 000 元	
原材料	220 000 元	
应付账款		80 000 元
库存商品	190 000 元	

其中，应收账款明细账 A 借方余额 250 000 元，B 贷方余额 110 000 元；
应付账款明细账 C 贷方余额 100 000 元，D 借方余额 20 000 元。

根据上述资料，计算资产负债表中下列项目应填列的金额（单位：元）：

（1）存货 =

（2）应收账款 =

（3）应付账款 =

（4）预收款项 =

（5）预付款项 =

2．某企业 2020 年 12 月份发生下列业务，要求运用借贷记账法编制会计分录。

（1）购入生产用设备一台，设备价款 200 000 元，增值税额 26 000 元，用银行存款支付。

（2）购入甲材料一批，不含税价款为 80 000 元，增值税额为 10 400 元，价税合计为 90 400 元，已开出一张三个月的商业汇票抵付，材料尚未到达企业。

（3）采购员吴军出差预借差旅费 600 元，付以现金。

（4）上述购入的甲材料已收到，并验收入库。

（5）以现金购入办公用品180元，由车间领用。

（6）生产乙产品领用甲材料180 000元，车间一般消耗领用甲材料1 400元。

（7）从工商银行提取现金85 000元，并实际发放工资。

（8）以银行存款支付本月负担的办公用品费2 200元，其中，车间为1 200元，厂部为1 000元。

（9）预提应由本月负担的短期银行借款利息3 600元。

（10）分配本月职工工资 96 900 元，其中，生产乙产品工人工资 74 100 元，车间管理人员工资 5 700 元，厂部管理人员工资 9 690 元，专门设置销售机构人员工资 7 410 元。

（11）收到 A 公司投资无形资产一项价值 800 000 元，增值税额为 48 000 元。

（12）计提本月固定资产折旧，车间用固定资产应提 14 000 元，厂部应提 7 500 元。

（13）将本月发生的制造费用结转到乙产品的生产成本。

（14）本月完工乙产品一批，总成本为 120 000 元，已验收入库。

（15）销售乙产品一批，价款为 468 000 元，增值税额为 60 840 元，货款及税款均未收到。

（16）结转上述已销售产品的生产成本为 340 000 元。

（17）以银行存款支付销售产品的广告费 7 000 元。

（18）计算本月应交城乡维护建设税 1 404 元。

（19）因 F 公司违约，支付给本企业的违约金计 17 000 元，已收存银行。

（20）用银行存款 30 000 元缴纳税金。

练习题及模拟试卷参考答案

第一章 总 论

一、单项选择题

1	2	3	4	5	6	7	8	9	10
D	B	D	A	C	D	A	A	B	D
11	12	13	14	15	16	17	18	19	20
C	A	B	D	C	D	B	D	C	A

二、多项选择题

1	2	3	4	5	6	7	8	9	10
ABCD	ACD	ABCD	BC	ACD	ABC	ABCD	ABD	BD	ABCD
11	12	13	14	15	16	17	18	19	20
AC	AD	BC	ABD	ABCD	AC	ACD	ABD	ABC	ABCD

三、判断题

1	2	3	4	5	6	7	8	9	10
√	√	×	√	×	×	√	√	√	×
1	2	3	4	5	6	7	8	9	10
×	√	×	×	√	×	√	×	√	√

四、核算题

1.

表1-9 7月份收入和费用的确认　　　　　　　　　　　　　　单位：元

业务号	权责发生制		收付实现制	
	收入	费用	收入	费用
(1)	4 000		4 000	
(2)	10 000			
(3)		1 000		6 000
(4)		1 000		
(5)			4 000	
(6)			3 000	

2.

表1-10 6月份损益计算表   单位：元

项目	权责发生制	收付实现制
收入	150 000	200 000
费用	25 400	33 400
利润	124 600	166 600

3.

（1）该企业的年利润有4种计算方法：

第1种计算方法：年利润 = 200 − 120 = 80（万元）

第2种计算方法：年利润 = 200 + 100 − 120 − 60 = 120（万元）

第3种计算方法：年利润 = 200 + 100 − 120 = 180（万元）

第4种计算方法：年利润 = 200 − 120 − 60 = 20（万元）

（2）第4种计算利润的方法最谨慎。

第二章　会计要素和账户

一、单项选择题

1	2	3	4	5	6	7	8	9	10
D	D	A	B	B	C	B	A	D	A
11	12	13	14	15	16	17	18	19	20
A	D	B	C	D	B	A	B	D	B

二、多项选择题

1	2	3	4	5	6	7	8	9	10
BCD	BD	ABCD	AB	BCD	BC	AD	BC	BC	ACD
11	12	13	14	15	16	17	18	19	20
AB	AC	ABD	ABCD	ABCD	ABC	BC	AD	AC	ACD

三、判断题

1	2	3	4	5	6	7	8	9	10
×	√	×	√	×	×	√	√	×	√
11	12	13	14	15	16	17	18	19	20
×	×	√	×	√	×	×	×	×	√	√

四、核算题

1.

表 2-14 经济事项确认分类

经济事项	资产	负债	所有者权益
（1）车间机器设备 185 000 元	固定资产		
（2）国家对企业投资 400 000 元			实收资本
（3）企业银行存款 85 000 元	银行存款		
（4）企业欠银行的短期借款 60 000 元		短期借款	
（5）库存原材料 125 000 元	原材料		
（6）企业应付购料款 37 000 元		应付账款	
（7）职工预借差旅费 1 000 元	其他应收款		
（8）企业应收客户货款 128 000 元	应收账款		
（9）应交国家税金 53 000 元		应交税费	
（10）车间尚未完工产品 26 000 元	在产品		
合计	550 000	150 000	400 000

2.

表 2-15 会计恒等式练习   单位：元

序号	资产	负债	所有者权益
（1）	12 500	1 800	(10 700)
（2）	28 000	(15 500)	12 500
（3）	(51 350)	11 600	39 750

3.

表 2-16 会计恒等式综合式练习   单位：元

序号	资产	费用	负债	所有者权益	收入
（1）	20 500	9 000	2 000	12 000	(15 500)
（2）	34 000	12 000	8 000	(18 000)	20 000
（3）	19 000	18 000	(6 000)	7 000	24 000
（4）	45 000	(23 000)	22 000	14 000	32 000
（5）	(8 000)	1 000	2 300	4 800	1 900
合计	(126 500)	(63 000)	(40 300)	(55 800)	(93 400)

4.

(1)   表2-17 3月份经济业务类型分析（按四种类型）

序号	涉及项目		类型	总额变化
	项目一	项目二		
(1)	银行存款	库存现金	资产内部增减	总额不变
(2)	银行存款	短期借款	资产权益同增	总额增加
(3)	固定资产	实收资本	资产权益同增	总额增加
(4)	银行存款	应付账款	资产权益同减	总额减少
(5)	银行存款	实收资本	资产权益同减	总额减少
(6)	应付票据	应付账款	权益内部增减	总额不变
(7)	应付股利	未分配利润	权益内部增减	总额不变
(8)	应付债券	实收资本	权益内部增减	总额不变
(9)	资本公积	实收资本	权益内部增减	总额不变

(2)   表2-18 3月份经济业务类型分析（按九种类型）

序号	涉及项目		类型	总额变化
	项目一	项目二		
(1)	银行存款	库存现金	资产内部增减	总额不变
(2)	银行存款	短期借款	资产和负债同增	总额增加
(3)	固定资产	实收资本	资产和所有者权益同增	总额增加
(4)	银行存款	应付账款	资产和负债同减	总额减少
(5)	银行存款	实收资本	资产和所有者权益同减	总额减少
(6)	应付票据	应付账款	负债内部增减	总额不变
(7)	应付股利	未分配利润	负债增加，所有者权益减少	总额不变
(8)	应付债券	实收资本	负债减少，所有者权益增加	总额不变
(9)	资本公积	实收资本	所有者权益内部增减	总额不变

5.

(1)   表2-19 2月份经济业务类型分析（按九种类型）

序号	涉及会计科目		类型
	会计科目（增减）	会计科目（增减）	
(1)	银行存款（增）	主营业务收入（增）	资产和所有者权益同增
(2)	银行存款（减）	管理费用（增）	资产和所有者权益同减
(3)	库存现金（减）	管理费用（增）	资产和所有者权益同减
(4)	应付职工薪酬（增）	管理费用（增）	负债增加，所有者权益减少
(5)	银行存款（减）	管理费用（增）	资产和所有者权益同减
(6)	库存商品（减）	主营业务成本（增）	资产和所有者权益同减

(2)

表2-20 2月份损益表   单位：元

收入	费用	利润
200 000	192 400	7 600

(3)

表2-21 2月末财务状况表   单位：元

资产	负债	所有者权益
773 600	266 000	507 600

6.

(1) 5月初会计基本等式：

表2-22 5月初财务状况表   单位：元

资产	负债	所有者权益
235 940	108 000	127 940

(2) 按九种类型经济业务分析：

表2-23 5月份经济业务类型分析按九种类型

序号	涉及会计科目		九种类型
	会计科目（增减）	会计科目（增减）	
(1)	原材料（增）	银行存款（减）	资产内部增减
(2)	库存现金（增）	银行存款（减）	资产内部增减
(3)	银行存款（增）	实收资本（增）	资产和所有者权益同增
(4)	银行存款（增）	主营业务收入（增）	资产和所有者权益同增
(5)	管理费用（增）	库存现金（减）	资产和所有者权益同减
(6)	生产成本（增）	原材料（减）	资产内部增减
(7)	原材料（增）	银行存款（减）	资产内部增减
(8)	应收账款（增）	主营业务收入（增）	资产和所有者权益同增
(9)	管理费用（增）	银行存款（减）	资产和所有者权益同减
(10)	管理费用（增）	库存现金（减）	资产和所有者权益同减
(11)	原材料（增）	应付账款（增）	资产和负债同增
(12)	银行存款（增）	应收账款（减）	资产内部增减

(3) 确定月末资产、负债、所有者权益、收入、费用的数量关系。

表2-24 5月末财务状况表（一）   单位：元

资产	负债	所有者权益	收入	费用
359 740	113 000	217 940	32 000	3 200

(4) 确定月末资产、负债、所有者权益、利润的数量关系。

表2-25 5月末财务状况表（二）　　　　　　　　　　　　　　　　　　单位：元

资产	负债	所有者权益	利润
359 740	113 000	217 940	28 800

（5）确定月末资产、负债、所有者权益的数量关系。

表2-26 5月末财务状况表（三）　　　　　　　　　　　　　　　　　　单位：元

资产	负债	所有者权益
359 740	113 000	246 740

第三章　复式记账

一、单项选择题

1	2	3	4	5	6	7	8	9	10
D	A	C	B	A	D	A	B	C	C
11	12	13	14	15	16	17	18	19	20
B	D	A	C	A	B	C	C	C	D	B

二、多项选择题

1	2	3	4	5	6	7	8	9	10
ABD	BD	ABD	BCD	BCD	ABD	CD	BC	ABC	AD
11	12	13	14	15	16	17	18	19	20
AB	AC	ACD	ABD	ABCD	CD	BC	AC	ABD	ABD

三、判断题

1	2	3	4	5	6	7	8	9	10
×	×	×	×	×	√	×	√	√	√
11	12	13	14	15	16	17	18	19	20
√	×	×	√	×	√	√	×	√	√

四、核算题

1．练习简单会计分录的编制。

（1）借：银行存款　　　　　　　　　　2 000
　　　　贷：库存现金　　　　　　　　　　　2 000

（2）借：银行存款　　　　　　　　　　300 000
　　　　贷：实收资本　　　　　　　　　　　300 000

（3）借：原材料　　　　　　　　　　　60 000
　　　　贷：应付账款　　　　　　　　　　　60 000

（4）借：应收账款　　　　　　　　　　80 000
　　　　贷：主营业务收入　　　　　　　　　80 000

（5）借：管理费用　　　　　　　　　600
　　　　贷：库存现金　　　　　　　　　　　600
（6）借：其他应收款　　　　　　　1 300
　　　　贷：库存现金　　　　　　　　　　1 300
（7）借：银行存款　　　　　　　100 000
　　　　贷：短期借款　　　　　　　　　100 000
（8）借：固定资产　　　　　　　500 000
　　　　贷：银行存款　　　　　　　　　500 000
（9）借：银行存款　　　　　　　 40 000
　　　　贷：主营业务收入　　　　　　　 40 000
（10）借：库存商品　　　　　　　 98 000
　　　　贷：生产成本　　　　　　　　　 98 000

2. 练习复合会计分录的编制。

（1）借：原材料　　　　　　　　 90 000
　　　　贷：银行存款　　　　　　　　　 60 000
　　　　　　应付账款　　　　　　　　　 30 000
（2）借：管理费用　　　　　　　　2 000
　　　　　制造费用　　　　　　　　1 600
　　　　贷：银行存款　　　　　　　　　　3 600
（3）借：生产成本　　　　　　　 70 000
　　　　　制造费用　　　　　　　　3 000
　　　　　管理费用　　　　　　　　　800
　　　　贷：原材料　　　　　　　　　　 73 800
（4）借：管理费用　　　　　　　　1 380
　　　　贷：其他应收款　　　　　　　　　1 300
　　　　　　库存现金　　　　　　　　　　　 80
（5）借：银行存款　　　　　　　850 000
　　　　贷：长期借款　　　　　　　　　500 000
　　　　　　短期借款　　　　　　　　　350 000
（6）借：银行存款　　　　　　　100 000
　　　　　应收账款　　　　　　　 26 000
　　　　贷：主营业务收入　　　　　　　126 000
（7）借：银行存款　　　　　　　 35 000
　　　　　库存现金　　　　　　　　　700
　　　　贷：主营业务收入　　　　　　　 35 700
（8）借：长期借款　　　　　　　200 000
　　　　　短期借款　　　　　　　 50 000
　　　　贷：银行存款　　　　　　　　　250 000

(9) 借：原材料　　　　　　　　　　　70 000
　　　贷：应付票据　　　　　　　　　　　50 000
　　　　　银行存款　　　　　　　　　　　20 000
(10) 借：银行存款　　　　　　　　　5 200 000
　　　贷：实收资本　　　　　　　　　　5 000 000
　　　　　资本公积　　　　　　　　　　　200 000

3. 练习会计分录的编制。
(1) 借：原材料　　　　　　　　　　　80 000
　　　贷：银行存款　　　　　　　　　　　30 000
　　　　　预付账款　　　　　　　　　　　50 000
(2) 借：销售费用　　　　　　　　　　　9 000
　　　贷：银行存款　　　　　　　　　　　9 000
(3) 借：固定资产　　　　　　　　　1 000 000
　　　　无形资产　　　　　　　　　　500 000
　　　贷：银行存款　　　　　　　　　　1 500 000
(4) 借：制造费用　　　　　　　　　　　　800
　　　贷：库存现金　　　　　　　　　　　　800
(5) 借：管理费用　　　　　　　　　　　2 900
　　　　库存现金　　　　　　　　　　　　100
　　　贷：其他应收款　　　　　　　　　　3 000
(6) 借：银行存款　　　　　　　　　　50 000
　　　　预收账款　　　　　　　　　　300 000
　　　贷：主营业务收入　　　　　　　　350 000
(7) 借：银行存款　　　　　　　　　1 000 000
　　　　应收账款　　　　　　　　　　280 000
　　　贷：主营业务收入　　　　　　　1 280 000
(8) 借：应付职工薪酬　　　　　　　　56 000
　　　贷：银行存款　　　　　　　　　　　560 000
(9) 借：制造费用　　　　　　　　　　6 300
　　　　管理费用　　　　　　　　　　2 000
　　　贷：银行存款　　　　　　　　　　　8 300
(10) 借：预付账款　　　　　　　　　150 000
　　　贷：银行存款　　　　　　　　　　150 000

4. 练习借贷记账法的运用。
(1) 会计分录：
① 借：库存现金　　　　　　　　　　　500
　　　贷：银行存款　　　　　　　　　　　　500
② 借：其他应收款　　　　　　　　　　700

贷：库存现金　　　　　　　　　　　700
③ 借：生产成本　　　　　　　　　　　21 000
　　　贷：原材料　　　　　　　　　　　21 000
④ 借：应交税费　　　　　　　　　　　8 800
　　　贷：银行存款　　　　　　　　　　8 800
⑤ 借：银行存款　　　　　　　　　　　15 000
　　　贷：应收账款　　　　　　　　　　15 000
⑥ 借：银行存款　　　　　　　　　　　200 000
　　　贷：长期借款　　　　　　　　　　200 000
⑦ 借：固定资产　　　　　　　　　　　180 000
　　　贷：银行存款　　　　　　　　　　180 000
⑧ 借：原材料　　　　　　　　　　　　34 000
　　　贷：应付账款　　　　　　　　　　34 000
⑨ 借：应付账款　　　　　　　　　　　24 000
　　　贷：银行存款　　　　　　　　　　24 000
⑩ 借：库存商品　　　　　　　　　　　38 000
　　　贷：生产成本　　　　　　　　　　38 000

（2）账户记录：

借方	库存现金		贷方
期初余额	800	②	700
①	500		
本期发生额	500	本期发生额	700
期末余额	600		

借方	固定资产		贷方
期初余额	600 000		
⑦	180 000		
本期发生额	180 000	本期发生额	0
期末余额	780 000		

借方	银行存款		贷方
期初余额	30 000	①	500
⑤	15 000	④	8 800
⑥	200 000	⑦	180 000
		⑨	24 000
本期发生额	215 000	本期发生额	213 300
期末余额	31 700		

借方	原材料		贷方
期初余额	90 000	③	21 000
⑧	34 000		
本期发生额	34 000	本期发生额	21 000
期末余额	103 000		

借方	生产成本		贷方
期初余额	40 000	⑩	38 000
③	21 000		
本期发生额	21 000	本期发生额	38 000
期末余额	23 000		

借方	库存商品		贷方
期初余额	20 000		
⑩	38 000		
本期发生额	38 000	本期发生额	38 000
期末余额	58 000		

借方	应收账款		贷方		借方	其他应收款		贷方
期初余额	35 000	⑤	15 000		②	700		
本期发生额	0	本期发生额	15 000		本期发生额	700	本期发生额	0
期末余额	20 000				期末余额	700		

借方	短期借款		贷方		借方	应付账款		贷方
		期初余额	13 000		⑨	24 000	期初余额	54 000
本期发生额	0	本期发生额	0				⑧	34 000
		期末余额	13 000		本期发生额	24 000	本期发生额	34 000
							期末余额	64 000

借方	应交税费		贷方		借方	实收资本		贷方
④	8 800	期初余额	8 800				期初余额	680 000
本期发生额	8 800	本期发生额	0		本期发生额	0	本期发生额	0
		期末余额	0				期末余额	680 000

借方	盈余公积		贷方		借方	本年利润		贷方
		期初余额	40 000				期初余额	20 000
本期发生额	0	本期发生额	0		本期发生额	0	本期发生额	0
		期末余额	40 000				期末余额	20 000

借方	长期借款		贷方
		期初余额	0
		⑥	200 000
本期发生额	0	本期发生额	200 000
		期末余额	200 000

（3）试算平衡表：

表3-16　试算平衡表

2020年7月31日　　　　　　　　　　　　　　　　　　　　　　　单位：元

账户名称	期初余额		本期发生额		期末余额	
	借方	贷方	借方	贷方	借方	贷方
库存现金	800		500	700	600	
银行存款	30 000		215 000	213 300	31 700	

续表

账户名称	期初余额		本期发生额		期末余额	
	借方	贷方	借方	贷方	借方	贷方
原材料	90 000		34 000	21 000	103 000	
固定资产	600 000		180 000	0	780 000	
生产成本	40 000		21 000	38 000	23 000	
库存商品	20 000		38 000	0	58 000	
应收账款	35 000		0	15 000	20 000	
其他应收款			700	0	700	
短期借款		13 000	0	0		13 000
应付账款		54 000	24 000	34 000		64 000
应交税费		8 800	8 800	0		0
长期借款			0	200 000		200 000
实收资本		680 000	0	0		680 000
盈余公积		40 000	0	0		40 000
本年利润		20 000	0	0		20 000
合计	815 800	815 800	522 000	522 000	1 017 000	1 017 000

5. 练习总分类账户与明细分类账户的平行登记。

(1) 会计分录：

① 借：应付账款——南林厂　　　30 000
　　　　　　　　——竹辉厂　　　10 000
　　　贷：银行存款　　　　　　　40 000

② 借：生产成本　　　　　　　　60 600
　　　贷：原材料——甲材料　　　45 000
　　　　　　　　——乙材料　　　15 600

③ 借：原材料——甲材料　　　　24 000
　　　　　　——乙材料　　　　10 400
　　　贷：应付账款——南林厂　　34 400

④ 借：应付账款——南林厂　　　20 000
　　　贷：银行存款　　　　　　　20 000

⑤ 借：原材料——乙材料　　　　36 400
　　　贷：应付账款——竹辉厂　　36 400

⑥ 借：生产成本　　　　　　　　35 000
　　　贷：原材料——甲材料　　　9 000
　　　　　　　　——乙材料　　　26 000

（2）账户记录：

借方	原材料		贷方
期初余额	86 000	②	60 600
③	34 400	⑥	35 000
⑤	36 400		
本期发生额	70 800	本期发生额	95 600
期末余额	61 200		

借方	原材料——甲材料		贷方
期初余额	60 000	②	45 000
③	24 000	⑥	9 000
本期发生额	24 000	本期发生额	54 000
期末余额	30 000		

借方	原材料——乙材料		贷方
期初余额	26 000	②	15 600
③	10 400	⑥	26 000
⑤	36 400		
本期发生额	46 800	本期发生额	41 600
期末余额	31 200		

借方	应付账款		贷方
①	40 000	期初余额	59 000
④	20 000	③	34 400
		⑤	36 400
本期发生额	60 000	本期发生额	70 800
		期末余额	69 800

借方	应付账款——南林厂		贷方
①	30 000	期初余额	40 000
④	20 000	③	34 400
本期发生额	50 000	本期发生额	34 400
		期末余额	24 400

借方	应付账款——竹辉厂		贷方
①	10 000	期初余额	19 000
		⑤	36 400
本期发生额	10 000	本期发生额	36 400
		期末余额	45 400

（3）试算平衡表：

表 3-17　原材料明细分类账户本期发生额及余额试算平衡表

2020 年 8 月　　　　　　　　　　　　　　　　　　　　　　　单位：元

明细分类账户名称	期初余额		本期发生额		期末余额	
	借方	贷方	借方	贷方	借方	贷方
甲材料	60 000		24 000	54 000	30 000	
乙材料	26 000		46 800	41 600	31 200	
合计	86 000		70 800	95 600	61 200	

表 3-18　应付账款明细分类账户本期发生额及余额试算平衡表

2020 年 8 月　　　　　　　　　　　　　　　　　　　　　　　单位：元

明细分类账户名称	期初余额		本期发生额		期末余额	
	借方	贷方	借方	贷方	借方	贷方
南林厂		40 000	50 000	34 400		24 400
竹辉厂		19 000	10 000	36 400		45 400
合计		59 000	60 000	70 800		69 800

第四章 基本经济业务的核算

一、单项选择题

1	2	3	4	5	6	7	8	9	10
C	B	D	D	C	B	C	D	C	D
11	12	13	14	15	16	17	18	19	20
A	C	D	C	D	B	A	C	D	B

二、多项选择题

1	2	3	4	5	6	7	8	9	10
ABCD	ABC	ABCD	ACD	BCD	BC	ACD	ABC	BCD	AC
11	12	13	14	15	16	17	18	19	20
ABD	ABCD	ABC	AC	ABD	ACD	AD	BCD	ABCD	ABD

三、判断题

1	2	3	4	5	6	7	8	9	10
×	×	×	√	×	×	×	×	√	×
11	12	13	14	15	16	17	18	19	20
√	√	×	×	×	√	√	×	×	√

四、核算题

1. 练习资金投入业务的核算。

(1) 借：银行存款　　　　　　　　1 000 000
　　　贷：实收资本　　　　　　　　　1 000 000

(2) 借：银行存款　　　　　　　　900 000
　　　贷：实收资本　　　　　　　　　800 000
　　　　　资本公积　　　　　　　　　100 000

(3) 借：银行存款　　　　　　　　8 000 000
　　　贷：长期借款　　　　　　　　　8 000 000

(4) 借：银行存款　　　　　　　　600 000
　　　贷：短期借款　　　　　　　　　600 000

(5) 借：财务费用　　　　　　　　3 000
　　　贷：应付利息　　　　　　　　　3 000

(6) 借：财务费用　　　　　　　　3 000
　　　贷：应付利息　　　　　　　　　3 000

(7) 借：财务费用　　　　　　　　3 000
　　　贷：应付利息　　　　　　　　　3 000

(8) 借：应付利息　　　　　　　　9 000

贷：银行存款　　　　　　　　　　　9 000
（9）借：财务费用　　　　　　　　　3 000
　　　贷：应付利息　　　　　　　　　　3 000
（10）借：财务费用　　　　　　　　　3 000
　　　贷：应付利息　　　　　　　　　　3 000
（11）借：财务费用　　　　　　　　　3 000
　　　贷：应付利息　　　　　　　　　　3 000
（12）借：应付利息　　　　　　　　　9 000
　　　贷：银行存款　　　　　　　　　　9 000
（13）借：短期借款　　　　　　　　600 000
　　　贷：银行存款　　　　　　　　　600 000
（14）借：在建工程　　　　　　　　720 000
　　　贷：长期借款　　　　　　　　　720 000

2. 练习供应业务的核算。

（1）借：原材料——甲材料　　　　50 000
　　　　应交税费——应交增值税（进项税额）
　　　　　　　　　　　　　　　　　6 500
　　　贷：银行存款　　　　　　　　 56 500
（2）借：在途物资——乙材料　　　20 000
　　　　应交税费——应交增值税（进项税额）
　　　　　　　　　　　　　　　　　2 600
　　　贷：应付账款——东风厂　　　 22 600
（3）借：原材料——乙材料　　　　20 000
　　　贷：在途物资——乙材料　　　 20 000
（4）借：应付账款——东风厂　　　22 600
　　　贷：银行存款　　　　　　　　 22 600
（5）借：原材料——丙材料　　　　60 000
　　　　应交税费——应交增值税（进项税额）7 800
　　　贷：预付账款——天平厂　　　 50 000
　　　　　银行存款　　　　　　　　 17 800
（6）借：在途物资——丁材料　　　70 000
　　　　应交税费——应交增值税（进项税额）
　　　　　　　　　　　　　　　　　9 100
　　　贷：应付票据——梅山厂　　　 79 100
（7）借：固定资产　　　　　　　　300 000
　　　　应交税费——应交增值税（进项税额）39 000
　　　贷：银行存款　　　　　　　　339 000
（8）借：无形资产　　　　　　　5 000 000

　　　　　应交税费——应交增值税（进项税额）300 000
　　　　贷：银行存款　　　　　　　　　　　5 300 000
3. 练习生产业务的核算。
（1）借：生产成本——A 产品　　　　　40 000
　　　　　　　　——B 产品　　　　　26 000
　　　　　　制造费用　　　　　　　　　2 000
　　　　　　管理费用　　　　　　　　　1 700
　　　　贷：原材料——甲材料　　　　　40 000
　　　　　　　　——乙材料　　　　　26 000
　　　　　　　　——丙材料　　　　　　3 700
（2）借：其他应收款　　　　　　　　　　500
　　　　贷：库存现金　　　　　　　　　　　500
（3）借：库存现金　　　　　　　　　　90 000
　　　　贷：银行存款　　　　　　　　　　90 000
（4）借：应付职工薪酬　　　　　　　　90 000
　　　　贷：库存现金　　　　　　　　　　90 000
（5）借：生产成本——A 产品　　　　　40 000
　　　　　　　　——B 产品　　　　　30 000
　　　　　　制造费用　　　　　　　　　8 000
　　　　　　管理费用　　　　　　　　　12 000
　　　　贷：应付职工薪酬　　　　　　　　90 000
（6）借：管理费用　　　　　　　　　　　450
　　　　　　库存现金　　　　　　　　　　50
　　　　贷：其他应收款　　　　　　　　　500
（7）借：管理费用　　　　　　　　　　1 400
　　　　　　制造费用　　　　　　　　　600
　　　　贷：银行存款　　　　　　　　　　2 000
（8）借：管理费用　　　　　　　　　　1 800
　　　　贷：累计摊销　　　　　　　　　　1 800
（9）借：制造费用　　　　　　　　　　1 500
　　　　　　管理费用　　　　　　　　　3 500
　　　　贷：累计折旧　　　　　　　　　　5 000
（10）制造费用 = 2 000 + 8 000 + 600 + 1 500 = 12 100（元）
12 100 ÷（40 000 + 30 000）≈ 0.172 9（小数点后保留 4 位）
A 产品 = 40 000 × 0.172 9 = 6 916（元）
B 产品 = 12 100 − 6 916 = 5 184（元）
　　　　借：生产成本——A 产品　　　　6 916
　　　　　　　　　——B 产品　　　　5 184

　　　　贷：制造费用　　　　　　　　　　　　　　12 100
（11）A产品成本 = 40 000 + 40 000 + 6 916 = 86 916（元）
　　　借：库存商品——A产品　　　　86 916
　　　　贷：生产成本——A产品　　　　　　　　86 916

4. 练习销售业务的核算。

（1）借：银行存款　　　　　　　　282 500
　　　　贷：主营业务收入　　　　　　　　　　 250 000
　　　　　　应交税费——应交增值税（销项税额）32 500

（2）借：应收票据　　　　　　　　169 500
　　　　贷：主营业务收入　　　　　　　　　　 150 000
　　　　　　应交税费——应交增值税（销项税额）19 500

（3）借：银行存款　　　　　　　　100 000
　　　　应收账款　　　　　　　　103 400
　　　　贷：主营业务收入　　　　　　　　　　 180 000
　　　　　　应交税费——应交增值税（销项税额）23 400

（4）借：银行存款　　　　　　　　140 000
　　　　贷：预收账款　　　　　　　　　　　　 140 000

（5）借：预收账款　　　　　　　　135 600
　　　　贷：主营业务收入　　　　　　　　　　 120 000
　　　　　　应交税费——应交增值税（销项税额）15 600

（6）借：应收账款　　　　　　　　9 040
　　　　贷：其他业务收入　　　　　　　　　　 8 000
　　　　　　应交税费——应交增值税（销项税额）1 040

（7）借：销售费用　　　　　　　　3 000
　　　　贷：银行存款　　　　　　　　　　　　 3 000

（8）借：主营业务成本——A产品　　200 000
　　　　　　　　　　　——B产品　　180 000
　　　　贷：库存商品——A产品　　　　　　　 200 000
　　　　　　　　　　——B产品　　　　　　　 180 000

（9）借：其他业务成本　　　　　　6 000
　　　　贷：原材料　　　　　　　　　　　　　 6 000

（10）借：税金及附加——A产品　　 120 000
　　　　　　　　　　——B产品　　 30 000
　　　　贷：应交税费——应交消费税　　　　　 150 000

5. 练习财务成果业务的核算。

（1）借：银行存款　　　　　　　　4 600
　　　　贷：营业外收入　　　　　　　　　　　 4 600

（2）借：营业外支出　　　　　　　8 000

	贷：银行存款	8 000
（3）借：应收利息		10 000
	贷：投资收益	10 000
（4）借：信用减值损失		50 000
	贷：坏账准备	50 000
（5）借：资产减值损失		80 000
	贷：固定资产减值准备	80 000
（6）借：主营业务收入		830 000
	其他业务收入	41 000
	营业外收入	4 600
	投资收益	10 000
	贷：本年利润	885 600
（7）借：本年利润		685 600
	贷：主营业务成本	400 000
	税金及附加	40 000
	其他业务支出	31 000
	营业外支出	8 000
	销售费用	13 000
	管理费用	54 000
	财务费用	9 600
	信用减值损失	50 000
	资产减值损失	80 000

（8）885 600 − 685 600 = 200 000 × 25% = 50 000（元）

借：所得税费用		50 000
贷：应交税费——应交所得税		50 000
（9）借：本年利润		50 000
贷：所得税费用		50 000
（10）借：本年利润		150 000
贷：利润分配		150 000
（11）借：利润分配		15 000
贷：盈余公积		15 000
（12）借：利润分配		75 000
贷：应付股利		75 000

6. 练习资金退出业务的核算。

（1）借：应交税费——应交所得税		50 000
贷：银行存款		50 000
（2）借：应付股利		75 000
贷：银行存款		75 000

（3）借：长期借款　　　　　　　　　　200 000
　　　　贷：银行存款　　　　　　　　　　　200 000
（4）借：应付账款　　　　　　　　　　　48 000
　　　　贷：银行存款　　　　　　　　　　　　48 000
（5）借：其他应付款　　　　　　　　　　　300
　　　　贷：库存现金　　　　　　　　　　　　　300

7. 综合练习工业企业主要经济业务的核算。

（1）会计分录：

① 借：银行存款　　　　　　　　　　　740 000
　　　贷：实收资本　　　　　　　　　　　　740 000

② 借：固定资产　　　　　　　　　　　300 000
　　　　应交税费——应交增值税（进项税额）39 000
　　　贷：实收资本　　　　　　　　　　　　339 000

③ 借：原材料——甲材料　　　　　　　700 000
　　　　应交税费——应交增值税（进项税额）
　　　　　　　　　　　　　　　　　　　91 000
　　　贷：应付账款——天灵厂　　　　　　791 000

④ 借：原材料——乙材料　　　　　　　50 000
　　　　应交税费——应交增值税（进项税额）6 500
　　　贷：应付票据——红星厂　　　　　　56 500

⑤ 借：应付账款——华星厂　　　　　120 000
　　　贷：银行存款　　　　　　　　　　　120 000

⑥ 借：在途物资——丙材料　　　　　　9 000
　　　　应交税费——应交增值税（进项税额）1 170
　　　贷：应付账款——永胜厂　　　　　　10 170

⑦ 借：原材料——丙材料　　　　　　　9 000
　　　贷：在途物资——丙材料　　　　　　　9 000

⑧ 借：银行存款　　　　　　　　　　　500 000
　　　贷：短期借款　　　　　　　　　　　500 000

⑨ 借：应付账款——天灵厂　　　　　791 000
　　　贷：银行存款　　　　　　　　　　　791 000

⑩ 借：生产成本——A产品　　　　　　800 000
　　　　　　　　——B产品　　　　　　300 000
　　　　制造费用　　　　　　　　　　　5 000
　　　　管理费用　　　　　　　　　　　3 000
　　　贷：原材料——甲材料　　　　　　800 000
　　　　　　　　——乙材料　　　　　　300 000
　　　　　　　　——丙材料　　　　　　　8 000

⑪ 借：库存现金　　　　　　　　　　168 000
　　贷：银行存款　　　　　　　　　　　　　168 000
　　借：应付职工薪酬　　　　　　　168 000
　　贷：库存现金　　　　　　　　　　　　　168 000
⑫ 借：管理费用　　　　　　　　　　　960
　　贷：其他应收款　　　　　　　　　　　　　800
　　　　库存现金　　　　　　　　　　　　　　160
⑬ 借：银行存款　　　　　　　　　　92 000
　　贷：应收账款——南方厂　　　　　　　　92 000
⑭ 借：生产成本——A 产品　　　　　11 200
　　　　　　——B 产品　　　　　　8 400
　　　　制造费用　　　　　　　　　1 120
　　　　管理费用　　　　　　　　　2 800
　　贷：原材料——甲材料　　　　　　　　　11 200
　　　　　　　——乙材料　　　　　　　　　8 400
　　　　　　　——丙材料　　　　　　　　　3 920
⑮ 借：营业外支出　　　　　　　　　　100
　　贷：库存现金　　　　　　　　　　　　　　100
⑯ 借：银行存款　　　　　　　　　　1 000
　　贷：营业外收入　　　　　　　　　　　　1 000
⑰ 借：制造费用　　　　　　　　　　7 510
　　　　管理费用　　　　　　　　　1 090
　　贷：累计折旧　　　　　　　　　　　　　8 600
⑱ 借：生产成本——A 产品　　　　　80 000
　　　　　　——B 产品　　　　　 60 000
　　　　制造费用　　　　　　　　　8 000
　　　　管理费用　　　　　　　　　20 000
　　贷：应付职工薪酬　　　　　　　　　　　168 000
⑲ 借：财务费用　　　　　　　　　　1 000
　　贷：应付利息　　　　　　　　　　　　　1 000
⑳ 制造费用 = 5 000 + 7 510 + 8 000 + 1 120 = 21 630（元）
21 630 ÷（80 000 + 60 000）= 0.154 5
A 产品 = 80 000 × 0.154 5 = 12 360（元）
B 产品 = 21 630 − 12 360 = 9 270（元）
　　借：生产成本——A 产品　　　　　12 360
　　　　　　　——B 产品　　　　　　9 270
　　贷：制造费用　　　　　　　　　　　　　21 630
㉑ A 产品成本 = 250 000 + 800 000 + 80 000 + 11 200 + 12 360 = 1 153 560（元）

借：库存商品——A产品　　　　　1 153 560
　　贷：生产成本——A产品　　　　　　1 153 560
㉒ 借：银行存款　　　　　　　　　　600 000
　　　应收账款　　　　　　　　　　530 000
　　贷：主营业务收入　　　　　　　　1 000 000
　　　　应交税费——应交增值税（销项税额）　130 000
㉓ 借：银行存款　　　　　　　　　　3 390
　　贷：其他业务收入　　　　　　　　3 000
　　　　应交税费——应交增值税（销项税额）　390
㉔ 借：销售费用　　　　　　　　　　82 000
　　贷：银行存款　　　　　　　　　　82 000
㉕ 借：主营业务成本——A产品　　　　743 950
　　贷：库存商品——A产品　　　　　　743 950
㉖ 借：其他业务成本　　　　　　　　2 500
　　贷：原材料　　　　　　　　　　　2 500
㉗ 借：管理费用　　　　　　　　　　3 000
　　贷：累计摊销　　　　　　　　　　3 000
㉘ 借：管理费用　　　　　　　　　　600
　　贷：长期待摊费用　　　　　　　　600
㉙ 借：信用减值损失　　　　　　　　2 000
　　贷：坏账准备　　　　　　　　　　2 000
㉚ 借：主营业务收入　　　　　　　　1 000 000
　　　其他业务收入　　　　　　　　3 000
　　　营业外收入　　　　　　　　　1 000
　　贷：本年利润　　　　　　　　　　1 004 000
　　借：本年利润　　　　　　　　　　863 000
　　贷：主营业务成本　　　　　　　　743 950
　　　　其他业务支出　　　　　　　　2 500
　　　　销售费用　　　　　　　　　　82 000
　　　　管理费用　　　　　　　　　　31 450
　　　　财务费用　　　　　　　　　　1 000
　　　　营业外支出　　　　　　　　　100
　　　　信用减值损失　　　　　　　　2 000

本月利润 = 1 004 000 - 863 000 = 141 000（元）

㉛ 全年利润 = 259 000 + 141 000 = 400 000（元）；应交所得税 = 400 000 × 25% = 100 000（元）

　　借：所得税费用　　　　　　　　　100 000
　　贷：应交税费——应交所得税　　　　100 000
㉜ 借：本年利润　　　　　　　　　　100 000

　　　　　贷：所得税费用　　　　　　　　　100 000
㉝ 借：本年利润　　　　　　　　　　　　300 000
　　　　　贷：利润分配　　　　　　　　　　　300 000
㉞ 借：利润分配　　　　　　　　　　　　 30 000
　　　　　贷：盈余公积　　　　　　　　　　　 30 000
㉟ 借：利润分配　　　　　　　　　　　　180 000
　　　　　贷：应付股利　　　　　　　　　　　180 000

（2）账户记录：

表 4-61　总分类账

账户名称：库存现金　　　　　　　　　　　　　　　　　　　　　　　　　　　　第　页

2020年		凭证		摘要	借方	贷方	借或贷	余额
月	日	字	号					
12	1			期初余额			借	2 100
	16		11	提取现金	168 000		借	170 100
	16		11	发放工资		168 000	借	2 100
	18		12	报销差旅费		160	借	1 940
	23		15	支付罚款		100	借	1 840
	31			合计及余额	168 000	168 260	借	1 840

表 4-62　总分类账

账户名称：银行存款　　　　　　　　　　　　　　　　　　　　　　　　　　　　第　页

2020年		凭证		摘要	借方	贷方	借或贷	余额
月	日	字	号					
12	1			期初余额			借	873 000
	2		1	收到货币投资	740 000		借	1 613 000
	6		5	偿还购货款		120 000	借	1 493 000
	11		8	取得短期借款	500 000		借	1 993 000
	12		9	偿还购料款		791 000	借	1 202 000
	16		11	提取现金		168 000	借	1 034 000
	20		13	收到购货款	92 000		借	1 126 000
	25		16	收到罚款	1 000		借	1 127 000
	31		22	销售A产品	600 000		借	1 727 000
	31		23	出售材料	3 390		借	1 730 390
	31		24	支付广告费		82 000	借	1 648 390
	31			合计及余额	1 936 390	1 161 000	借	1 648 390

表4-63　总分类账

账户名称：原材料　　　　　　　　　　　　　　　　　　　　　　　　　　　　　　　　第　页

2020年		凭证		摘要	借方	贷方	借或贷	余额
月	日	字	号					
12	1			期初余额			借	934 600
	3		3	购买甲材料	700 000		借	1 634 600
	4		4	购买乙材料	50 000		借	1 684 600
	9		7	丙材料入库	9 000		借	1 693 600
	15		10	领用材料		1 108 000	借	586 600
	21		14	领用材料		23 520	借	562 080
	31		26	结转材料成本		2 500	借	559 580
	31			合计及余额	759 000	1 134 020	借	559 580

表4-64　总分类账

账户名称：应收账款　　　　　　　　　　　　　　　　　　　　　　　　　　　　　　　第　页

2020年		凭证		摘要	借方	贷方	借或贷	余额
月	日	字	号					
12	1			期初余额			借	189 000
	20		13	收到购货款		92 000	借	97 000
	31		22	销售A产品	530 000		借	627 000
	31			合计及余额	530 000	92 000	借	627 000

表4-65　总分类账

账户名称：库存商品　　　　　　　　　　　　　　　　　　　　　　　　　　　　　　　第　页

2020年		凭证		摘要	借方	贷方	借或贷	余额
月	日	字	号					
12	1			期初余额			借	481 000
	31		21	产品入库	1 153 560		借	1 634 560
	31		25	结转成本		743 950	借	890 610
	31			合计及余额	1 153 560	743 950	借	890 610

表 4-66　总分类账

账户名称：其他应收款　　　　　　　　　　　　　　　　　　　　　　　　　　　第　　页

2020年		凭证		摘要	借方	贷方	借或贷	余额
月	日	字	号					
12	1			期初余额			借	800
	18		12	报销差旅费		800	平	0
	31			合计及余额	0	800	平	0

表 4-67　总分类账

账户名称：在途物资　　　　　　　　　　　　　　　　　　　　　　　　　　　　第　　页

2020年		凭证		摘要	借方	贷方	借或贷	余额
月	日	字	号					
12	7		6	购买丙材料	9 000		借	9 000
	9		7	丙材料入库		9 000	平	0
	31			合计及余额	9 000	9 000	平	0

表 4-68　总分类账

账户名称：固定资产　　　　　　　　　　　　　　　　　　　　　　　　　　　　第　　页

2020年		凭证		摘要	借方	贷方	借或贷	余额
月	日	字	号					
12	1			期初余额			借	6 437 000
	3		2	收到设备投资	300 000		借	6 737 000
	31			合计及余额	300 000	0	借	6 737 000

表 4-69　总分类账

账户名称：无形资产　　　　　　　　　　　　　　　　　　　　　　　　　　　　第　　页

2020年		凭证		摘要	借方	贷方	借或贷	余额
月	日	字	号					
12	1			期初余额			借	400 000
	31			合计及余额	0	0	借	400 000

表4-70　总分类账

账户名称：长期待摊费用　　　　　　　　　　　　　　　　　　　　　　　　　　　第　　页

2020年		凭证		摘要	借方	贷方	借或贷	余额
月	日	字	号					
12	1			期初余额			借	30 000
	31		28	摊销费用		600	借	29 400
	31			合计及余额	0	600	借	29 400

表4-71　总分类账

账户名称：生产成本　　　　　　　　　　　　　　　　　　　　　　　　　　　　　第　　页

2020年		凭证		摘要	借方	贷方	借或贷	余额
月	日	字	号					
12	1			期初余额			借	256 000
	15		10	领用材料	1 100 000		借	1 356 000
	21		14	领用材料	19 600		借	1 375 600
	31		18	分配工资费用	140 000		借	1 515 600
	31		20	分配制造费用	21 630		借	1 537 230
	31		21	产品入库		1 153 560	借	383 670
	31			合计及余额	1 281 230	1 153 560	借	383 670

表4-72　总分类账

账户名称：制造费用　　　　　　　　　　　　　　　　　　　　　　　　　　　　　第　　页

2020年		凭证		摘要	借方	贷方	借或贷	余额
月	日	字	号					
12	15		10	领用材料	5 000		借	5 000
	21		14	领用材料	1 120		借	6 120
	31		17	计提折旧	7 510		借	13 630
	31		18	分配工资费用	8 000		借	21 630
	31		20	结转制造费用		21 630	平	0
	31			合计及余额	21 630	21 630	平	0

表 4-73　总分类账

账户名称：管理费用　　　　　　　　　　　　　　　　　　　　　　　　　　第　　页

2020年		凭证		摘要	借方	贷方	借或贷	余额
月	日	字	号					
12	15		10	领用材料	3 000		借	3 000
	18		12	报销差旅费	960		借	3 960
	21		14	领用材料	2 800		借	6 760
	31		17	计提折旧	1 090		借	7 850
	31		18	分配工资费用	20 000		借	27 850
	31		27	摊销无形资产	3 000		借	30 850
	31		28	摊销费用	600		借	31 450
	31		30	结转管理费用		31 450	平	0
	31			合计及余额	31 450	31 450	平	0

表 4-74　总分类账

账户名称：财务费用　　　　　　　　　　　　　　　　　　　　　　　　　　第　　页

2020年		凭证		摘要	借方	贷方	借或贷	余额
月	日	字	号					
12	31		19	预提利息	1 000		借	1 000
	31		30	结转财务费用		1 000	平	0
	31			合计及余额	1 000	1 000	平	0

表 4-75　总分类账

账户名称：销售费用　　　　　　　　　　　　　　　　　　　　　　　　　　第　　页

2020年		凭证		摘要	借方	贷方	借或贷	余额
月	日	字	号					
12	31		24	支付广告费	82 000		借	82 000
	31		30	结转销售费用		82 000	平	0
	31			合计及余额	82 000	82 000	平	0

表 4-76　总分类账

账户名称：主营业务收入　　　　　　　　　　　　　　　　　　　　　　　　　　　　第　　页

2020年		凭证		摘要	借方	贷方	借或贷	余额
月	日	字	号					
12	31		22	销售A产品		1 000 000	贷	1 000 000
	31		30	结转产品收入	1 000 000		平	0
	31			合计及余额	1 000 000	1 000 000	平	0

表 4-77　总分类账

账户名称：其他业务收入　　　　　　　　　　　　　　　　　　　　　　　　　　　　第　　页

2020年		凭证		摘要	借方	贷方	借或贷	余额
月	日	字	号					
12	31		23	销售材料		3 000	贷	3 000
	31		30	结转材料收入	3 000		平	0
	31			合计及余额	3 000	3 000	平	0

表 4-78　总分类账

账户名称：主营业务成本　　　　　　　　　　　　　　　　　　　　　　　　　　　　第　　页

2020年		凭证		摘要	借方	贷方	借或贷	余额
月	日	字	号					
12	31		25	销售成本	743 950		借	743 950
	31		30	结转产品成本		743 950	平	0
	31			合计及余额	743 950	743 950	平	0

表 4-79　总分类账

账户名称：其他业务成本　　　　　　　　　　　　　　　　　　　　　　　　　　　　第　　页

2020年		凭证		摘要	借方	贷方	借或贷	余额
月	日	字	号					
12	31		26	材料成本	2 500		借	2 500
	31		30	结转材料成本		2 500	平	0
	31			合计及余额	2 500	2 500	平	0

表 4-80　总分类账

账户名称：营业外收入　　　　　　　　　　　　　　　　　　　　　　　　　　　　　　　　第　页

2020 年		凭证		摘要	借方	贷方	借或贷	余额
月	日	字	号					
12	25		16	收到罚款		1 000	贷	1 000
	31		30	结转营业外收入	1 000		平	0
	31			合计及余额	1 000	1 000	平	0

表 4-81　总分类账

账户名称：营业外支出　　　　　　　　　　　　　　　　　　　　　　　　　　　　　　　　第　页

2020 年		凭证		摘要	借方	贷方	借或贷	余额
月	日	字	号					
12	23		15	支付罚款	100		借	100
	31		30	结转营业外支出		100	平	0
	31			合计及余额	100	100	平	0

表 4-82　总分类账

账户名称：信用减值损失　　　　　　　　　　　　　　　　　　　　　　　　　　　　　　　第　页

2020 年		凭证		摘要	借方	贷方	借或贷	余额
月	日	字	号					
12	31		29	计提信用减值	2 000		借	2 000
	31		30	结转信用减值		2 000	平	0
	31			合计及余额	2 000	2 000	平	0

表 4-83　总分类账

账户名称：所得税费用　　　　　　　　　　　　　　　　　　　　　　　　　　　　　　　　第　页

2020 年		凭证		摘要	借方	贷方	借或贷	余额
月	日	字	号					
12	31		31	计算所得税	100 000		借	100 000
	31		32	结转所得税		100 000	平	0
	31			合计及余额	100 000	100 000	平	0

表 4-84　总分类账

账户名称：坏账准备　　　　　　　　　　　　　　　　　　　　　　　　　　　　第　　页

2020 年		凭证		摘要	借方	贷方	借或贷	余额
月	日	字	号					
12	31		29	计提信用减值		2 000	贷	2 000
	31			合计及余额	0	2 000	贷	2 000

表 4-85　总分类账

账户名称：短期借款　　　　　　　　　　　　　　　　　　　　　　　　　　　　第　　页

2020 年		凭证		摘要	借方	贷方	借或贷	余额
月	日	字	号					
12	1			期初余额			贷	100 000
	11		8	取得短期借款		500 000	贷	600 000
	31			合计及余额	0	500 000	贷	600 000

表 4-86　总分类账

账户名称：应付账款　　　　　　　　　　　　　　　　　　　　　　　　　　　　第　　页

2020 年		凭证		摘要	借方	贷方	借或贷	余额
月	日	字	号					
12	1			期初余额			贷	249 000
	3		3	购买甲材料		791 000	贷	1 040 000
	6		5	偿还购货款	120 000		贷	920 000
	7		6	购买丙材料		10 170	贷	930 170
	12		9	偿还购料款	791 000		贷	139 170
	31			合计及余额	911 000	801 170	贷	139 170

表 4-87　总分类账

账户名称：应付票据　　　　　　　　　　　　　　　　　　　　　　　　　　第　页

2020年		凭证		摘要	借方	贷方	借或贷	余额
月	日	字	号					
12	4		4	购买乙材料		56 500	贷	56 500
	31			合计及余额	0	56 500	贷	56 500

表 4-88　总分类账

账户名称：应付职工薪酬　　　　　　　　　　　　　　　　　　　　　　　　第　页

2020年		凭证		摘要	借方	贷方	借或贷	余额
月	日	字	号					
12	16		11	发放工资	168 000		借	168 000
	31		18	分配工资费用		168 000	平	0
	31			合计及余额	168 000	168 000	平	0

表 4-89　总分类账

账户名称：应付利息　　　　　　　　　　　　　　　　　　　　　　　　　　第　页

2020年		凭证		摘要	借方	贷方	借或贷	余额
月	日	字	号					
12	1			期初余额			贷	2 000
	31		19	预提借款利息		1 000	贷	3 000
	31			合计及余额	0	1 000	贷	3 000

表 4-90 总分类账

账户名称：应交税费   第 页

2020年		凭证		摘要	借方	贷方	借或贷	余额
月	日	字	号					
12	1			期初余额			贷	52 500
	3		2	收到设备投资	39 000		贷	13 500
	3		3	购买甲材料	91 000		借	77 500
	4		4	购买乙材料	6 500		借	84 000
	7		6	购买丙材料	1 170		借	85 170
	31		22	销售A产品		130 000	贷	44 830
	31		23	销售材料		390	贷	45 220
	31		31	计算所得税		100 000	贷	145 220
	31			合计及余额	137 670	230 390	贷	145 220

表 4-91 总分类账

账户名称：本年利润   第 页

2020年		凭证		摘要	借方	贷方	借或贷	余额
月	日	字	号					
12	1			期初余额			贷	259 000
	31		30	结转收入		1 004 000	贷	1 263 000
	31		30	结转成本费用	863 000		贷	400 000
	31		32	结转所得税	100 000		贷	300 000
	31		33	所得税净利润	300 000		平	0
	31			合计及余额	1 263 000	1 004 000	平	0

表 4-92　总分类账

账户名称：长期借款　　　　　　　　　　　　　　　　　　　　　　　　　　第　　页

2020 年		凭证		摘要	借方	贷方	借或贷	余额
月	日	字	号					
12	1			期初余额			贷	1 000 000
	31			合计及余额	0	0	贷	1 000 000

表 4-93　总分类账

账户名称：实收资本　　　　　　　　　　　　　　　　　　　　　　　　　　第　　页

2020 年		凭证		摘要	借方	贷方	借或贷	余额
月	日	字	号					
12	1			期初余额			贷	6 229 000
	2		1	收到货币投资		740 000	贷	6 969 000
	3		2	收到设备投资		339 000	贷	7 308 000
	31			合计及余额	0	1 079 000	贷	7 308 000

表 4-94　总分类账

账户名称：利润分配　　　　　　　　　　　　　　　　　　　　　　　　　　第　　页

2020 年		凭证		摘要	借方	贷方	借或贷	余额
月	日	字	号					
12	31		33	所得税净利润		300 000	贷	300 000
	31		34	计提盈余公积	30 000		贷	270 000
	31		35	计算应付股利	180 000		贷	90 000
	31			合计及余额	210 000	300 000	贷	90 000

表 4-95　总分类账

账户名称：应付股利　　　　　　　　　　　　　　　　　　　　　　　　　　　　　　第　　页

2020 年		凭证		摘要	借方	贷方	借或贷	余额
月	日	字	号					
12	31		35	计算应付股利		180 000	贷	180 000
	31			合计及余额	0	180 000	贷	180 000

表 4-96　总分类账

账户名称：盈余公积　　　　　　　　　　　　　　　　　　　　　　　　　　　　　　第　　页

2020 年		凭证		摘要	借方	贷方	借或贷	余额
月	日	字	号					
12	1			期初余额			贷	438 000
	31		34	计提盈余公积		30 000	贷	468 000
	31			合计及余额	0	30 000	贷	468 000

表 4-97　总分类账

账户名称：累计折旧　　　　　　　　　　　　　　　　　　　　　　　　　　　　　　第　　页

2020 年		凭证		摘要	借方	贷方	借或贷	余额
月	日	字	号					
12	1			期初余额			贷	1 210 000
	31		17	计提折旧		8 600	贷	1 218 600
	31			合计及余额	0	8 600	贷	1 218 600

表 4-98　总分类账

账户名称：累计摊销　　　　　　　　　　　　　　　　　　　　　　　　　　　　　　第　　页

2020 年		凭证		摘要	借方	贷方	借或贷	余额
月	日	字	号					
12	1			期初余额			贷	64 000
	31		27	摊销无形资产		3 000	贷	67 000
	31			合计及余额	0	3 000	贷	67 000

（3）试算平衡表：

表 4-99　试算平衡表

2020 年 12 月 31 日　　　　　　　　　　　　　　　　　　　　　　　　　　　　单位：元

账户名称	期初余额		本期发生额		期末余额	
	借方	贷方	借方	贷方	借方	贷方
库存现金	2 100		168 000	168 260	1 840	
银行存款	873 000		1 936 390	1 161 000	1 648 390	
原材料	934 600		759 000	1 134 020	559 580	
在途物资			9 000	9 000	0	
生产成本	256 000		1 281 230	1 153 560	383 670	
库存商品	481 000		1 153 560	743 950	890 610	
应收账款	189 000		530 000	92 000	627 000	
其他应收款	800		0	800	0	
固定资产	6 437 000		300 000	0	6 737 000	
无形资产	400 000		0	0	400 000	
长期待摊费用	30 000		0	600	29 400	
累计折旧		1 210 000	0	8 600		1 218 600
累计摊销		64 000	0	3 000		67 000
坏账准备			0	2 000	0	2 000
制造费用			21 630	21 630		
管理费用			31 450	31 450		
财务费用			1 000	1 000		
销售费用			82 000	82 000		
主营业务收入			1 000 000	1 000 000		
其他业务收入			3 000	3 000		
营业外收入			1 000	1 000		
主营业务成本			743 950	743 950		
其他业务成本			2 500	2 500		
营业外支出			100	100		
信用减值损失			2 000	2 000		
所得税费用			100 000	100 000		
短期借款		100 000	0	500 000		600 000
应付账款		249 000	911 000	801 170		139 170
应付票据			0	56 500		56 500
应交税费		52 500	137 670	230 390		145 220

续表

账户名称	期初余额		本期发生额		期末余额	
	借方	贷方	借方	贷方	借方	贷方
应付职工薪酬			168 000	168 000		
应付利息		2 000	0	1 000		3 000
应付股利			0	180 000		180 000
长期借款		1 000 000				1 000 000
实收资本		6 229 000	0	1 079 000		7 308 000
盈余公积		438 000	0	30 000		468 000
本年利润		259 000	1 263 000	1 004 000		
利润分配			210 000	300 000		90 000
合计	9 603 500	9 603 500	10 815 480	10 815 480	11 277 490	11 277 490

第五章　成本计算

一、单项选择题

1	2	3	4	5	6	7	8	9	10
D	C	B	B	D	A	D	B	D	D
11	12	13	14	15	16	17	18	19	20
C	B	D	A	C	D	A	D	C	A

二、多项选择题

1	2	3	4	5	6	7	8	9	10
ACD	AD	ABCD	ABC	CD	BD	ABC	ABC	AD	BD
11	12	13	14	15	16	17	18	19	20
ACB	AB	BCD	ABCD	AB	CD	BC	ABD	BD	ABCD

三、判断题

1	2	3	4	5	6	7	8	9	10
×	√	×	×	√	×	×	×	×	×
11	12	13	14	15	16	17	18	19	20
√	×	×	√	×	×	√	√	×	×

四、核算题

1. 练习材料采购成本的计算。

装卸费分配率 = 2 100 ÷（30 + 40）= 30

甲材料应分配装卸费 = 30 × 30 = 900（元）

乙材料应分配装卸费 = 40 × 30 = 1 200（元）

表 5-9　材料采购成本计算汇总表

成本项目	甲材料		乙材料	
	总成本	单位成本	总成本	单位成本
买价	15 000	500	12 000	300
装卸费	900	30	1 200	30
材料采购成本	15 900	530	13 200	330

2. 练习产品生产成本的计算。

（1）会计分录：

① 借：生产成本——A 产品　　　　3 231
　　　　　　　——B 产品　　　　2 584.80
　　　贷：原材料——甲材料　　　　2 835
　　　　　　　——乙材料　　　　2 980.80

② 借：生产成本——A 产品　　　　5 000
　　　　　　　——B 产品　　　　4 000
　　　　制造费用　　　　　　　　2 000
　　　　管理费用　　　　　　　　3 000
　　　贷：应付职工薪酬　　　　　14 000

③ 借：制造费用　　　　　　　　　600
　　　　管理费用　　　　　　　　300
　　　贷：累计折旧　　　　　　　900

④ 借：制造费用　　　　　　　　　200
　　　贷：库存现金　　　　　　　200

⑤ 借：制造费用　　　　　　　　　400
　　　贷：库存现金　　　　　　　400

⑥ 借：制造费用　　　　　　　　　237
　　　　库存现金　　　　　　　　63
　　　贷：其他应收款　　　　　　300

⑦ 制造费用 = 2 000 + 600 + 200 + 400 + 237 = 3 437（元）

分配率 = 3 437 ÷（5 000 + 4 000）≈ 0.381 9

A 产品应分配 = 5 000 × 0.381 9 = 1 909.50（元）

B 产品应分配 = 3 437 − 1 909.50 = 1 527.50（元）

　　借：生产成本——A 产品　　　　1 909.50
　　　　　　　——B 产品　　　　1 527.50
　　　贷：制造费用　　　　　　　3 437

⑧ A 产品成本 = 3 231 + 5 000 + 1 909.50 = 10 140.50（元）

　　借：库存商品——A 产品　　　　10 140.50
　　　贷：生产成本——A 产品　　　10 140.50

（2）登记"生产成本""制造费用"总账和"生产成本"明细账。

借方	制造费用		贷方
②	2 000	⑦	3 437
③	600		
④	200		
⑤	400		
⑥	237		
本期发生额	3 437	本期发生额	3 437

借方	生产成本		贷方
①	5 815.80	⑧	10 140.50
②	9 000		
⑦	3 437		
本期发生额	18 252.80	本期发生额	10 140.50
期末余额	8 112.30		

借方	生产成本——A 产品		贷方
①	3 231	⑧	10 140.50
②	5 000		
⑦	1 909.50		
本期发生额	10 140.50	本期发生额	10 140.50
期末余额	0		

借方	生产成本——B 产品		贷方
①	2 584.80		
②	4 000		
⑦	1 527.50		
本期发生额	8 112.30	本期发生额	0
期末余额	8 112.30		

(3) 编制"产品生产成本计算表"。

表 5-10　产品生产成本计算表

2021 年 5 月份　　　　　　　　　　　　　　　　　　　　　　　　　　单位：元

项目	A 产品	
	总成本（100 件）	单位成本
直接材料	3 231	32.31
直接人工	5 000	50
制造费用	1 909.50	19.095
产品生产成本	10 140.50	101.405

3. 练习产品生产成本的计算。

(1) 编制"制造费用分配表"。

表 5-13　制造费用分配表

2021 年 5 月　　　　　　　　　　　　　　　　　　　　　　　　　　　单位：元

产品名称	分配标准：生产工人工资	制造费用	
		分配率	分配金额
A 产品	30 000		25 200
B 产品	70 000		58 800
合计	100 000	0.84	84 000

(2) 编制"产品生产成本计算表"。

表 5-14　产品生产成本计算表

2021 年 5 月份　　　　　　　　　　　　　　　　　　　　　　　　　　单位：元

项目	产品		产品	
	总成本（2 000 件）	单位成本	总成本（500 件）	单位成本
直接材料	231 000	115.5	728 000	1 456
直接人工	31 000	15.5	60 000	120
制造费用	24 900	12.45	56 800	113.6
产品生产成本	286 900	143.45	844 800	1 689.6

4. 练习产品销售成本的计算。

(1) 按先进先出法计算产品销售成本。

A 产品销售成本 = 200 × 100 + 300 × 130 = 59 000（元）

(2) 按加权平均法计算产品销售成本。

A 产品平均单位制造成本 = (20 000 + 52 000)/(200 + 400) = 120(元)

A 产品销售成本 = 500 × 120 = 60 000（元）

(3) 按个别计价法计算产品销售成本。

A 产品销售成本 = 150 × 100 + 350 × 130 = 60 500（元）

第六章 会计凭证

一、单项选择题

1	2	3	4	5	6	7	8	9	10
C	D	A	C	D	B	D	D	D	D
11	12	13	14	15	16	17	18	19	20
A	C	D	B	C	D	B	A	A	B

二、多项选择题

1	2	3	4	5	6	7	8	9	10
ABD	AC	AD	BCD	ABCD	ABCD	ACD	ABD	ABCD	ABCD
11	12	13	14	15	16	17	18	19	20
ABCD	BCD	ABC	ABD	ABCD	ABCD	ABD	ABC	BCD	ABCD

三、判断题

1	2	3	4	5	6	7	8	9	10
√	√	×	×	×	×	√	×	×	√
11	12	13	14	15	16	17	18	19	20
×	×	√	√	√	×	√	√	√	√

四、核算题

1. (1)

记账凭证

2020 年 7 月 1 日　　　　　　　　　　　　　　　　　记字 第 1 号

摘要	会计科目		借方金额								贷方金额								记账	附件
	总账科目	明细科目	十	万	千	百	十	元	角	分	十	万	千	百	十	元	角	分		
提现	库存现金				2	0	0	0	0	0									√	张
	银行存款												2	0	0	0	0	0	√	
																	0	0		
合计			¥		2	0	0	0	0	0	¥		2	0	0	0	0	0		

会计主管（签章）　　　记账（签章）　　　出纳（签章）　　　审核（签章）　　　制单（签章）

(2)

记账凭证

2020 年 7 月 1 日　　　　　　　　　　　　　　　　记字　第 2 号

摘要	会计科目		借方金额								贷方金额								记账
	总账科目	明细科目	十	万	千	百	十	元	角	分	十	万	千	百	十	元	角	分	
采购材料	原材料	甲材料		4	0	0	0	0	0	0									√
	应交税费	应交增值税（进项税额）			5	2	0	0	0	0									√
	银行存款											4	5	2	0	0	0	0	√
	合　计		¥	4	5	2	0	0	0	0	¥	4	5	2	0	0	0	0	

会计主管（签章）　　　记账（签章）　　　出纳（签章）　　　审核（签章）　　　制单（签章）

附件　张

(3)

记账凭证

2020 年 7 月 1 日　　　　　　　　　　　　　　　　记字　第 3 号

摘要	会计科目		借方金额								贷方金额								记账
	总账科目	明细科目	十	万	千	百	十	元	角	分	十	万	千	百	十	元	角	分	
领用材料	生产成本	A 产品		2	6	0	0	0	0	0									√
	制造费用					2	0	0	0	0									√
	原材料	甲材料										2	6	0	0	0	0	0	√
	原材料	丙材料												2	0	0	0	0	√
	合　计		¥	2	6	2	0	0	0	0	¥	2	6	2	0	0	0	0	

会计主管（签章）　　　记账（签章）　　　出纳（签章）　　　审核（签章）　　　制单（签章）

附件　张

(4)

记账凭证

2020 年 7 月 1 日　　　　　　　　　　　　　　　　记字　第 4 号

摘要	会计科目		借方金额								贷方金额								记账
	总账科目	明细科目	十	万	千	百	十	元	角	分	十	万	千	百	十	元	角	分	
差旅费报销	制造费用					5	0	0	0	0									√
	库存现金					1	5	0	0	0									√
	其他应收款	张三												6	5	0	0	0	√
	合　计					¥	6	5	0	0	0				¥	6	5	0	0	0	

会计主管（签章）　　　记账（签章）　　　出纳（签章）　　　审核（签章）　　　制单（签章）

附件　张

(5)

记账凭证

2020 年 7 月 1 日　　　　　　　　　　　　　　　记字　第 5 号

摘要	会计科目		借方金额								贷方金额								记账
	总账科目	明细科目	十	万	千	百	十	元	角	分	十	万	千	百	十	元	角	分	
销售产品	应收账款	A 产品		9	0	4	0	0	0	0									√
	主营业务收入	A 产品										8	0	0	0	0	0	0	√
	应交税费	应交税费（销项税额）										1	0	4	0	0	0	0	√
合　计			¥	9	0	4	0	0	0	0	¥	9	0	4	0	0	0	0	

会计主管（签章）　　　记账（签章）　　　出纳（签章）　　　审核（签章）　　　制单（签章）

(6)

记账凭证

2020 年 7 月 1 日　　　　　　　　　　　　　　　记字　第 6 号

摘要	会计科目		借方金额								贷方金额								记账
	总账科目	明细科目	十	万	千	百	十	元	角	分	十	万	千	百	十	元	角	分	
借入短期借款	银行存款			5	0	0	0	0	0	0									√
	短期借款											5	0	0	0	0	0	0	√
合　计			¥	5	0	0	0	0	0	0	¥	5	0	0	0	0	0	0	

会计主管（签章）　　　记账（签章）　　　出纳（签章）　　　审核（签章）　　　制单（签章）

2. (1)

收款凭证　　　　　　　　　　　　　　　　　　银收字　第 1 号

2020 年 8 月 3 日　　　　　　　　　　　　　　　借方科目：银行存款

摘要	贷方科目		金额								记账
	总账科目	明细科目	十	万	千	百	十	元	角	分	
借入短期借款	短期借款	X 银行		1	0	0	0	0	0	0	√
合　计			¥	1	0	0	0	0	0	0	

会计主管（签章）　　　记账（签章）　　　出纳（签章）　　　审核（签章）　　　制单（签章）

(2)

收款凭证 银收字 第 2 号
2020 年 8 月 9 日 借方科目：银行存款

摘要	贷方科目		金额							记账
	总账科目	明细科目	十万	千	百	十	元	角	分	
销售产品	主营业务收入	A 产品	5	0	0	0	0	0	0	√
	应交税费	应交增值税（销项税额）		6	5	0	0	0	0	√
合　计			¥5	6	5	0	0	0	0	

附件　张

会计主管（签章）　　　记账（签章）　　　出纳（签章）　　　审核（签章）　　　制单（签章）

(3)

收款凭证 现收字 第 1 号
2020 年 8 月 12 日 借方科目：库存现金

摘要	贷方科目		金额							记账
	总账科目	明细科目	十万	千	百	十	元	角	分	
退回差旅费	其他应收款	王四		1	0	0	0	0	0	√
合　计				¥1	0	0	0	0	0	

附件　张

会计主管（签章）　　　记账（签章）　　　出纳（签章）　　　审核（签章）　　　制单（签章）

(4)

收款凭证 现收字 第 2 号
2020 年 8 月 15 日 借方科目：库存现金

摘要	贷方科目		金额							记账
	总账科目	明细科目	十万	千	百	十	元	角	分	
收到退回的押金	其他应收款	押金			5	0	0	0	0	√
合　计					¥5	0	0	0	0	

附件　张

会计主管（签章）　　　记账（签章）　　　出纳（签章）　　　审核（签章）　　　制单（签章）

(5)

收款凭证　　　　　　　　　　　　　　　　　　　　　　银收字　第3号
2020 年 8 月 22 日　　　　　　　　　　　　　　　　　借方科目：银行存款

摘要	贷方科目		金额							记账
	总账科目	明细科目	十万	千	百	十	元	角	分	
收到现金股利	应收股利	四方公司	2	0	0	0	0	0	0	√
合　计			¥2	0	0	0	0	0	0	

会计主管（签章）　　记账（签章）　　出纳（签章）　　审核（签章）　　制单（签章）

附件　张

(6)

收款凭证　　　　　　　　　　　　　　　　　　　　　　银收字　第4号
2020 年 8 月 27 日　　　　　　　　　　　　　　　　　借方科目：银行存款

摘要	贷方科目		金额							记账
	总账科目	明细科目	十万	千	百	十	元	角	分	
收回货款	应收账款	永新公司	9	8	0	0	0	0	0	√
合　计			¥9	8	0	0	0	0	0	

会计主管（签章）　　记账（签章）　　出纳（签章）　　审核（签章）　　制单（签章）

附件　张

3.（1）

付款凭证　　　　　　　　　　　　　　　　　　　　　　银付字　第1号
2020 年 8 月 1 日　　　　　　　　　　　　　　　　　　贷方科目：银行存款

摘要	借方科目		金额							记账
	总账科目	明细科目	十万	千	百	十	元	角	分	
提现	库存现金				2	0	0	0	0	0	√
合　计				¥2	0	0	0	0	0	0	

会计主管（签章）　　记账（签章）　　出纳（签章）　　审核（签章）　　制单（签章）

附件　张

(2)

付款凭证　　　　　　　现付字 第1号
2020年8月3日　　　　　贷方科目：库存现金

摘要	借方科目		金额								记账
	总账科目	明细科目	十	万	千	百	十	元	角	分	
预借差旅费	其他应收款	张三				6	0	0	0	0	√
合　计			¥			6	0	0	0	0	

附件　张

会计主管（签章）　　　记账（签章）　　　出纳（签章）　　　审核（签章）　　　制单（签章）

(3)

付款凭证　　　　　　　现付字 第2号
2020年8月8日　　　　　贷方科目：库存现金

摘要	借方科目		金额								记账
	总账科目	明细科目	十	万	千	百	十	元	角	分	
支付罚款	营业外支出	罚款				2	0	0	0	0	√
合　计			¥			2	0	0	0	0	

附件　张

会计主管（签章）　　　记账（签章）　　　出纳（签章）　　　审核（签章）　　　制单（签章）

(4)

付款凭证　　　　　　　银付字 第2号
2020年8月9日　　　　　贷方科目：银行存款

摘要	借方科目		金额								记账
	总账科目	明细科目	十	万	千	百	十	元	角	分	
支付广告费	销售费用	广告费		1	0	0	0	0	0	0	√
合　计			¥	1	0	0	0	0	0	0	

附件　张

会计主管（签章）　　　记账（签章）　　　出纳（签章）　　　审核（签章）　　　制单（签章）

(5)

付款凭证

现付字 第3号

2020年8月16日

贷方科目：库存现金

摘要	借方科目		金额								记账
	总账科目	明细科目	十	万	千	百	十	元	角	分	
购买办公用品	管理费用	办公费			1	5	0	0	0	0	√
合 计			¥		1	5	0	0	0	0	

附件 张

会计主管（签章）　　记账（签章）　　出纳（签章）　　审核（签章）　　制单（签章）

(6)

付款凭证

银付字 第3号

2020年8月31日

贷方科目：银行存款

摘要	借方科目		金额								记账
	总账科目	明细科目	十	万	千	百	十	元	角	分	
偿还货款	应付账款	光明公司		5	0	0	0	0	0	0	√
	应付账款	正大公司		3	0	0	0	0	0	0	√
合 计			¥	8	0	0	0	0	0	0	

附件 张

会计主管（签章）　　记账（签章）　　出纳（签章）　　审核（签章）　　制单（签章）

4.（1）

转账凭证

2020年8月2日

转字 第1号

摘要	会计科目		借方金额								贷方金额								记账
	总账科目	明细科目	十	万	千	百	十	元	角	分	十	万	千	百	十	元	角	分	
采购材料	原材料	甲材料		4	0	0	0	0	0	0									√
	应交税费	应交增值税（进项税额）			5	2	0	0	0	0									√
	应付账款	甲公司										4	5	2	0	0	0	0	√
合 计			¥	4	5	2	0	0	0	0	¥	4	5	2	0	0	0	0	

附件 张

会计主管（签章）　　记账（签章）　　审核（签章）　　制单（签章）

(2)

转账凭证

2020 年 8 月 3 日　　　　　　　　　　　　　　　转字　第 2 号

摘要	会计科目		借方金额								贷方金额								记账
	总账科目	明细科目	十	万	千	百	十	元	角	分	十	万	千	百	十	元	角	分	
领用材料	生产成本	A 产品		2	6	0	0	0	0	0									√
	原材料	甲材料										2	6	0	0	0	0	0	√
	合　计		¥	2	6	0	0	0	0	0	¥	2	6	0	0	0	0	0	

会计主管（签章）　　　　记账（签章）　　　　审核（签章）　　　　制单（签章）

附件　张

(3)

转账凭证

2020 年 8 月 8 日　　　　　　　　　　　　　　　转字　第 3 号

摘要	会计科目		借方金额								贷方金额								记账
	总账科目	明细科目	十	万	千	百	十	元	角	分	十	万	千	百	十	元	角	分	
采购材料	原材料	丙材料		2	0	0	0	0	0	0									√
	应交税费	应交增值税（进项税额）			2	6	0	0	0	0									√
	应付账款	丙公司										2	2	6	0	0	0	0	√
	合　计		¥	2	2	6	0	0	0	0	¥	2	2	6	0	0	0	0	

会计主管（签章）　　　　记账（签章）　　　　审核（签章）　　　　制单（签章）

附件　张

(4)

转账凭证

2020 年 8 月 16 日　　　　　　　　　　　　　　　转字　第 4 号

摘要	会计科目		借方金额								贷方金额								记账
	总账科目	明细科目	十	万	千	百	十	元	角	分	十	万	千	百	十	元	角	分	
领用材料	管理费用	其他				1	5	0	0	0									√
	原材料	丙材料												1	5	0	0	0	√
	合　计		¥			1	5	0	0	0	¥			1	5	0	0	0	

会计主管（签章）　　　　记账（签章）　　　　审核（签章）　　　　制单（签章）

附件　张

(5)

转账凭证

2020 年 8 月 25 日　　　　　　　　　　　　　　　　　　　转字　第 5 号

摘要	会计科目		借方金额								贷方金额								记账
	总账科目	明细科目	十	万	千	百	十	元	角	分	十	万	千	百	十	元	角	分	
领用材料	生产成本	C产品		1	5	0	0	0	0	0									√
	原材料	乙材料										1	5	0	0	0	0	0	√
合　计			¥	1	5	0	0	0	0	0	¥	1	5	0	0	0	0	0	

会计主管（签章）　　　　记账（签章）　　　　审核（签章）　　　　制单（签章）

附件 张

(6)

转账凭证

2020 年 8 月 28 日　　　　　　　　　　　　　　　　　　　转字　第 6 号

摘要	会计科目		借方金额								贷方金额								记账
	总账科目	明细科目	十	万	千	百	十	元	角	分	十	万	千	百	十	元	角	分	
采购材料	原材料	乙材料		3	0	0	0	0	0	0									√
	应交税费	应交增值税（进项税额）			3	9	0	0	0	0									√
	应付账款	乙公司										3	3	9	0	0	0	0	√
合　计			¥	3	3	9	0	0	0	0	¥	3	3	9	0	0	0	0	

会计主管（签章）　　　　记账（签章）　　　　审核（签章）　　　　制单（签章）

附件 张

5.(1)

转账凭证

2020 年 9 月 1 日　　　　　　　　　　　　　　　　　　　转字　第 1 号

摘要	会计科目		借方金额								贷方金额								记账
	总账科目	明细科目	十	万	千	百	十	元	角	分	十	万	千	百	十	元	角	分	
报销差旅费	制造费用	差旅费				5	0	0	0	0									√
	其他应收款	张三												5	0	0	0	0	√
合　计					¥	5	0	0	0	0			¥	5	0	0	0	0	

会计主管（签章）　　　　记账（签章）　　　　审核（签章）　　　　制单（签章）

附件 张

收款凭证

现收字 第 1 号
2020 年 9 月 1 日
借方科目：库存现金

摘要	贷方科目		金额								记账
	总账科目	明细科目	十	万	千	百	十	元	角	分	
退回多余现金	其他应收款	张三			1	0	0	0	0		√
合 计				¥	1	0	0	0	0		

会计主管（签章）　　　记账（签章）　　　出纳（签章）　　　审核（签章）　　　制单（签章）

(2)

收款凭证

银收字 第 1 号
2020 年 9 月 1 日
借方科目：银行存款

摘要	贷方科目		金额								记账
	总账科目	明细科目	十	万	千	百	十	元	角	分	
销售产品	应收账款	乙公司		5	0	0	0	0	0	0	√
合 计				¥	5	0	0	0	0	0	0

会计主管（签章）　　　记账（签章）　　　出纳（签章）　　　审核（签章）　　　制单（签章）

转账凭证

转字 第 2 号
2020 年 9 月 1 日

摘要	会计科目		借方金额								贷方金额								记账
	总账科目	明细科目	十	万	千	百	十	元	角	分	十	万	千	百	十	元	角	分	
销售产品	应收账款	乙公司		9	0	4	0	0	0	0									√
	主营业务收入	A 产品										8	0	0	0	0	0	0	√
	应交税费	应交增值税（销项税额）										1	0	4	0	0	0	0	√
合 计			¥	9	0	4	0	0	0	0	¥	9	0	4	0	0	0	0	

会计主管（签章）　　　记账（签章）　　　审核（签章）　　　制单（签章）

(3)

付款凭证　　　　　　　　　　银付字 第1号

2020年9月1日　　　　　　　　贷方科目：银行存款

摘要	借方科目		金额								记账
	总账科目	明细科目	十	万	千	百	十	元	角	分	
支付欠款	应付账款	甲公司		2	0	0	0	0	0	0	√
合　计			¥	2	0	0	0	0	0	0	

会计主管（签章）　　记账（签章）　　出纳（签章）　　审核（签章）　　制单（签章）

转账凭证

2020年9月1日　　　　　　　　　　　　　　　　　　转字 第3号

摘要	会计科目		借方金额								贷方金额								记账
	总账科目	明细科目	十	万	千	百	十	元	角	分	十	万	千	百	十	元	角	分	
票据抵付欠款	应付账款	甲公司		1	0	0	0	0	0	0									√
	应付票据	甲公司										1	0	0	0	0	0	0	√
合　计			¥	1	0	0	0	0	0	0	¥	1	0	0	0	0	0	0	

会计主管（签章）　　记账（签章）　　审核（签章）　　制单（签章）

第七章　会计账簿

一、单项选择题

1	2	3	4	5	6	7	8	9	10
A	B	C	A	D	A	C	B	B	B
11	12	13	14	15	16	17	18	19	20
C	C	B	B	A	A	B	B	B	C

二、多项选择题

1	2	3	4	5	6	7	8	9	10
BCD	ABC	BC	ABD	AB	AD	AD	AC	ABCD	ABC
11	12	13	14	15	16	17	18	19	20
ACD	ABC	ABD	CD	BCD	AC	AB	ABC	CD	BCD

三、判断题

1	2	3	4	5	6	7	8	9	10
×	×	×	×	×	√	√	×	×	×
11	12	13	14	15	16	17	18	19	20
×	√	√	√	√	×	×	×	√	×

四、核算题

1. 练习三栏式日记账的登记方法。

(1) 根据上述经济业务填制记账凭证。

①

记账凭证

2020 年 9 月 16 日　　　　　　　　　　　　　记字 第 11 号

摘要	会计科目		借方金额								贷方金额								记账
	总账科目	明细科目	十	万	千	百	十	元	角	分	十	万	千	百	十	元	角	分	
从银行提现	库存现金				1	0	0	0	0	0									√
	银行存款												1	0	0	0	0	0	√
合　计					¥	1	0	0	0	0			¥	1	0	0	0	0	

会计主管（签章）　　　记账（签章）　　　出纳（签章）　　　审核（签章）　　　制单（签章）

②

记账凭证

2020 年 9 月 16 日　　　　　　　　　　　　　记字 第 12 号

摘要	会计科目		借方金额								贷方金额								记账
	总账科目	明细科目	十	万	千	百	十	元	角	分	十	万	千	百	十	元	角	分	
支付罚款	营业外支出						2	7	0	0									√
	库存现金														2	7	0	0	√
合　计							¥	2	7	0	0				¥	2	7	0	0	

会计主管（签章）　　　记账（签章）　　　出纳（签章）　　　审核（签章）　　　制单（签章）

③

记账凭证

2020 年 9 月 17 日　　　　　　　　　　　　　　　　　　　　　记字　第 13 号

摘要	会计科目		借方金额								贷方金额								记账
	总账科目	明细科目	十	万	千	百	十	元	角	分	十	万	千	百	十	元	角	分	
销售产品	库存现金				4	5	2	0	0	0									√
	主营业务收入												4	0	0	0	0	0	√
	应交税费	应交增值税（销项税额）												5	2	0	0	0	√
合计			¥		4	5	2	0	0	0	¥		4	5	2	0	0	0	

附件 张

会计主管（签章）　　记账（签章）　　出纳（签章）　　审核（签章）　　制单（签章）

④

记账凭证

2020 年 9 月 19 日　　　　　　　　　　　　　　　　　　　　　记字　第 14 号

摘要	会计科目		借方金额								贷方金额								记账
	总账科目	明细科目	十	万	千	百	十	元	角	分	十	万	千	百	十	元	角	分	
购买修理用材料	原材料				6	0	0	0	0	0									√
	应交税费	应交增值税（进项税额）				7	8	0	0	0									√
	银行存款												6	7	8	0	0	0	√
合计			¥		6	7	8	0	0	0	¥		6	7	8	0	0	0	

附件 张

会计主管（签章）　　记账（签章）　　出纳（签章）　　审核（签章）　　制单（签章）

⑤

记账凭证

2020 年 9 月 19 日　　　　　　　　　　　　　　　　　记字 第 15 号

摘要	会计科目		借方金额								贷方金额								记账
	总账科目	明细科目	十	万	千	百	十	元	角	分	十	万	千	百	十	元	角	分	
购买辅助材料	原材料				2	6	0	0	0											√
	银行存款													2	6	0	0	0	√
	合　计			¥	2	6	0	0	0			¥	2	6	0	0	0		

会计主管（签章）　　　　记账（签章）　　　　出纳（签章）　　　　审核（签章）　　　　制单（签章）

附件　张

⑥

记账凭证

2020 年 9 月 20 日　　　　　　　　　　　　　　　　　记字 第 16 号

摘要	会计科目		借方金额								贷方金额								记账
	总账科目	明细科目	十	万	千	百	十	元	角	分	十	万	千	百	十	元	角	分	
购买办公用品	管理费用						2	5	0	0									√
	库存现金															2	5	0	0	√
	合　计				¥	2	5	0	0				¥	2	5	0	0		

会计主管（签章）　　　　记账（签章）　　　　出纳（签章）　　　　审核（签章）　　　　制单（签章）

附件　张

⑦

记账凭证

2020 年 9 月 22 日　　　　　　　　　　　　　　　　　记字 第 17 号

摘要	会计科目		借方金额								贷方金额								记账
	总账科目	明细科目	十	万	千	百	十	元	角	分	十	万	千	百	十	元	角	分	
收到货款	银行存款			2	2	6	0	0	0	0									√
	应收账款											2	2	6	0	0	0	0	√
	合　计		¥	2	2	6	0	0	0	0	¥	2	2	6	0	0	0	0	

会计主管（签章）　　　　记账（签章）　　　　出纳（签章）　　　　审核（签章）　　　　制单（签章）

附件　张

⑧

记账凭证

2020 年 9 月 23 日   记字 第 18 号

摘要	会计科目		借方金额								贷方金额								记账
	总账科目	明细科目	十	万	千	百	十	元	角	分	十	万	千	百	十	元	角	分	
销售产品	银行存款			6	7	8	0	0	0										√
	主营业务收入											6	0	0	0	0	0		√
	应交税费	应交增值税（销项税额）												7	8	0	0	0	√
合 计			¥	6	7	8	0	0	0		¥	6	7	8	0	0	0		

会计主管（签章）　　记账（签章）　　出纳（签章）　　审核（签章）　　制单（签章）

附件　张

⑨

记账凭证

2020 年 9 月 29 日   记字 第 19 号

摘要	会计科目		借方金额								贷方金额								记账
	总账科目	明细科目	十	万	千	百	十	元	角	分	十	万	千	百	十	元	角	分	
支付电话费	管理费用	电话费				8	0	0	0										√
	银行存款													8	0	0	0		√
合 计					¥	8	0	0	0				¥	8	0	0	0		

会计主管（签章）　　记账（签章）　　出纳（签章）　　审核（签章）　　制单（签章）

附件　张

⑩

记账凭证

2020 年 9 月 30 日   记字 第 20 号

摘要	会计科目		借方金额								贷方金额								记账
	总账科目	明细科目	十	万	千	百	十	元	角	分	十	万	千	百	十	元	角	分	
购买机器	固定资产			2	0	0	0	0	0										√
	应交税费	应交增值税（进项税额）			2	6	0	0	0										√
	银行存款											2	2	6	0	0	0		√
合 计			¥	2	2	6	0	0	0		¥	2	2	6	0	0	0		

会计主管（签章）　　记账（签章）　　出纳（签章）　　审核（签章）　　制单（签章）

附件　张

(2) 根据相关记账凭证登记三栏式库存现金日记账和银行存款日记账。

表 7-8 库存现金日记账

第 × 页

2020 年		凭证		摘要	对方科目	借方（收入）	贷方（收入）	余额
月	日	字	号					
9	15							1 000.00
9	16	记	11	从银行提现	银行存款	100.00		1 100.00
9	16	记	12	支付罚款	营业外支出		27.00	1 073.00
9	17	记	13	销售产品	主营业务收入、应交税费	452.00		1 525.00
9	20	记	16	购买办公用品	管理费用		25.00	1 500.00
9	30			本月合计		—	—	1 500.00

表 7-9 银行存款日记账

第 × 页

2020 年		凭证		摘要	结算凭证		对方科目	借方（收入）	贷方（收入）	余额
月	日	字	号		种类	号数				
9	15									21 000.00
9	16	记	11	从银行提现			库存现金		100.00	20 900.00
9	19	记	14	购买修理用材料			原材料、应交税费		678.00	20 222.00
9	19	记	15	购买辅助材料			原材料		260.00	19 962.00
9	22	记	17	收到货款			应收账款	22 600.00		42 562.00
9	23	记	18	销售产品			主营业务收入、应交税费	6 780.00		49 342.00
9	29	记	19	支付电话费			管理费用		80.00	49 262.00
9	30	记	20	购买机器			固定资产、应交税费		2 260.00	47 002.00
9	30			本月合计				—	—	47 002.00

2. 练习错账的更正方法。（为简化核算，以会计分录形式代替记账凭证。）

（1）红字更正法。

先编制一张红字记账凭证，并据此登记入账。

借：固定资产　　　　　　　　　　500

　　应交税费——应交增值税（进项税额）　65

　贷：银行存款　　　　　　　　　　565

再编制一张蓝字记账凭证,并据此登记入账。

借:原材料　　　　　　　　　　　　500
　　应交税费——应交增值税(进项税额)　65
　　贷:银行存款　　　　　　　　　　　　565

(2) 补充登记法。

编制一张记账凭证,并据此登记入账。

借:管理费用　　　　　　　　　　　720
　　贷:银行存款　　　　　　　　　　　　720

(3) 红字更正法。

编制一张红字记账凭证,并据此登记入账。

借:生产成本　　　　　　　　　　1 800
　　贷:原材料　　　　　　　　　　　　1 800

(4) 红字更正法。

编制一张红字记账凭证,并据此登记入账。

借:财务费用　　　　　　　　　　9 000
　　贷:应付利息　　　　　　　　　　　9 000

(5) 红字更正法。

先编制一张红字记账凭证,并据此登记入账。

借:其他应付款　　　　　　　　　2 000
　　贷:库存现金　　　　　　　　　　　2 000

再编制一张蓝字记账凭证,并据此登记入账。

借:其他应收款　　　　　　　　　2 000
　　贷:库存现金　　　　　　　　　　　2 000

(6) 红字更正法。

先编制一张红字记账凭证,并据此登记入账。

借:制造费用　　　　　　　　　　4 000
　　贷:累计折旧　　　　　　　　　　　4 000

再编制一张蓝字记账凭证,并据此登记入账。

借:管理费用　　　　　　　　　　4 000
　　贷:累计折旧　　　　　　　　　　　4 000

(7) 画线更正法(直接在总账上改)。

总　账

会计科目：应付账款

2020 年		凭证号数	摘要	借方	贷方	借或贷	余额
月	日						
			承前页			贷	49 750
4	10	汇 4 - 1		90 000	167 000	贷	126 750
					4 800 印章		76 550 印章
4	20	汇 4 - 2		55 000	48 000	贷	119 750
							36 550 印章
4	30	汇 4 - 3		60 000	20 000	贷	79 750

3. 练习三栏式总账和明细账的登记。

（1）根据上述经济业务编制有关记账凭证。

（为简化核算，以会计分录形式代替记账凭证。）

① 借：原材料——甲材料　　　　　　　　　　　50 000
　　　　应交税费——应交增值税（进项税额）　 6 500
　　　贷：应付账款——中翔厂　　　　　　　　　　　56 500（记字 1 号）

② 借：应付账款——华胜厂　　　　　　　　　　70 000
　　　贷：银行存款　　　　　　　　　　　　　　　　70 000（记字 2 号）

③ 借：应付账款——中翔厂　　　　　　　　　　10 000
　　　贷：银行存款　　　　　　　　　　　　　　　　10 000（记字 3 号）

④ 借：原材料——乙材料　　　　　　　　　　　40 000
　　　　应交税费——应交增值税（进项税额）　 5 200
　　　贷：应付账款——华胜厂　　　　　　　　　　　45 200（记字 4 号）

⑤ 借：应付账款——中翔厂　　　　　　　　　　56 500
　　　贷：银行存款　　　　　　　　　　　　　　　　56 500（记字 5 号）

⑥ 借：在途物资——丙材料　　　　　　　　　　60 000
　　　　应交税费——应交增值税（进项税额）　 7 800
　　　贷：应付账款——中翔厂　　　　　　　　　　　67 800（记字 6 号）

⑦ 借：在途物资——乙材料　　　　　　　　　　20 000
　　　　应交税费——应交增值税（进项税额）　 2 600
　　　贷：应付账款——中翔厂　　　　　　　　　　　22 600（记字 7 号）

⑧ 借：应付账款——华胜厂　　　　　　　　　　45 200
　　　贷：银行存款　　　　　　　　　　　　　　　　45 200（记字 8 号）

⑨ 借：应付账款——中翔厂　　　　　　　　　　22 600
　　　贷：银行存款　　　　　　　　　　　　　　　　22 600（记字 9 号）

⑩ 借：预付账款——华胜厂　　　　　　　　　　20 000
　　　贷：银行存款　　　　　　　　　　　　　　　　20 000（记字 10 号）

（2）根据有关记账凭证登记三栏式的"应付账款"总账及明细账。

表 7-10 总分类账

账户名称：应付账款　　　　　　　　　　　　　　　　　　　　　　　　　　　　　　第×页

2020年 月	日	凭证 字	号	摘要	借方	贷方	借或贷	余额
8	1			月初余额			贷	80 000.00
8	2	记	1	购买甲材料		56 500.00	贷	136 500.00
8	3	记	2	归还货款	70 000.00		贷	66 500.00
8	6	记	3	归还货款	10 000.00		贷	56 500.00
8	11	记	4	购买乙材料		45 200.00	贷	101 700.00
8	12	记	5	归还货款	56 500.00		贷	45 200.00
8	18	记	6	购买丙材料		67 800.00	贷	113 000.00
8	20	记	7	购买乙材料		22 600.00		135 600.00
8	22	记	8	归还货款	45 200.00		贷	90 400.00
8	26	记	9	归还货款	22 600.00		贷	67 800.00
8	31			本月发生额及余额	204 300.00	192 100.00	贷	67 800.00

表 7-11 应付账款明细账

明细科目：华胜厂　　　　　　　　　　　　　　　　　　　　　　　　　　　　　　　第×页

2020年 月	日	凭证 字	号	摘要	借方	贷方	借或贷	余额
8	1			月初余额			贷	70 000.00
8	3	记	2	归还货款	70 000.00		平	0
8	11	记	4	购买乙材料		45 200.00	贷	45 200.00
8	22	记	8	归还货款	45 200.00		平	0
8	31			本月发生额及余额	115 200.00	45 200.00	平	0

表 7-12 应付账款明细账

明细科目：中翔厂　　　　　　　　　　　　　　　　　　　　　　　　　　　　　第 × 页

2020 年		凭证		摘要	借方	贷方	借或贷	余额
月	日	字	号					
8	1			月初余额			贷	10 000.00
8	2	记	1	购买甲材料		56 500.00	贷	66 500.00
8	6	记	3	归还货款	10 000.00		贷	56 500.00
8	12	记	5	归还货款	56 500.00		平	0
8	18	记	6	购买丙材料		67 800.00	贷	67 800.00
8	20	记	7	购买乙材料		22 600.00	贷	90 400.00
8	26	记	9	归还货款	22 600.00		贷	67 800.00
8	31			本月发生额及余额	89 100.00	146 900.00	贷	67 800.00

第八章　财产清查

一、单项选择题

1	2	3	4	5	6	7	8	9	10
A	B	A	D	C	A	D	B	C	B
11	12	13	14	15	16	17	18	19	20
D	A	D	C	B	D	B	B	C	D

二、多项选择题

1	2	3	4	5	6	7	8	9	10
BC	CD	BC	ABCD	AB	CD	BD	AD	AB	CD
11	12	13	14	15	16	17	18	19	20
CD	AB	ABCD	BD	AB	BC	AC	BC	ACD	CD

三、判断题

1	2	3	4	5	6	7	8	9	10
×	×	×	√	√	√	×	×	√	×
11	12	13	14	15	16	17	18	19	20
×	×	√	×	×	√	×	×	×	×

四、核算题

1. 练习银行存款清查的核算。

表 8-6　银行存款余额调节表

2020 年 12 月 31 日　　　　　　　　　　　　　　　　　　　　　　　单位：元

项目	金额	项目	金额
企业银行存款日记账余额	191 000	银行对账单余额	230 000
加：（1）	54 000	加：（3）	36 000
减：（2）	25 000	减：（4）	46 000
调节后日记账余额	220 000	调节后对账单余额	220 000

企业月末可动用的银行存款实有数为 220 000 元。

2. 编制银行存款余额调节表。

表 8-9　银行存款余额调节表

2020 年 10 月 31 日　　　　　　　　　　　　　　　　　　　　　　　单位：元

项目	金额	项目	金额
企业银行存款日记账余额	332 500	银行对账单余额	225 200
加：	3 200 60 000	加：	150 000
减：	23 000	减：	2 500
调节后日记账余额	372 700	调节后对账单余额	372 700

3. 财产清查结果的账务处理。

（1）审批前：

借：待处理财产损溢　　　　　　　　180
　　贷：库存现金　　　　　　　　　　　　　180

审批后：

借：其他应收款——出纳员　　　　　100
　　管理费用　　　　　　　　　　　　80
　　贷：待处理财产损溢　　　　　　　　　180

（2）审批前：

借：待处理财产损溢　　　　　　　　15 000
　　累计折旧　　　　　　　　　　　10 000
　　贷：固定资产　　　　　　　　　　　　25 000

审批后：

借：营业外支出　　　　　　　　　　15 000
　　贷：待处理财产损溢　　　　　　　　　15 000

（3）审批前：

借：库存商品　　　　　　　　　　　800
　　贷：待处理财产损溢　　　　　　　　　800

审批后：

借：待处理财产损溢　　　　　　　　800

贷：管理费用	800

（4）审批前：

借：待处理财产损溢	1 500
贷：原材料	1 500

审批后：

借：管理费用	500
其他应收款——保管员	830
营业外支出	170
贷：待处理财产损溢	1 500

（5）审批前：

借：库存现金	80
贷：待处理财产损溢	80

审批后：

借：待处理财产损溢	80
贷：营业外收入	80

（6）审批前：

借：待处理财产损溢	120 000
贷：库存商品	120 000

审批后：

借：原材料	8 000
其他应收款——保险公司	100 000
营业外支出	12 000
贷：待处理财产损溢	120 000

第九章　财务报表

一、单项选择题

1	2	3	4	5	6	7	8	9	10
D	C	A	D	C	C	C	A	A	C
11	12	13	14	15	16	17	18	19	20
D	B	D	B	C	B	D	C	D	C

二、多项选择题

1	2	3	4	5	6	7	8	9	10
AB	ABCD	ACD	AC	CD	AC	BCD	BC	ABCD	BC
11	12	13	14	15	16	17	18	19	20
ABCD	ABCD	BCD	AB	ABCD	AB	ACD	AD	ABCD	CD

三、判断题

1	2	3	4	5	6	7	8	9	10
×	×	×	√	√	×	×	×	×	√
11	12	13	14	15	16	17	18	19	20
×	×	×	√	√	×	√	√	√	×

四、核算题

1. 解析："存货"项目的期末余额 = 55 + 35 + 65 = 155（万元）

2. 解析：2020 年 12 月 31 日资产负债表中"长期借款"项目的列报金额为 205 万元，"一年内到期的非流动负债"为 50 万元。

3. 解析："应收账款"项目金额 = 100 000 + 20 000 − 2 000 = 118 000（元）

4. 解析：2020 年 12 月 31 日资产负债表中"未分配利润"项目的金额为 200 万元。

5. 解析：营业成本金额 = 80 + 30 = 110（万元）

6. 解析：营业收入金额 = 60 + 10 = 70（万元）

7. 解析：税金及附加的本期项目金额 = 3.5 + 1.5 + 20 + 3 = 28（万元）

8. 解析：

（1）货币资金 = 1 000 + 200 000 = 201 000（元）

（2）存货 = 5 000 + 10 000 + 20 000 + 3 000 = 38 000（元）

（3）应收账款 = 30 000（元）

（4）预收款项 = 10 000（元）

（5）应付账款 = 50 000（元）

（6）预付款项 = 8 000 + 20 000 = 28 000（元）

（7）应付职工薪酬 = 15 000（元）

（8）未分配利润 = 20 000 + 5 000 = 25 000（元）

（9）其他应收款 = 1 000 + 5 000 = 6 000（元）

（10）长期借款 = 200 000 − 60 000 = 140 000（元）

9. 解析：

表 9-6 资产负债表

编制单位：ABC 公司　　　　　　　2020 年 6 月 30 日　　　　　　　　　单位：元

资产	期末余额	年初余额（略）	负债和所有者权益（或股东权益）	期末余额	年初余额（略）
流动资产：			流动负债：		
货币资金	387 970		短期借款	718 000	
交易性金融资产	0		应付票据	263 000	
应收票据	80 000		应付账款	160 000	
应收账款	135 000		预收款项	110 000	
预付款项	55 000		应付职工薪酬	37 000	

续表

资产	期末余额	年初余额（略）	负债和所有者权益（或股东权益）	期末余额	年初余额（略）
其他应收款	0		应交税费	17 000	
存货	876 000		其他应付款	50 000	
一年内到期的非流动资产	0		一年内到期的非流动负债	0	
其他流动资产	0		其他流动负债	0	
流动资产合计	1 533 970		流动负债合计	1 355 000	
非流动资产：			非流动负债：		
长期股权投资	200 000		长期借款	0	
固定资产	1 970 000		应付债券	0	
在建工程	0		长期应付款	0	
无形资产	12 000		其他流动负债	0	
商誉	0		非流动负债合计	0	
长期待摊费用	9 030		负债合计	1 355 000	
其他非流动资产	0		所有者权益（或股东权益）：		
非流动资产合计	2 191 030		实收资本（或股本）	2 000 000	
			资本公积	8 000	
			减：库存股	0	
			盈余公积	132 000	
			未分配利润	230 000	
			所有者权益（或股东权益）合计	2 370 000	
资产总计	3 725 000		负债和所有者权益（或股东权益）总计	3 725 000	

10. 解析：

表9-8 利 润 表

编制单位：南方公司　　　　　　　　　　2021年1月　　　　　　　　　　　　单位：元

项目	本期金额	上期金额（略）
一、营业收入	1 480 000	
减：营业成本	855 000	
税金及附加	123 000	
销售费用	3 000	
管理费用	110 000	
财务费用	0	

续表

项目	本期金额	上期金额（略）
加：投资收益（损失以"-"号填列）	12 200	
信用减值损失（损失以"-"号填列）	0	
资产减值损失（损失以"-"号填列）	0	
二、营业利润（亏损以"-"号填列）	401 200	
加：营业外收入	48 000	
减：营业外支出	54 000	
三、利润总额（亏损总额以"-"号填列）	395 200	
减：所得税费用	98 800	
四、净利润（净亏损以"-"号填列）	296 400	

第十章　账务处理程序

一、单项选择题

1	2	3	4	5	6	7	8	9	10
A	B	A	C	C	D	B	B	D	A
11	12	13	14	15	16	17	18	19	20
C	D	D	C	C	A	C	C	D	B

二、多项选择题

1	2	3	4	5	6	7	8	9	10
ABC	ABC	BC	AD	ABC	ABC	AC	ABD	ABD	ABCD
11	12	13	14	15	16	17	18	19	20
AB	AD	ABC	ABCD	ABD	ABC	BD	ABC	AB	BC

三、判断题

1	2	3	4	5	6	7	8	9	10
×	×	×	×	×	×	×	√	√	√
11	12	13	14	15	16	17	18	19	20
√	√	√	√	×	√	×	×	√	√

四、核算题

1. 登记总账

表 10-3　总分类账

会计科目：银行存款　　　　　　　　　　　　　　　　　　　　　　　　　　　　　　　　　第 8 页

2020 年		凭证		摘要	借方	贷方	借或贷	余额
月	日	字	号					
8	1			月初余额			借	100 000
	1	银付	1	提现		2 000	借	98 000
	3	银收	1	借入短期借款	10 000		借	108 000
	9	银收	2	销售产品	56 500		借	164 500
	9	银付	2	支付广告费		10 000	借	154 500
	22	银收	3	收到现金股利	20 000		借	174 500
	27	银收	4	收回货款	98 000		借	272 500
	31	银付	3	偿还货款		80 000	借	192 500
	31			本月合计	184 500	92 000	借	192 500

表 10-4　总分类账

会计科目：原材料　　　　　　　　　　　　　　　　　　　　　　　　　　　　　　　　　　第 15 页

2020 年		凭证		摘要	借方	贷方	借或贷	余额
月	日	字	号					
8	1			月初余额			借	150 000
	2	转	1	采购材料	40 000		借	190 000
	3	转	2	领用材料		26 000	借	164 000
	8	转	3	采购材料	20 000		借	184 000
	16	转	4	领用材料		150	借	183 850
	25	转	5	领用材料		15 000	借	168 500
	28	转	6	采购材料	30 000		借	198 850
	31			本月合计	90 000	41 150	借	198 850

2. (1) 编制科目汇总表。

表 10-5　科目汇总表

2020 年 8 月 1 日—15 日　　　　　　　　　　　　　　　　　科汇字　第 8-1 号

会计科目	借方发生额	贷方发生额	记账
库存现金	3 500（2 000＋1 000＋500）	800（600＋200）	√
银行存款	66 500（10 000＋56 500）	12 000（2 000＋10 000）	√
其他应收款	600	1 500（1 000＋500）	√
原材料	60 000（40 000＋20 000）	26 000	√
生产成本	26 000		√
短期借款		10 000	√
应付账款		67 800（45 200＋22 600）	√
应交税费	7 800（5 200＋2 600）	6 500	√
主营业务收入		50 000	√
销售费用	10 000		√
营业外支出	200		
合计	174 600	174 600	

会计主管（签章）　　　记账（签章）　　　审核（签章）　　　制单（签章）

表 10-6　科目汇总表

2020 年 8 月 16 日—31 日　　　　　　　　　　　　　　　　　科汇字　第 8-2 号

会计科目	借方发生额	贷方发生额	记账
库存现金		1 500	√
银行存款	118 000（20 000＋98 000）	80 000	√
应收账款		98 000	√
应收股利		20 000	√
原材料	30 000	15 150（150＋15 000）	√
生产成本	15 000		√
应付账款	80 000	33 900	√
应交税费	3 900		√
管理费用	1 650（1 500＋150）		√
合计	248 550	248 550	

会计主管（签章）　　　记账（签章）　　　审核（签章）　　　制单（签章）

（2）登记总账。

表 10-7　总分类账

会计科目：银行存款　　　　　　　　　　　　　　　　　　　　　　　　　　　　第 8 页

2020 年		凭证		摘要	借方	贷方	借或贷	余额
月	日	字	号					
8	1			月初余额			借	100 000
	15	科汇	8-1	1—15 日发生额	66 500	12 000	借	154 500
	31	科汇	8-2	16—31 日发生额	118 000	80 000	借	192 500
	31			本月合计	184 500	92 000	借	192 500

表 10-8　总分类账

会计科目：原材料　　　　　　　　　　　　　　　　　　　　　　　　　　　　　第 15 页

2020 年		凭证		摘要	借方	贷方	借或贷	余额
月	日	字	号					
8	1			月初余额			借	150 000
	15	科汇	8-1	1—15 日发生额	60 000	26 000	借	184 000
	31	科汇	8-2	16—31 日发生额	30 000	15 150	借	198 850
	31			本月合计	90 000	41 150	借	198 850

3．（1）编制汇总记账凭证。

表 10-9　汇总收款凭证

2020 年 8 月　　　　　　　　　　　　　　　　　　　　　　　　　　　　编号：汇收第 1 号

　　　　　　　　　　　　　　　　　　　　　　　　　　　　　　　　　　借方科目：库存现金

贷方科目	金额			记账	
	1 日至 15 日收款凭证第 1 号至 2 号	16 日至 31 日收款凭证第 ___ 号至 ___ 号	合计	借方	贷方
其他应收款	1 500		1 500	√	√
合计	1 500		1 500		

会计主管（签章）　　　　　　记账（签章）　　　　　　审核（签章）　　　　　　制单（签章）

表 10-10　汇总收款凭证

2020 年 8 月　　　　　　　　　　　　　　　　　　编号：汇收第 2 号

借方科目：银行存款

贷方科目	金额			记账	
	1 日至 15 日 收款凭证 第 1 号至 2 号	16 日至 31 日 收款凭证 第 3 号至 4 号	合计	借方	贷方
短期借款	10 000		10 000	√	√
主营业务收入	50 000		50 000	√	√
应交税费	6 500		6 500	√	√
应收股利		20 000	20 000	√	√
应收账款		98 000	98 000	√	√
合计	66 500	118 000	184 500		

会计主管（签章）　　　　　记账（签章）　　　　　审核（签章）　　　　　制单（签章）

表 10-11　汇总付款凭证

2020 年 8 月　　　　　　　　　　　　　　　　　　编号：汇付第 1 号

贷方科目：库存现金

借方科目	金额			记账	
	1 日至 15 日 付款凭证 第 1 号至 2 号	16 日至 31 日 付款凭证 第 3 号至 3 号	合计	借方	贷方
其他应收款	600		600	√	√
营业外支出	200		200	√	√
管理费用		1 500	1 500	√	√
合计	800	1 500	2 300		

会计主管（签章）　　　　　记账（签章）　　　　　审核（签章）　　　　　制单（签章）

表 10-12　汇总付款凭证

2020 年 8 月　　　　　　　　　　　　　　　　编号：汇付第 2 号

　　　　　　　　　　　　　　　　　　　　　　贷方科目：银行存款

借方科目	金额			记账	
	1 日至 15 日 付款凭证 第 1 号至 2 号	16 日至 31 日 付款凭证 第 3 号至 3 号	合计	借方	贷方
库存现金	2 000		2 000	√	√
销售费用	10 000		10 000	√	√
应付账款		80 000	80 000	√	√
合计	12 000	80 000	92 000		

会计主管（签章）　　　记账（签章）　　　审核（签章）　　　制单（签章）

表 10-13　汇总转账凭证

2020 年 8 月　　　　　　　　　　　　　　　　编号：汇转第 1 号

　　　　　　　　　　　　　　　　　　　　　　贷方科目：应付账款

借方科目	金额			记账	
	1 日至 15 日 转账凭证 第 1 号至 3 号	16 日至 31 日 转账凭证 第 4 号至 6 号	合计	借方	贷方
原材料	60 000	30 000	90 000	√	√
应交税费	7 800	3 900	11 700	√	√
合计	67 800	33 900	101 700		

会计主管（签章）　　　记账（签章）　　　审核（签章）　　　制单（签章）

表 10-14　汇总转账凭证

2020 年 8 月　　　　　　　　　　　　　　　　编号：汇转第 2 号

　　　　　　　　　　　　　　　　　　　　　　贷方科目：原材料

借方科目	金额			记账	
	1 日至 15 日 转账凭证 第 1 号至 3 号	16 日至 31 日 银行存款收款凭证 第 4 号至 6 号	合计	借方	贷方
生产成本	26 000	15 000	41 000	√	√
管理费用		150	150	√	√
合计	26 000	15 150	41 150		

会计主管（签章）　　　记账（签章）　　　审核（签章）　　　制单（签章）

(2) 登记总账（登记汇总金额时，应先登记增加额以避免出现不正常余额）

表 10-15　总分类账

会计科目：银行存款　　　　　　　　　　　　　　　　　　　　　　　　　　　　　　第 8 页

2020 年		凭证		摘要	对方科目	借方	贷方	借或贷	余额
月	日	字	号						
8	1			月初余额				借	110 000
	31	汇收	2	借入借款	短期借款	10 000		借	110 000
	31	汇收	2	销售产品收入	主营业务收入	50 000		借	160 000
	31	汇收	2	收到销项税额	应交税费	6 500		借	166 500
	31	汇收	2	收到股利	应交股利	20 000		借	186 500
	31	汇收	2	收回货款	应收账款	98 000		借	284 500
	31	汇付	2	提现	库存现金		2 000	借	282 500
	31	汇付	2	支付广告费	销售费用		10 000	借	272 500
	31	汇付	2	支付货款	应付账款		80 000	借	192 500
	31			本月合计		184 500	92 000	借	192 500

表 10-16　总分类账

会计科目：原材料　　　　　　　　　　　　　　　　　　　　　　　　　　　　　　　第 15 页

2020 年		凭证		摘要	对方科目	借方	贷方	借或贷	余额
月	日	字	号						
8	1			月初余额				借	150 000
	31	汇转	1	采购材料	原材料	90 000		借	240 000
	31	汇转	2	领用材料	生产成本		41 000	借	199 000
	31	汇转	2	领用材料	管理费用		150	借	198 850
	31			本月合计		90 000	41 150	借	198 850

4. 略

第十一章　会计工作组织

一、单项选择题

1	2	3	4	5	6	7	8	9	10
A	C	B	A	C	D	D	C	D	C
11	12	13	14	15	16	17	18	19	20
B	C	D	D	D	B	A	A	C	B

二、多项选择题

1	2	3	4	5	6	7	8	9	10
ABCD	ACD	AC	AC	ABCD	ABD	CD	AB	CD	BCD
11	12	13	14	15	16	17	18	19	20
ABC	BC	AB	BD	ABD	BCD	ABCD	ABCD	ABD	BCD

三、判断题

1	2	3	4	5	6	7	8	9	10
×	√	×	√	√	√	×	√	√	√
11	12	13	14	15	16	17	18	19	20
×	×	√	×	√	×	×	×	×	×

四、核算分析题

1. 解析：出纳不能兼管债权债务账目登记工作，因此王某不能接替张某的工作，此外张某需要办理会计工作交接手续。

2. 解析：会计档案保管期满销毁时，需要编造会计档案销毁清册，并履行规定手续后方可销毁。

3. 解析：王某的观点不符合《中华人民共和国会计法》的要求。《中华人民共和国会计法》规定，对外报送的财务会计报告，应由单位领导人、总会计师、会计机构负责人、会计主管人员签名或者盖章。单位领导人对财务会计报告的合法性、真实性负法律责任。董事长王某作为单位法定代表人，应当依法签名盖章，对本单位的会计工作和会计资料的真实性、完整性负责。

4. 解析：业务往来单位家家乐有限公司经领导批准，并办理登记手续后，查阅和复制会计档案的做法是合法的。

5. 解析：单位领导人的直系亲属不得担任本单位的会计机构负责人、会计主管人员。会计机构负责人、会计主管人员的直系亲属不得在本单位会计机构中担任出纳工作。因此，贾某的丈夫不得担任单位财务部门出纳。

6. 解析：担任单位会计机构负责人（会计主管人员）的，应当具备会计师及以上专业技术职务资格或者从事会计工作3年以上经历。本例中，丁某符合要求。

7. 解析：单位领导人的直系亲属不得担任本单位的会计机构负责人、会计主管人员。会计机构负责人、会计主管人员的直系亲属不得在本单位会计机构中担任出纳工作。需要回避的直系亲属为：夫妻关系、直系血亲关系、三代以内旁系血亲及配偶亲关系。甲、乙、丙三单位均不符合回避的法律规定。

8. 解析：会计人员具有违反国家统一的会计制度的一般违法行为，情节严重的，5年内不得从事会计工作。因有提供虚假财务会计报告，做假账，隐匿资产或者故意销毁会计凭证、会计账簿、财务会计报告，贪污，挪用公款，职务侵占等与会计职务有关的违法行为被依法追究刑事责任的人员，不得再从事会计工作。

9. 解析：不符合规定。注册会计师不是会计专业技术资格；吴某虽在审计部门工作10年，但不符合从事会计工作3年以上工作经历。

10. 解析：符合规定。会计工作岗位责任制可以实行一人一岗、一人多岗或多人一岗，但出纳人员不得兼任（兼管）稽核、会计档案保管和收入、支出、费用、债权债务账目的登记工作。

模拟试卷一

一、单项选择题（每小题1分，共10分）

1	2	3	4	5	6	7	8	9	10
B	A	D	C	D	C	B	A	D	A

二、多项选择题（每小题1分，共5分）

1	2	3	4	5
ABCD	ABD	ACD	ABC	ACD

三、判断题（每小题1分，共5分）

1	2	3	4	5
√	×	×	×	√

四、名词解释（每小题3分，共18分）

1. 资产是指企业过去的交易或者事项形成的、由企业拥有或者控制的、预期会给企业带来经济利益的资源。

2. 会计分录是指明经济业务所应记入的账户、应借和应贷的方向及金额的书面记录。

3. 会计凭证是用来记录经济业务，明确经济责任，并作为登记账簿依据的书面证明。

4. 备查账簿是指对某些在序时账和分类账中不能记录与反映的经济业务事项或者记录不全面的经济业务进行补充登记的账簿。

5. 局部清查是根据管理需要对某一部分财产物资进行盘点和核对。

6. 资产负债表是指反映企业在某一特定日期（如月末、季末、年末）的财务状况的会计报表。

五、简答题（每小题6分，共12分）

1. 答：（每小点1分）

（1）根据原始凭证或原始凭证汇总表填制收款凭证、付款凭证和转账凭证。

（2）根据收款凭证和付款凭证逐日逐笔登记库存现金日记账和银行存款日记账。

（3）根据各种记账凭证及所附原始凭证或原始凭证汇总表登记各种明细分类账。

（4）根据收款凭证、付款凭证和转账凭证逐笔登记各种总分类账。

（5）会计期末，将库存现金日记账、银行存款日记账及各明细分类账分别与总分类账相关账户进行核对，两者当期发生额和余额应核对相符。

（6）根据核对无误的总分类账和有关明细分类账的资料编制会计报表。

2. 答：（每小点2分）

（1）对于日常发生的经济业务，要填制和审核凭证，按照规定的会计账户，运用复式记账法记入有关账簿。

（2）对于经营过程中发生的有关费用，应当进行成本计算。

（3）对于账簿记录，要通过财产清查加以核实，在保证账实相符的基础上，根据账簿记录，定期编制会计报表。

六、业务题（第1小题10分，第2小题40分，共50分）

1．（每小点2分，共10分）

(1) 本年利润 = 400 000 − 200 000 = 200 000（元）。

(2) 所得税 = 200 000 × 25% = 50 000（元）。

(3) 盈余公积 = (200 000 − 50 000) × 10% = 15 000（元）。

(4) 应付利润 = [(200 000 − 50 000) + 60 000 − 15 000] × 50% = 97 500（元）。

(5) 未分配利润 = (200 000 − 50 000) + 60 000 − 15 000 − 97 500 = 97 500（元）。

2．（每小题2分，共40分）

(1) 借：银行存款	1 000 000	
贷：实收资本		1 000 000
(2) 借：原材料	1 000 000	
应交税费——应交增值税（进项税额）	130 000	
贷：银行存款		1 130 000
(3) 借：在途物资	2 000 000	
应交税费——应交增值税（进项税额）	260 000	
贷：应付账款——东方厂		2 260 000
(4) 借：生产成本——A产品	100 000	
——B产品	60 000	
制造费用	3 000	
管理费用	2 400	
贷：原材料——甲材料		160 000
——乙材料		5 400
(5) 借：其他应收款——张主任	800	
贷：库存现金		800
(6) 借：预付账款	48 000	
贷：银行存款		48 000
(7) 借：生产成本——A产品	60 000	
——B产品	40 000	
制造费用	8 000	
管理费用	20 000	
贷：应付职工薪酬		128 000
(8) 借：制造费用	960	
贷：其他应收款——张主任		800
库存现金		160
(9) 借：制造费用	500	
管理费用	300	
贷：银行存款		800

（10）借：制造费用　　　　　　　　　　　　4 000
　　　　　管理费用　　　　　　　　　　　　2 000
　　　　贷：累计折旧　　　　　　　　　　　　　　　6 000
（11）借：生产成本——A产品　　　　　　　8 230
　　　　　　　　——B产品　　　　　　　8 230
　　　　贷：制造费用　　　　　　　　　　　　　　16 460
（12）借：库存商品　　　　　　　　　　　200 000
　　　　贷：生产成本——A产品　　　　　　　　200 000
（13）借：应收账款　　　　　　　　　　　226 000
　　　　贷：主营业务收入　　　　　　　　　　200 000
　　　　　　应交税费——应交增值税（销项税额）　26 000
（14）借：主营业务成本　　　　　　　　　100 000
　　　　贷：库存商品　　　　　　　　　　　　　100 000
（15）借：税金及附加　　　　　　　　　　 20 000
　　　　贷：应交税费——应交消费税　　　　　　 20 000
（16）借：销售费用　　　　　　　　　　　　7 500
　　　　贷：银行存款　　　　　　　　　　　　　　7 500
（17）借：营业外支出　　　　　　　　　　　6 000
　　　　贷：银行存款　　　　　　　　　　　　　　6 000
（18）借：财务费用　　　　　　　　　　　　　500
　　　　贷：应付利息　　　　　　　　　　　　　　　500
（19）借：管理费用　　　　　　　　　　　　1 300
　　　　贷：银行存款　　　　　　　　　　　　　　1 300
（20）借：本年利润　　　　　　　　　　　160 000
　　　　贷：主营业务成本　　　　　　　　　　100 000
　　　　　　税金及附加　　　　　　　　　　　 20 000
　　　　　　销售费用　　　　　　　　　　　　　7 500
　　　　　　营业外支出　　　　　　　　　　　 6 000
　　　　　　财务费用　　　　　　　　　　　　　 500
　　　　　　管理费用　　　　　　　　　　　　26 000
　　　借：主营业务收入　　　　　　　　　 200 000
　　　　贷：本年利润　　　　　　　　　　　　200 000
利润总额 = 200 000 - 160 000 = 40 000（元）

模拟试卷二

一、单项选择题（每小题1分，共10分）

1	2	3	4	5	6	7	8	9	10
A	B	A	B	C	D	C	C	D	C

二、多项选择题（每小题 1 分，共 5 分）

1	2	3	4	5
BCD	ABC	BCD	CD	ABC

三、判断题（每小题 1 分，共 5 分）

1	2	3	4	5
×	×	√	×	×

四、名词解释（每小题 3 分，共 18 分）

1. 负债是指企业过去的交易或者事项形成的、预期会导致经济利益流出企业的现时义务。

2. 复式记账是指对每一项经济业务都要以相等的金额，在两个或两个以上相互联系的账户进行登记的方法。

3. 进项税额是指纳税人购进货物、加工修理修配劳务、服务、无形资产、不动产，支付或负担的增值税额。

4. 序时账簿是指按照各项经济业务发生和完成时间的先后顺序，逐日逐笔连续登记的账簿。

5. 一次凭证是指在经济业务发生或完成后，一次性填写完毕，只记录一笔经济业务的原始凭证。

6. 未达账项是指银行收、付款结算凭证在银行与企业之间传递时，由于收到凭证的时间不同，而发生的一方已经入账，另一方尚未入账的款项。

五、简答题（每小题 6 分，共 12 分）

1. 答：（每小点 1 分）

(1) 一笔经济业务全部遗漏记账。

(2) 一笔经济业务全部重复记账。

(3) 一笔经济业务的借贷方向颠倒。

(4) 账户名称记错。

(5) 借贷双方发生同金额的错误。

(6) 借贷某一方发生相互抵销的错误等。

2. 答：（每小点 1 分，满分共 6 分）

(1) 计量、计算和检验不准确。

(2) 发生自然损耗或升溢。

(3) 发生重记、漏记、错记、错算。

(4) 管理不善或工作人员失误。

(5) 自然灾害或意外损失。

(6) 贪污盗窃、营私舞弊。

(7) 账单未达或拒付。

六、业务题（第 1 小题 10 分，第 2 小题 40 分，共 50 分）

1. （每小点 2 分，共 10 分）

(1) 存货 = 760 000（元）

(2) 应收账款 = 250 000（元）

(3) 应付账款 = 100 000（元）

(4) 预收款项 = 110 000（元）

(5) 预付款项 = 20 000（元）

2. （每小题 2 分，共 40 分）

(1) 借：固定资产　　　　　　　　　　　　　　　　200 000
　　　　应交税费——应交增值税（进项税额）　　　26 000
　　　贷：银行存款　　　　　　　　　　　　　　　　226 000

(2) 借：在途物资——甲材料　　　　　　　　　　　80 000
　　　　应交税费——应交增值税（进项税额）　　　10 400
　　　贷：应付票据　　　　　　　　　　　　　　　　90 400

(3) 借：其他应收款——吴军　　　　　　　　　　　600
　　　贷：库存现金　　　　　　　　　　　　　　　　600

(4) 借：原材料——甲材料　　　　　　　　　　　　80 000
　　　贷：在途物资——甲材料　　　　　　　　　　　80 000

(5) 借：制造费用　　　　　　　　　　　　　　　　180
　　　贷：库存现金　　　　　　　　　　　　　　　　180

(6) 借：生产成本——乙产品　　　　　　　　　　　180 000
　　　　制造费用　　　　　　　　　　　　　　　　1 400
　　　贷：原材料——甲材料　　　　　　　　　　　　181 400

(7) 借：库存现金　　　　　　　　　　　　　　　　85 000
　　　贷：银行存款　　　　　　　　　　　　　　　　85 000
　　借：应付职工薪酬　　　　　　　　　　　　　　85 000
　　　贷：库存现金　　　　　　　　　　　　　　　　85 000

(8) 借：制造费用　　　　　　　　　　　　　　　　1 200
　　　　管理费用　　　　　　　　　　　　　　　　1 000
　　　贷：银行存款　　　　　　　　　　　　　　　　2 200

(9) 借：财务费用　　　　　　　　　　　　　　　　3 600
　　　贷：应付利息　　　　　　　　　　　　　　　　3 600

(10) 借：生产成本——乙产品　　　　　　　　　　74 100
　　　　 制造费用　　　　　　　　　　　　　　　　5 700
　　　　 管理费用　　　　　　　　　　　　　　　　9 690
　　　　 销售费用　　　　　　　　　　　　　　　　7 410
　　　贷：应付职工薪酬　　　　　　　　　　　　　　96 900

(11) 借：无形资产　　　　　　　　　　　　　　　　800 000
　　　　 应交税费——应交增值税（进项税额）　　　48 000
　　　贷：实收资本　　　　　　　　　　　　　　　　848 000

(12) 借：制造费用　　　　　　　　　　　　　　　　14 000
　　　　 管理费用　　　　　　　　　　　　　　　　7 500

贷：累计折旧	21 500

（13）借：生产成本——乙产品　　　　　　　　22 480
　　　　贷：制造费用　　　　　　　　　　　　　　　22 480
（14）借：库存商品——乙产品　　　　　　　　120 000
　　　　贷：生产成本——乙产品　　　　　　　　　120 000
（15）借：应收账款　　　　　　　　　　　　　528 840
　　　　贷：主营业务收入　　　　　　　　　　　　468 000
　　　　　　应交税费——应交增值税（销项税额）　60 840
（16）借：主营业务成本　　　　　　　　　　　340 000
　　　　贷：库存商品——乙产品　　　　　　　　　340 000
（17）借：销售费用　　　　　　　　　　　　　　7 000
　　　　贷：银行存款　　　　　　　　　　　　　　　7 000
（18）借：税金及附加　　　　　　　　　　　　　1 404
　　　　贷：应交税费——应交城市维护建设税　　　　1 404
（19）借：银行存款　　　　　　　　　　　　　17 000
　　　　贷：营业外收入　　　　　　　　　　　　　17 000
（20）借：应交税费　　　　　　　　　　　　　30 000
　　　　贷：银行存款　　　　　　　　　　　　　　30 000